高等职业教育铁道机车运用与维护专业系列教材

机车运用与规章

陈　凡　薛振洲◎主　编
潘永军　李朝阳◎副主编
何成才◎主　审

中国铁道出版社有限公司
2022·北京

内 容 简 介

本书是高等职业教育铁道机车运用与维护专业系列教材之一，结合最新《铁路技术管理规程(普速铁路部分)》《铁路机车运用管理规则》《铁路机车调度规则》《铁路机车操作规则》《铁路交通事故调查处理规则》进行编写。全书共分为九个模块，分别为机车运用管理、行车闭塞法、铁路行车信号、编组列车、列车运行、调车工作、机车乘务员作业标准、行车安全与事故调查处理、机车检查和保养。

本书可作为高等职业院校铁道机车运用与维护专业、中等职业院校电力机车驾驶与检修专业、内燃机车驾驶与检修专业的教材，也可作为机务系统相关岗位人员的参考用书。

图书在版编目(CIP)数据

机车运用与规章/陈凡，薛振洲主编．—北京：中国铁道出版社有限公司，2022.9
高等职业教育铁道机车运用与维护专业系列教材
ISBN 978-7-113-29256-0

Ⅰ.①机…　Ⅱ.①陈…②薛…　Ⅲ.①机车-车辆运行-高等职业教育-教材　Ⅳ.①U26

中国版本图书馆 CIP 数据核字(2022)第 102022 号

书　　名：**机车运用与规章**
作　　者：陈　凡　薛振洲

策　　划：亢丽君
责任编辑：亢丽君　　**编辑部电话**：(010)51873205　　**电子邮箱**：67204751@qq.com
封面设计：郑春鹏
责任校对：焦桂荣
责任印制：高春晓

出版发行：中国铁道出版社有限公司(100054，北京市西城区右安门西街 8 号)
网　　址：http://www.tdpress.com
印　　刷：北京柏力行彩印有限公司
版　　次：2022 年 9 月第 1 版　2022 年 9 月第 1 次印刷
开　　本：787 mm×1 092 mm　1/16　**印张**：17　**字数**：415 千
书　　号：ISBN 978-7-113-29256-0
定　　价：53.00 元

前　言

我国铁路运输事业飞速发展，随着铁路运输规模的扩大，需要补充大量专业技能过硬的年轻机车乘务员。机车乘务员作为直接驾驭列车的最重要的行车岗位人员，担负着安全、正点地完成运输任务的重要职责，应该牢牢掌握跟行车密切相关的一系列规章制度。基于此，本书以高等职业学校铁道机车专业建设指导标准为依据，结合最新《铁路技术管理规程(普速铁路部分)》《铁路机车运用管理规则》《铁路机车调度规则》《铁路机车操作规则》《铁路交通事故调查处理规则》进行编写。

本书是高等职业教育铁道机车运用与维护专业系列教材之一，采用模块—单元结构呈现，内容贴近机车乘务员工作实际，并具有规范化、条理化和系统化的特点，对机车乘务员工作指导具有针对性、实用性和有效性。各模块后均设置“学习活页”，方便读者对知识点进行梳理并归纳总结，为从事机车乘务员工作奠定良好的基础。

全书共分为九个模块，主要包括了机车运用管理、行车闭塞法、铁路行车信号、编组列车、列车运行、调车工作、机车乘务员作业标准、行车安全与事故调查处理、机车检查和保养。

本书由武汉铁路职业技术学院陈凡、西安铁路职业技术学院薛振洲任主编，武汉铁路职业技术学院潘永军、中国铁路西安局集团有限公司西安机务段李朝阳任副主编，武汉铁路职业技术学院何成才任主审，中国铁路呼和浩特局集团有限公司集宁机务段董引娟参与编写。具体编写分工如下：李朝阳编写模块一；陈凡编写模块二、模块三、模块四；董引娟编写模块五；潘永军编写模块六、模块七、模块九；薛振洲编写模块八。本书在编写过程中得到了中国铁路武汉局集团有限公司武昌南机务段和江岸机务段职工教育科有关人员的大力帮助，在此表示衷心的感谢！

由于编者水平有限，书中难免有不妥之处，敬请所有关注和使用本书的专家、同仁、学生提出宝贵意见。

编　者

2022年1月

目　录

模块一　机车运用管理

机车是铁路运输的牵引动力，机车运用工作是铁路运输的重要组成部分。机车运用工作的目标是：加强机车运用管理，更好地为铁路运输服务。

机车运用工作的基本任务是：精心组织，为铁路运输生产提供满足需求的机车和机车乘务员，优质高效地完成运输生产任务；科学合理使用机车，推广先进经验，遵循经济规律，不断提高机车运用效率，促进资产回报；加强安全风险管理，确保行车和人身安全；加强职工队伍建设，不断提高职工的政治素质、技术素质和业务水平。

各级机车运用人员应具备高度的责任心和求实精神，热爱本职工作；对工作高标准、严要求，对技术精益求精；维护路网完整性，坚持调度指挥统一，顾全大局，服从命令听指挥；深入实际，调查研究，扎实做好各项工作。

机车运用管理要采用先进、成熟、经济、可靠的技术，建立健全准确无误、反应迅速的信息采集、数据处理系统，实行网络管理，实现技术设备标准化、系列化和信息化，确保有序可控。

单元一　机车运用管理组织机构

学习目标

(1)了解机车运用的组织机构；

(2)了解各级机车运用组织机构的职责；

(3)了解各级机车调度的职责；

(4)掌握机车的配属关系。

基础知识

一、机车运用的组织机构

机车运用管理工作要贯彻统一指挥、分级管理的原则，充分发挥各级职能部门的作用。机车运用管理体制分为中国国家铁路集团有限公司（以下简称国铁集团）机辆部、铁路局集团公司机务部、机务段三级，各级管理如图 1-1 所示。

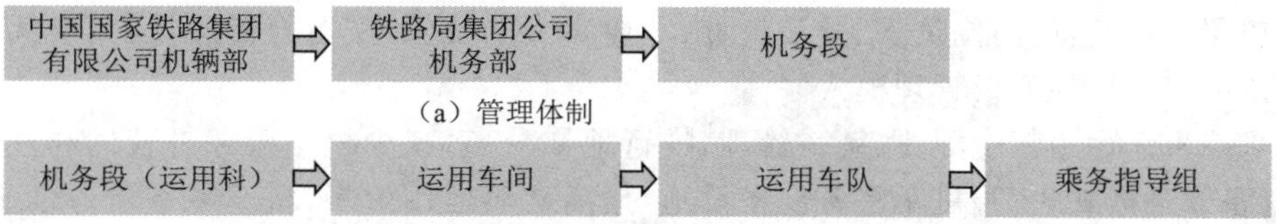

(b) 专业管理

图 1-1　运用管理体制示意

二、各级机车运用组织机构的职责

1. 国铁集团职责

(1)负责国家铁路机车运用管理,制定机车运用安全管理、机车乘务员管理等有关规章制度和技术标准。

(2)负责规划、调整国铁集团机车配属,实行集中配置,统一机型,衔接干、支线。追求资产配置效率和效益最大化,淘汰落后产能,加快升级换代,满足国铁集团运输计划需要,适应生产力布局调整。

(3)按照“机车长交路、乘务区段化”原则,规划和审核跨铁路局机车和乘务交路及有关技术标准。参加列车运行图编制,负责组织机车周转图编制。

(4)制定机车运用、安全管理等人员培训规划,并组织实施。组织开展职业技能竞赛。

(5)负责跨铁路局机车调度指挥,确保机车供应,提高机车运用效率;综合评价和考核铁路局集团公司机车运用工作。

(6)参与或组织有关事故调查分析及措施制定。

(7)规划国家铁路救援列车布局,指导救援列车专业管理工作。

(8)组织安全生产管理督导检查,开展安全生产规范化、标准化创建工作。

2. 铁路局集团公司职责

(1)全面负责本局机车运用、安全管理等工作。贯彻执行国铁集团有关机车运用、安全管理等方面的规章制度,制定相关办法、作业标准及实施细则,并组织实施。

(2)负责根据承担的跨铁路局机车长交路和管内运输任务变化,结合机车检备率提出机车购置和调整建议,确定管内机务段的机车配置及调拨。综合分析机车运用情况,考核管内机车运用工作,提高机车运用效率。

(3)负责确定管内机车交路、乘务交路、乘务制度,组织查定牵引定数、运行时分、自外段技术作业时分、折返时分等技术标准;参加编制列车运行图、机车周转图并组织实施;指导编制列车操纵示意图。负责对铁路局集团公司机车调度进行专业指导。

(4)负责机车乘务员管理。根据图定担当任务及运输发展需求,在满足机车乘务员培训率和预备率,严格执行国家工作时间和休假有关规定的基础上,制定机车乘务员配备计划;组织机车乘务员培训、考核和鉴定。开展职业技能竞赛。

(5)参与或组织有关事故、设备故障分析及措施制定。

(6)负责全局救援列车管理。

(7)定期组织开展安全生产监督检查及评比活动,开展安全生产规范化、标准化创建工作。

3. 机务段职责

(1)贯彻执行国铁集团、铁路局集团公司有关机车运用、安全管理等方面的规章制度、管理办法、作业标准及实施细则,制定实施措施并组织落实,提供满足需求的机车和机车乘务员,安全、优质、高效地完成运输生产任务。

(2)按照逐级负责、岗位负责、分工负责、专业负责的要求,实行机务段、运用车间、运用车队、乘务指导组(班组)四级管理模式。

(3)坚持机车运用集中配置、统一管理,推行地乘分离,减少机车乘务员辅助作业时间,实行专业整备管理模式,完善机车整备设备设施,提高机车运用效率、机车乘务员劳动生产率及机车保养质量。定期分析机车运用工作,提出改进建议。

(4)负责机车乘务员管理和日常培训,加大科技投入,完善教育设施,应用机车驾驶模拟装置、实物教学、网络教学等培训手段，努力提高机车乘务员的技术业务水平和操纵技能。组织编制作业指导书及列车操纵示意图、操纵提示卡。

(5)负责事故、设备故障分析及制定防范措施；负责本段救援列车日常管理及现场救援指挥。

(6)改善职工生产、生活条件，开展职工健身活动，提高机车乘务员身体素质。定期组织机车乘务员进行体检。

(7)积极推行管理和技术创新，开展企业文化建设，并在实践中不断总结，巩固和提高机车运用、安全管理基础。

4.机务段各级职能部门专业管理职责

(1)运用科

①负责制定全段机车运用方案，并组织实施。参与机车长交路、跨局(段)轮乘有关协议的签订。

②参加查定牵引定数、运行时分、机车折返和整备作业时分等技术标准；组织编制作业指导书、列车操纵示意图、操纵提示卡。

③负责按照列车运行图、机车周转图确定的方案组织生产。依据运输任务变化及时提出机车和乘务员调整、补充方案。

④负责接收、核对、传达调度命令，编辑、审核、发布运行揭示和 LKJ 临时数据文件及相关管理工作。

⑤定期和专题分析机车运用效率指标、运输生产任务和机车乘务员超劳情况，提出整改建议及措施。参加机车检修计划编制，并组织按计划扣车。

⑥负责机车调度室管理和机务派班室的专业管理。

(2)安全科

①负责制定安全风险管理实施办法，建立安全风险控制数据库，动态分析研判安全风险，定期进行安全风险评估检查，完善安全风险控制措施。

②负责安全生产的日常监督检查和劳动安全管理，分析职工执行作业标准、劳动纪律、作业纪律的动态，及时发现倾向性问题，提出改进意见和措施。

③负责日常安全信息收集、汇总、分析和上报等管理工作；参与事故调查和分析，并制定整改措施。

④负责施工安全专业管理。

⑤负责救援列车专业管理，组织开展应急演练。

⑥负责行车安全装备的运用管理，组织记录文件的分析工作。

(3)运用车间

根据担当客运、货运、调小等任务性质和牵引区段情况，因地制宜合理设置运用车间，人数原则上不得超过 800 人。其主要职责：

①贯彻执行运用、安全管理规章、制度、标准、细则，落实安全生产责任制度和安全措施。

②负责机车乘务员管理，加强机车乘务员队伍的技术业务、思想动态分析，组织机车乘务员业务学习和典型事故案例教育，开展岗位练兵和劳动竞赛，监督检查考核机车乘务员作业标准化日常执行情况，配合完成机车乘务员作业标准化年度鉴定。按照调度日班计划，提供素质达标、满足需求的机车乘务员。

③加强运用车队和指导司机管理，组织开展标准化班组建设，落实岗位责任制、工作标准和工作质量考核制度；配合完成指导司机技术业务年度鉴定。

④严格落实安全风险管理要求，根据运输生产任务变化，加强安全风险研判，完善安全风险

控制表和岗位安全风险提示卡，组织现场作业的检查抽查，加强行车安全装备记录数据分析，不断提高安全防控能力。反馈机车故障信息，提出质量改进建议，参与相关的机破、临修分析。

⑤负责运用车队、机务派班室和驻外公寓指导室的管理。

运用车间按运用、安全、教育（质量）及人员管理等设置专业管理副主任；按运用、安全、乘务、操纵、教育、劳动计工等工作设置技术人员。

运用车间设置运用车队，原则上不超过200人。乘务指导组设1名指导司机任班组长。实行轮乘制的，原则上由10～15个机班组成，人员控制在25人以内；实行包乘制的，原则上由3～4台机车组成。铁路局集团公司、机务段每年组织对指导司机队伍进行综合分析评价。

根据任务需要在外点公寓设指导室，设置值班人员，主要负责：机车乘务员待乘管理，重要事项传达，组织业务学习，机车乘务员交路临时调整，办理机车乘务员出寓请、销假手续，酒精测试等；积极参与寓乘共管共建活动。

驻公寓指导室应配备计算机、具备录音功能的电话、传真机、打印机、测酒仪等相关设备。所在铁路局集团公司负责为其开通铁路办公网络。

乘务交路需在车站继乘、换班时，由所在铁路局集团公司按规定设置继乘室，安装铁路长途自动电话、与车站信号楼的直通电话、列车进路表示系统、冷暖空调，配备办公桌椅、工具备品柜、水电、卫生间等设备；可在车站或公寓设置机务派班室。

机务段机车调度员应从担当乘务工作不少于1年的机车司机中选拔产生；指导司机应从担当机车调度工作不少于1年的调度员中或担当乘务工作不少于2年的机车司机中竞聘产生；运用安全管理人员原则上应从具有一年及以上指导司机任职经历的现职指导司机中选拔产生。

三、各级机车调度的职责

1.国铁集团普速机车调度

(1)监督、检查、指导铁路局集团公司、机务段机车调度工作，维护调度纪律，严肃调度命令，通报违章、违令、不服从指挥的单位和人员，组织交班分析，提出整改要求。

(2)督促、组织跨局交路机车工作计划的编制和实施。

(3)掌握国铁集团机车动态，重点掌控跨局交路机车、乘务员使用等情况，协调分界口机车供应和运输畅通。

(4)协调、处理跨局机车回送等相关事宜。

(5)核准各铁路局集团公司实际运用机车超、欠供应台数，提出考核建议。

(6)发布长期备用、封存机车加入和解除以及跨局救援列车出动的调度命令。

(7)根据上级部署的重点列车计划，及时掌握机车和人员安排。

(8)分析机车运用指标完成情况，按月、季、半年、年度通报。

(9)收集、报告和反馈涉及机务有关铁路交通事故、行车设备故障等信息，落实应急处置预案要求，协调处理有关问题，跟踪后续处理情况。

(10)发布、审核、签收、提报有关机车和人员担当调整等相关的调度命令申请和重点事项。

(11)协调组织做好新图实施、新线开通、新机型使用有关工作。

(12)定期登乘机车，熟悉现场情况，不断提高工作能力和指挥水平。

(13)完成领导交办的其他任务。

2.铁路局集团公司普速机车调度

(1)负责编制、下达和组织实施日（班）机车工作计划（含跨局交路机车工作计划），绘制计划机车周转图，与行车有关调度密切配合，安排机车与列车的衔接，组织均衡开车，分阶段绘制实际机车周转图，提高机车周转图兑现率。

(2)掌握列车运行情况，遇有问题及时协调、处理。发生事故、机车故障等情况时，及时按规定报告国铁集团机车调度，填写“行车事故救援情况表”(机调 1)，并通知相关铁路局集团公司。维护调度集中统一指挥，杜绝机车乘务员(含动车组司机)违反统一指挥的情况发生。

(3)掌握机车乘务员一次乘务作业工作时间和驻外公寓休息时间。对可能超劳的，及时协调行车相关调度优先放行；对不能在超劳前到达的，要通知机务段提前做好换班工作。

(4)根据机车检修计划(机调 2)组织机车按时入厂、段检修，掌握机车检修进度。

(5)掌握本局管内机车运用检修情况(机调 3)、救援列车动态(机调 4)，发布机车相关调度命令。

(6)发布救援列车出动调度命令，组织救援列车及时出动。

(7)及时安排机车回送，掌握回送动态(机调 5)，协调解决回送不畅问题，并报告国铁集团机车调度。

(8)建立机车配属、供应、使用考核等相关报表台账，分析上报机车运用指标完成情况。

(9)参加调度所、机务处日常交班会，汇报行车安全、机车运用组织、机车乘务员、动车组司机使用及乘务员超劳等情况。

(10)定期登乘机车，熟悉现场情况，不断提高工作能力和指挥水平。

(11)完成领导交办的其他任务。

3. 机务段机车调度室调度

(1)负责机车运用的集中统一指挥。严格执行各项规章和安全管理制度。

(2)负责接收铁路局集团公司的日、班、阶段计划，及时下达到相关派班室，合理安排机车供应，组织机车正点出库。分阶段及时接收实际机车周转图，掌握到达机车动态，合理安排机车计划。

(3)负责运行揭示调度命令的接收和复核，LKJ 临时数据文件的编辑、核对、模拟和审核等工作，并按规定下达到派班室。

(4)与铁路局集团公司调度及有关站、段保持密切联系，随时了解列车运行情况和机车使用情况。

(5)及时处置运输生产中非正常问题，遇发生铁路交通事故、设备故障和重点列车运行晚点等情况，要及时查明原因，迅速上报。

(6)落实重点列车的机车运用和人员安排。

(7)掌握机车乘务员工作和休息时间，及时向铁路局集团公司机车调度进行预报，防止机车乘务员超劳。

(8)掌握机车配属(机调 11)、运用、整备、检修动态，及时变更机车工作种别，按检修计划及时扣车。掌握当日检修机车的预交车时间，督促及时交车，每日 15:00 前要将机车修竣时间或预计修竣时间上报铁路局集团公司机车调度。

(9)组织铁路局集团公司的机车回送计划落实，及时掌握回送机车动态，上报铁路局集团公司机车调度。

(10)负责接收处理相关动车组文件、电报和命令，组织贯彻落实。

(11)根据高铁调度日计划和动车所调车作业计划，编制、上报动车组司机乘务计划和地勤司机作业计划。掌握动车组司机人员动态，上报当日值乘司机、地勤司机、热备司机、外公寓和间休室司机名单、联系方式等信息。

(12)统计动车组运行、晚点和故障信息，上报到相关部门(机调 9、10)。

(13)接到动车组回送及临时更换车底调度命令时,及时组织车间做好人员安排。

(14)掌握救援列车动态,按调度命令组织救援列车及时出动。

(15)准确掌握 LKJ 数据换装进度。

(16)定期登乘机车(动车组),熟悉现场情况,不断提高工作能力和指挥水平。

(17)完成领导交办的其他任务。

四、机车的配属

在机车的应用管理过程中,为了有效地管理与合理地运用机车,国铁集团及铁路局集团公司每年在制定年度计划时,要确定各局、段配属机车的台数和类型,并做出路网现有机车的调整方案。

1.机车的配属原则

(1)近期与远期相结合,满足运输需要,符合机车牵引动力发展和检修布局的规划,提高机车使用效率和资产回报及效益。

(2)力求机型统一、点线结合集中配属。

(3)合理使用机车,平衡相邻区段的牵引定数。

(4)适应列车编组计划和运输设备的基本要求。

(5)配置机车根据机车周转图查定,并依据担当任务性质等情况,确定机车检修、备用率。原则上,小运转、调车任务按 12%,客、货任务管内的按 12%,跨局机车交路的按 15%;春暑运期间临客任务占图定任务 10%以上的机务段按 20%,直供电机车按 25%。

2.机车的分类

(1)按照机车的配属关系分类

①配属机车:根据国铁集团配属命令,拨交铁路局集团公司及机务段保管、使用,涂有局、段标志,并在资产台账内登记的机车,包括企业自购机车。

②非配属机车:指原配属关系不变,根据国铁集团电报命令由他局、段派至本局、段入助及临时加入支配(含长交路轮乘)的机车。

③合资铁路、地方铁路的自有机车为其配属机车,支配机车包含其租入机车。

(2)按机车的指挥使用权限分类

①支配机车:根据国铁集团、铁路局集团公司命令拨交各局、段支配使用的机车,包括入助和临时加入支配(含长交路轮乘)的机车。

②非支配机车:根据国铁集团命令批准的封存(封存机车为机务段、铁路局集团公司的非支配机车)、长期备用(长期备用机车为机务段的非支配机车,为铁路局集团公司的支配机车)、出助的机车,以及按租用合同办理的出租机车。

(3)按支配机车的工作状态分类

①运用机车:为参加各种运用工作的机车。包括担当工作以前必须进行必要的准备工作、等待工作的机车和经国铁集团、铁路局集团公司命令批准的其他工作的机车。运用机车分为客运、快运、货运(货物、小运转)、路用、补机、专用调车及其他工作机车。

②非运用机车:指未参加运用工作的机车。包括备用、检修及经国铁集团、铁路局集团公司命令批准的其他机车。非运用机车分为长期备用(不包括在机务段支配内)、短期备用、检修(C6 修或大修、C5 修或轻大修、C4 修或中修、C3 修、C2 修或小修、C1 修或辅修、临修、其他检修)及其他。

机务段因受运输任务的变动或由于机车运用效率的提高,运用机车有多余时,应将多余的机车转入非运用机车内作为备用机车，以提高机车运用指标。

3. 机车的使用

(1)客运机车应尽量固定使用。

(2)货运列车的机车，除列车运行图规定的外，不应在中间站、岔线及有专用调车机车的站进行调车作业。

(3)所有机车必须按列车运行图和机车周转图的规定使用。

不得安排担当直达、直通货物列车牵引任务的机车在中间站、岔线及有专用调车机车的车站进行调车作业；旅客列车机车在始发、终到站，不得安排调车作业任务，必须担当调车作业时，应在列车运行图中确定。

直供电机车出库前必须按规定对直供电装置进行检查，保证出库牵引质量状态良好，按规定时间出库向客车供电；直供电列车运行区段，具备条件的，应合理安排直供电机车担当非直供电客车或货车的牵引任务，以提高应急处置能力。

机车应按照使用性能、节能环保、技术更新、经济合理及淘汰落后产能的原则确定使用年限，机车使用年限为20年。

铁路局集团公司、机务段要确保机车配属、运用等管理信息系统数据准确，并及时更新。

单元二　机车交路及机车运转方式

学习目标

(1)掌握机车交路的概念及图例；

(2)掌握机车运转方式的概念及分类。

基础知识

铁路机车牵引列车基本上是按区段接续进行的。机车交路又称机车牵引区段，是机车固定担当运输任务的周转区段，即机车从机务段所在站到折返段所在站之间往返运行的线路区段。机车交路是组织机车运用工作，确定机务段的设施和配置、机车类型分配、机车运用指标等的重要依据。

一、机车交路

机车交路图一般由四个部分构成，分别为机车交路支点、机车交路图示、线路图示和标注。

1. 机车交路支点

机车交路支点包括机务段、折返段和车站等。

(1)机务段：机车配属单位，具有机车运用和乘务组织、整备、检修及行政管理能力。机务段在机车交路图上的表示方法如图1-2所示。

图1-2　机务段

(2)折返段:具备对机车牵引续行整备的能力。折返段在机车交路图上的表示方法如图 1-3 所示。

(3)车站:列车经由该站折角、开入岔线或折返。车站在机车交路图上的表示方法如图 1-4 所示。

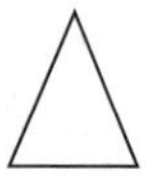

图 1-3　折返段

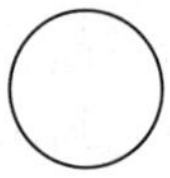

图 1-4　车站

2. 机车交路图示

机车交路图示由机车牵引始发支点和折返支点,牵引运行线组成,如图 1-5 所示。

机车牵引始发支点:一般为机务段或配属机车折返段。

机车牵引折返支点:为折返段(点)、车站或机务段。

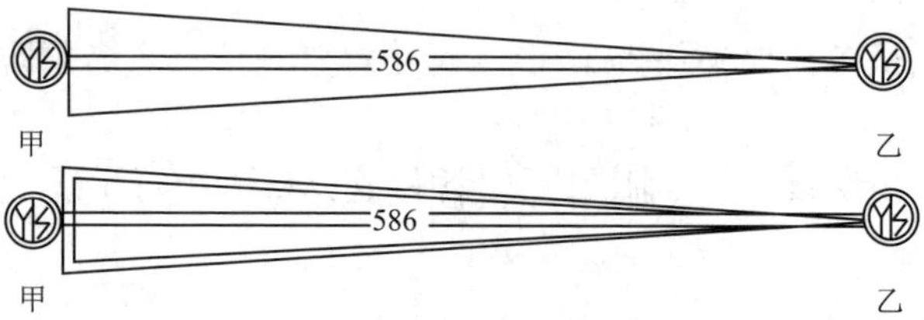

图 1-5　甲段(站)至乙段机车交路图示

3. 线路图示

机车交路的线路分为单线、双线,单线为单线条、双线为双线条;电力牵引线采用绿色表示,内燃牵引线采用红色表示;线路坡度指限制坡度,按上、下行线路分别标注于机车交路线上。机车交路的线路图示如图 1-6 所示。

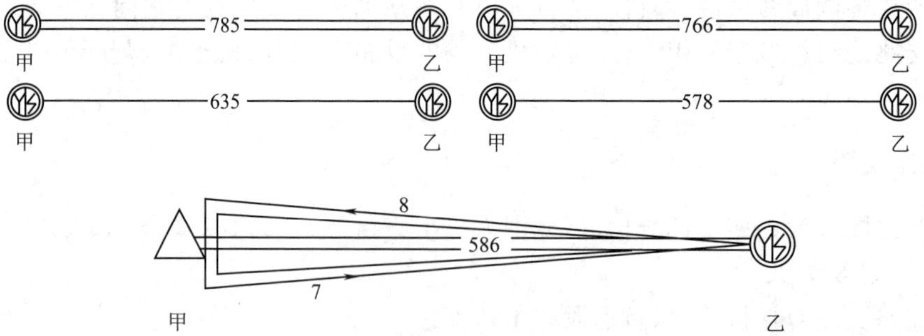

图 1-6　机车交路线路图示

4. 标注

机车交路图的标注主要包括:交路区段、列车对数(上下行对数不同的标注方法,上行/下行)、机型、机车台数、牵引定数等(上下行不同的标注方法,上行/下行,旅客列车可以按牵引辆数),如图 1-7 所示。

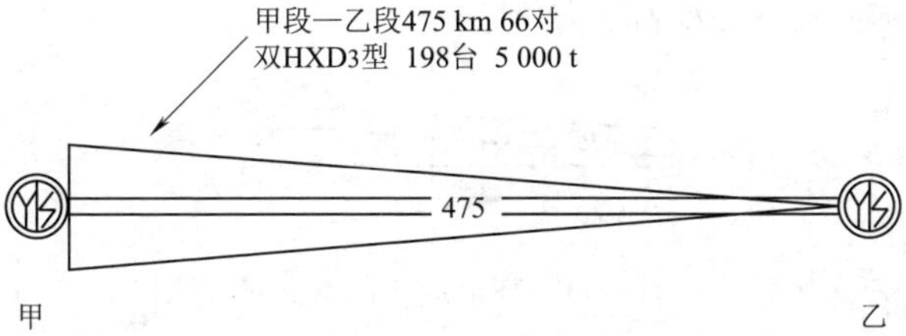

图 1-7　甲段至乙段机车交路标准图示标注

二、机车运转方式

机车运转方式（也称为机车运转制）是机车担当运输任务，往返机务段和机务段（折返段）间的作业方式。按机车运转方式分为肩回运转制、循环运转制、半循环运转制和环形运转制机车交路等。

1. 肩回式机车交路

肩回式机车交路是指机车出段在所在站牵引列车运行至终到站或入所在站后折返返回牵引列车的机车交路，如图 1-8 所示。

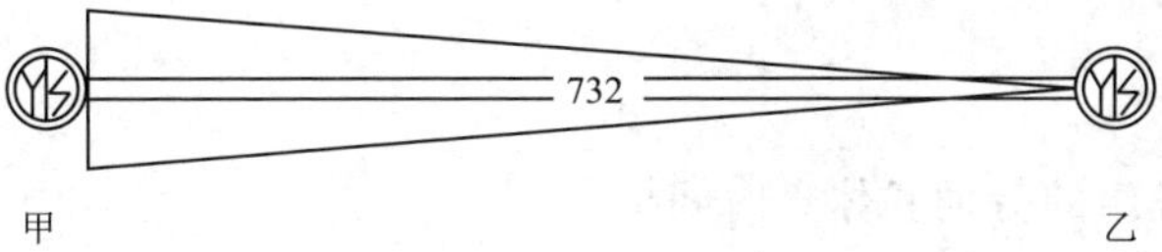

图 1-8　肩回式机车交路

2. 循环式机车交路

循环式机车交路是指机车出段在所在站牵引列车在两个及以上车站循环运转一次或数次后，再返回机务段的机车交路，如图 1-9 所示。

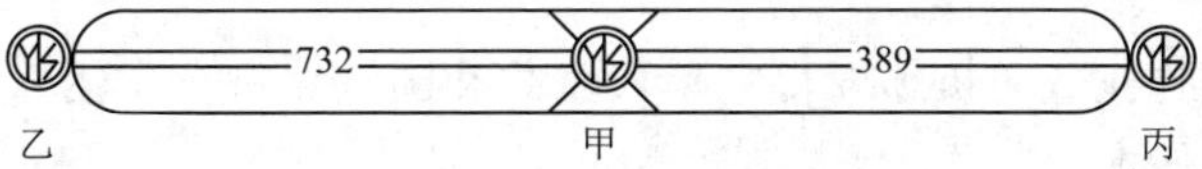

图 1-9　循环式机车交路

3. 半循环式机车交路

半循环式机车交路是指机车出段后在所在站牵引列车向一个车站运行折返至另一车站折返返回机务段的机车交路，如图 1-10 所示。

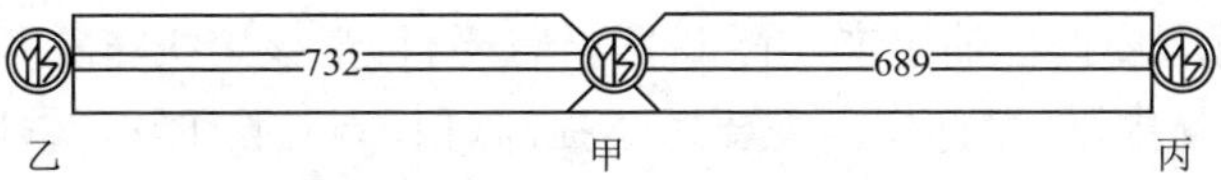

图 1-10　半循环式机车交路

4. 环形运转机车交路

环形运转机车交路是指机车在一个牵引区段或枢纽内担当两次及两次以上往返的列车牵引任务之后，才入段进行整备作业，如图 1-11 所示。环形运转方式一般在距离短而运量较大的交路区段上的市郊列车和小运转列车采用。

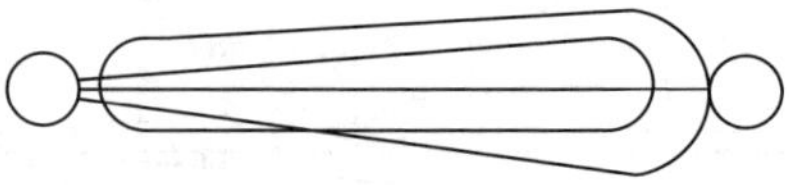

图 1-11　环形运转机车交路

在机车交路图上补机区段需单独表示。补机机车交路指加补机车区段(区间)的机车交路,如图 1-12 所示。

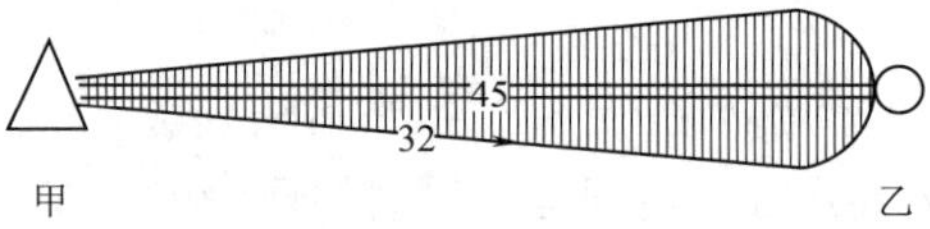

图 1-12　补机机车交路

单元三　乘务制度

学习目标

(1)掌握机车乘务组的劳动和休息时间标准;

(2)掌握机车乘务制度的分类及各自的特点;

(3)掌握乘务方式的分类及各自的特点。

基础知识

机车乘务员是铁路运输的主要技术工种,担负着驾驶机车,维护列车安全正点的责任。机车乘务员必须具备下列基本条件:

(1)符合岗位标准要求,司机须取得中华人民共和国铁路机车车辆驾驶证。

(2)敬业爱岗,胜任本职工作。

(3)身体条件符合国家对铁路机车车辆驾驶人员职业健康标准的要求。

(4)具备中专及以上学历,具有良好的汉字读写能力并能够熟练运用普通话交流。

符合(2)~(4)项要求的人员,在机务段乘务学习满半年(或乘务公里满 3 万 km),经铁路局集团公司组织考核合格,颁发铁路岗位培训合格证后,方可担当副司机工作。年龄 35 岁及以下的在职或入职副司机,应在 3 年内达到机车乘务员学历标准。

铁路局集团公司应依据运输生产实际和发展需要,科学核定机车乘务员定员,合理设置预备率,原则上按 12%安排,可根据实际需要适当提高,但不超过 16%。铁路局集团公司年度新增人员计划,对机车乘务员人数实行计划单列。

开展机车乘务员百趟安全竞赛活动,充分调动机车乘务员严格执行作业标准的积极性。

机车司机要做到遵章守纪、爱护机车、平稳操纵、安全正点;认真执行一次乘务作业标准,做到"彻底瞭望、确认信号、准确呼唤、手比眼看";努力学习技术业务知识,不断提高操纵技术和应急处置能力,质量良好地完成运输任务。机车副司机的主要职责是在司机的领导下,认真执行一次乘务作业标准。

达到一定的较大年龄的副司机，参加国家司机晋升考试不合格或无故不参加本单位安排的国家司机晋升考试者，原则上调整出机车运用岗位。

实行机车乘务员违章违纪年度“12分”管理制度。铁路局集团公司机务处负责制定实施办法，并监督机务段组织实施；机务段建立机车乘务员违章违纪管理档案，当机车乘务员年内扣分累计达到12分时，停止其担当乘务工作，经培训考试合格后，方准上岗。

一、机车乘务员的劳动和休息时间标准

为保证机车乘务员在工作的时候精力充沛，注意力集中，从而更有效地完成运输生产任务，规定了乘务员的劳动和休息时间标准。

1.机车乘务员劳动时间

一次乘务作业工作时间标准（出勤到退勤全部工作时间，下同）：

(1)机车司机、副司机配班值乘：客运列车不超过8 h，货运列车不超过10 h。

(2)机车单班单司机值乘时间标准由铁路局集团公司制定。

(3)机车双班单司机值乘：客运列车按旅行时间不超过15 h加出退勤工作时间，货运列车旅行时间不超过16 h加出退勤工作时间。

2.机车乘务员休息时间

(1)外公寓调休时间不得少于5 h(其时间的计算为到达公寓签到休息至叫班时止，以下同)；在外公寓驻班休息时间不得少于10 h；轮乘制外公寓换班继乘休息时间不得少于6 h。具体休息时间标准由铁路局集团公司在编制列车运行图时公布，并不得随意变更。

(2)在本段（或本车间）休息时间应根据月工作时间定额均衡安排，每次时间不得少于16 h。

(3)实行轮乘制的机车乘务员每月应安排1～2次不少于48～72 h的休息时间。

机车乘务员随货物列车或无卧铺客运列车便乘时间计算为工作时间，但不计算为一次乘务作业工作时间；乘卧铺的便乘时间不计算工作时间。

编制列车运行图须依据机车乘务员一次乘务作业工作时间标准；运输有关部门要提高日（班）计划编制质量，各工种调度之间要加强联系，严格落实“一派一核一叫”制度，实现精确叫班，不得以日（班）计划作为叫班计划，叫班前应认真了解机车、列车位置和编组情况；列车调度员要按图组织行车，不得随意更改乘务交路、中途折返，并优先放行机车乘务员接近超劳的列车，防止机车乘务员超劳。

二、机车乘务制度

乘务制度是机车乘务员使用机车的制度，一般分为包乘制、轮乘制、轮包结合制。

根据机车交路、乘务制度、机车乘务员劳动时间标准和工作条件，合理采用机车运转制和乘务员换班方式。

班制的选择和确定应符合国铁集团规定的机车乘务员劳动时间标准，最大限度地满足运输的需求。铁路局集团公司应大力推广、采用单司机(单班、双班或多班)值乘。线路坡度在6‰以上的区段，货物列车不实行单班单司机值乘。

1. 包乘制

包乘制是将一台机车分配给固定的机车乘务组使用、保养和管理。包乘制中按其交路长度、乘务方式可分为二班、三班和四班包乘。采用何种班制应通过对机车周转图的计算,使乘务员的月工作时间符合规定的标准。

包乘制的优点:

(1)实行包保管理体制,由于责任划分明确,责任制易落实,便于机车的运用管理。

(2)可以加强机车乘务员的责任心,有利于机车的维修保养。

(3)便于乘务员熟悉机车的性能和特点,有利于对机车的操纵、检查、处理故障的适应。

包乘制的缺点:

(1)因受机车乘务组一次连续劳动时间的限制,机车交路区段长度受一定限制,一般情况下,只能有 150～300 km。

(2)机车和人员固定使用,相互制约,不利于调度指挥,影响了机车的运用效率。

(3)乘务员辅助作业时间长,非生产性的便乘时间多。

(4)乘务员的劳动和休息条件不易得到改善。

2. 轮乘制

轮乘制是由原则上应搭配固定的机车乘务班组按出乘计划表出乘,使用的机车不固定。实行内燃、电力机车长交路轮乘制是提高运输能力和运输效率的重要措施。实行机车长交路轮乘制的机务段,分为配属段和支配段(运用段)。

(1)自机车到达乘务员所在继乘站时起至机车运行到下一个继乘站时止,为机车乘务员所属段的支配机车。

(2)机车到达继乘站后需入段时,入段前为上班乘务员所属段的支配机车,入段后为接班乘务员所属段的支配机车。

(3)若因机车故障在继乘站或入段检修时,则自机车修竣时起为接班乘务员所属段的支配机车。

实行轮乘制的机车可以越区段长距离运行,跨越段界、甚至铁路局集团公司之间分界;一个段的配属机车几个段共同使用。实行轮乘制的机车,其日常保养工作由车上转移到地面,由地勤人员承担,为此,需设置一整套机车质量的保证体系。根据各段不同情况,轮乘制地勤可采用两种基本形式。

(1)检查、修理分设制——在地勤组长领导下,设机车检查组(包括日勤制、轮班制和换乘站机车检查司机)、给油组、行修组、工具备品组、擦车组等。

(2)检查、修理合一制——在检修车间主任领导下,按专业化集中修体制,设柴油机、电机电器、附件、走行、制动综合组,另设工具备品组、擦车组和换乘站机车检查司机。

轮乘制的优点:

(1)机车交路长度可不受乘务员一次连续劳动时间的限制,实行内燃、电力机车的长距离运行,充分发挥内燃、电力机车的优越性,加速车辆周转,改善运输组织,提高机车运用效率,节省了机车和人员。

(2)乘务员不参加检修、中检和备用,减少了乘务员辅助工作时间和非生产性的便乘时间,改善了乘务员劳动、休息条件,提高了劳动生产率。

(3)实行轮乘制后,打破了人、车固定使用的相互约束,解放了生产力,对机车乘务员的使用和机车的调度方便灵活，保证了按时供应技术状态良好的机车。

(4)实行轮乘制后便于实行记名式出乘计划表，乘务员预先知道一旬或一个月的乘务情况，对其工作、学习和生活都能更好的安排。在乘务员管理上能合理调整乘务员交路，保证劳逸正常，避免了包乘制那种劳逸不均或连续夜班的情况，改善了乘务员生活条件，提高了出勤率，有利于安全生产。

(5)实行长交路轮乘制，减少了机车摘挂作业，减轻了对区段站的干扰，提高了通过能力；机车交路的延长，可以减少机务段和折返段，节省大量设备、基建投资，缩减了职工人数和运营开支。

3. 轮包结合制

为了克服轮乘制管理中对机车保养质量、机车清洁状态、零小配件及质量信息的失控，解决由于机车保养责任制难以落实而导致机车质量下降的问题，在某些区段试行了轮包结合的乘务制度。所谓"轮包结合"，就是配属段固定两班乘务员使用机车，支配段乘务员仍然轮乘。实践证明，从机车保养的角度看，轮包结合优于大轮乘而次于包乘制；从机车运用效率和乘务员劳动生产率方面来看，则次于大轮乘而优于包乘制。当然，轮包结合也存在一些问题，这就是轮乘制管理中的一些共性问题在轮包结合的方式中也有反映。其次是由于将机车保养的责任强加给了配属段，在包乘的乘务员中出现了心理上的不平衡，这是轮包结合特有的问题。

三、乘务方式

机车乘务组如何换班出乘，担当机车作业的方法称为乘务组的出乘方式，又称为机车乘务组的乘务方式。

乘务方式根据交路长度和乘务组连接工作时间标准一般分为以下六种。

1. 驻班制

在折返段预先派驻若干个机车乘务组，当本段机车乘务组执乘牵引列车到达折返段休息时，由折返段驻班机车乘务组接车，牵引列车返回本段。如此轮流执乘，轮流在折返段休息，这种乘务方式称为驻班制，如图 1-13 所示。

驻班制适用于行车密度大的长交路上，可以提高机车运用效率。但是乘务员经常在外段驻班，生活和学习条件不够正常。

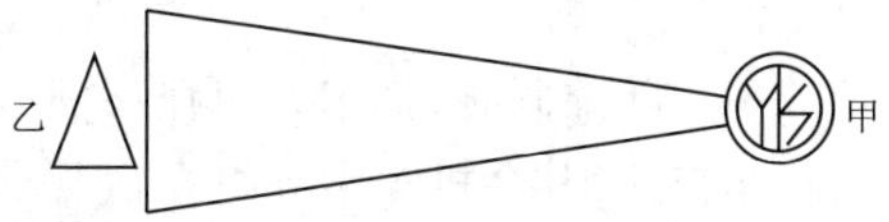

图 1-13　驻班制示意

2. 调休制

一个机车乘务组有机务段出乘，担当机车作业到达折返段后不换班，由于乘务组往返执乘连续工作时间超过规定时间，乘务员需要在折返段公寓调休 4～6 h(不包括退勤时间)，机车也随之在折返段停留等待，然后原班原车返回机务段，这种乘务方式称为调休制，如图 1-14 所示。

调休制适用于行车密度小的较长路段。其主要缺点是机车运用效率低，乘务员有一部分时间在外段休息。

3. 立即折返制

一个机车乘务组由机车段出乘担当机车作业，到达折返段不需要换班，而是接运最早的列车返回机务段，再退勤休息，这种乘务方式称为立即折返制，如图 1-15 所示。

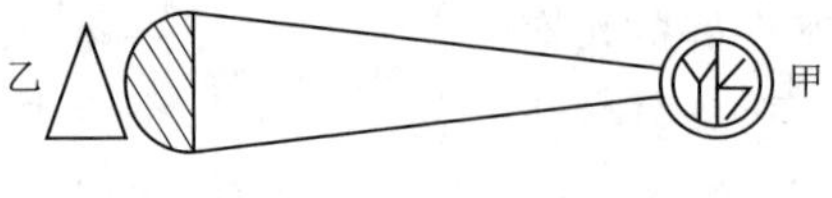

图 1-14　调休制示意

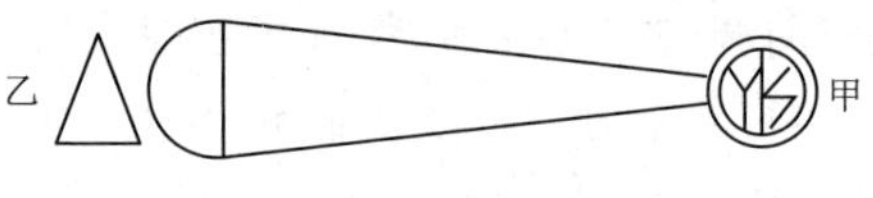

图 1-15　立即折返制示意

立即折返制适用于行车密度大的短交路上，其优点是乘务员在家休息的时间较长，有利于参加段内组织活动和业务学习，便于机务段对乘务员的组织管理工作，机车运用效率也比较高。

4. 中途驻班制

一个机车乘务组由机务段出乘，担当机车作业到达中途整备点后退勤休息，由预先派驻的中途整备点的机车乘务组接乘到达折返段后，原班原车牵引其他列车立即折返中途整备点退勤休息，而后再由中途整备点已经休息的机车乘务组执乘返回机务段，这种乘务方式称为中途驻班制，如图 1-16 所示。

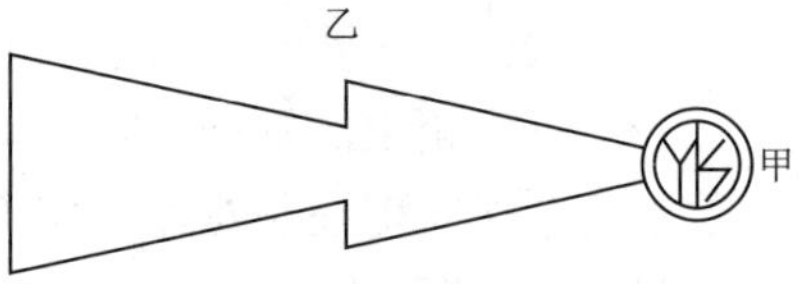

图 1-16　中途驻班制示意

中途驻班制的优点是机车交路长，一般相当于一个长交路和一个短交路距离之和，机车运用效率高。但驻班在中途整备点的乘务员长期离开机务段，因此需在中途换班地设置乘务员公寓或家属宿舍。

5. 两处驻班制

机务段预先在中途整备点和折返段均派驻若干个机车乘务组，一个机车乘务组由机务段出乘，担当机车作业到达中途整备点后退勤休息，由驻班机车乘务组接乘担当机车作业继续运行到折返段，也退勤休息。然后折返段驻班机车乘务组担当机车作业，牵引列车返回中途整备点退勤休息，再由中途整备点驻班机车乘务组接乘返回机务段，这种乘务方式称为两处驻班制，如图 1-17 所示。

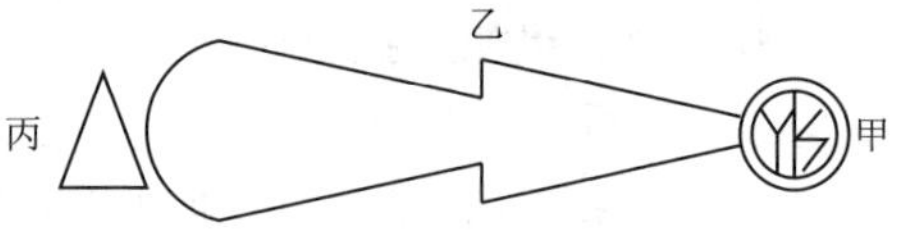

图 1-17　两处驻班制示意

两处驻班制一般适用于超长交路，相当于两个长交路距离之和，机车运用效率高。

6. 随乘制

采用随乘制时，机车后面挂一辆宿营车，机车乘务组均随车出乘。先由一班机车乘务组担当机车作业，其余机车乘务组在宿营车上休息。经过一段时间，在适当的停车站换班执乘。

随乘制机车运用效率较高，工作比较灵活，机车交路可以延伸很长，但是乘务员休息条件差。该乘务方式一般适用于流动性和临时性运转制。

单元四　列车运行图和机车周转图

学习目标

(1)掌握列车运行图的作用和分类；

(2)会识别列车运行图；

(3)掌握机车周转图的编制原则和编制资料；

(4)会识别机车周转图。

基础知识

列车运行图和机车周转图是组织运输生产的依据。

一、列车运行图

1. 列车运行图的作用

列车运行图是铁路行车组织工作的基础。所有与列车运行有关的铁路各部门，必须按列车运行图的要求，组织本部门的工作，以保证列车按运行图运行。列车运行图应根据客货运量、区段通过能力等因素确定列车对数，并符合下列要求：

(1)列车运行、车站间隔、技术作业等时间标准。

(2)迅速、便利地运输旅客和货物。

(3)充分利用通过能力，经济合理地运用机车车辆和安排施工、维修天窗。

(4)做好列车运行线与车流的结合。

(5)各站、各区段间的协调和均衡。

(6)合理安排乘务人员作息时间。

机车周转图应与列车运行图同时编制。

列车运行图规定了各种列车占用区间的程序，列车由每一个车站出发、通过、到达和交会的时刻，列车在各区间的运行时分，以及列车在车站的停留时间标准等。这样的列车运行图不仅规定了列车的运行，而且也规定了铁路技术设备(线路、站场、机车、车辆等)的运用。同时，还规定了与列车运行有关的保证部门(如车站、车务段、客运段、机务段、工务段、电务段、供电段、列车检修所、车辆段等)的工作。因此，列车运行图是铁路运输工作的综合计划，是行车组织工作的重要基础。

列车运行图的主要作用是：将所有与列车运行有关的铁路部门(如机务、车务、列车车辆、工务、电务、水电等单位)的工作人员同铁路的运输生产活动统一组织起来，并按照规定的程序协调一致地工作，保证列车按运行图运行。列车运行图应标明如下内容：

(1)根据客、货运量确定列车对数和列车车次。

(2)规定各次列车占用区间的程序。

(3)列车出发、到达和通过各分界点的时刻。

(4)列车在区间内运行时分和站停时间标准。

(5)列车运行速度、牵引重量和长度标准。

2. 列车运行图的分类

在我国，列车运行图是根据国家运输计划编制的，这种根据基本运量进行编制的列车运行图是基本运行图。基本运行图规定的行车量能满足一定时期内的最大客、货运输任务。然而，由于客货运输量在一年之中难以保持稳定，为了适应这种变化，必须在基本运行图的基础上根据各种行车方案再编制几个运输方案的运行图，这种列车运行图称为分号运行图。例如，某列车运行图用 30 对列车编制，而行车密度最高达 34 对列车，最低只有 26 对列车，则可在 26～34 对列车之间，按每相差一对列车再编制 8 个方案，或按照每相差两对列车再编制 4 个方案，在这里称以 30 对列车编制的运行图为基本运行图，其他 8 个(或 4 个)运行图为分号运行图。

分号运行图又可分为独立和综合分号运行图。独立分号运行图是根据实际的车流情况确定行车量并结合编制分号运行图的特殊要求，像编制基本列车运行图那样，重新定点、定车次的列车运行图，它主要用在单线区域。综合分号运行图包括几个方案的运行图，是利用基本运行图抽减运行线，不单独定点、定车次而制定的列车运行图，综合分号运行图原则上在复线区域上使用。

有了基本运行图和分号运行图，运输部门就可随着运量的变化、特殊运输需要及工程施工等情况，选用相应的分号运行图。最后应当指出，列车运行图不是固定不变的，必须根据铁路客货运量的不断增长、铁路技术设备的更新、运输组织工作的改善、牵引定数和旅行速度的提高，经过一定时期重新编定。原则上列车运行图每两年定期编制一次。

3. 列车运行图的识别

列车运行图是运用坐标原理来表示列车在区间运行，在各站到、发、通过时刻和停车时分的一种图解形式，如图 1-18 所示。

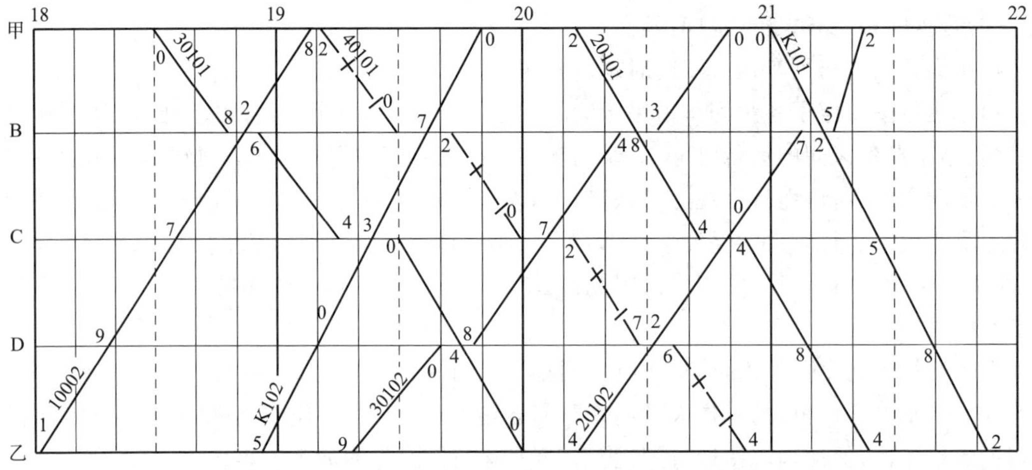

图 1-18　列车运行图示意

在列车运行图中，采用站名线、时分线和运行线三线表示法。在列车运行坐标图上，横坐标表示时间(t)，纵坐标表示距离(L)，并用水平线代表各个车站的中心线位置，斜线表示列车运行线，上斜线代表上行列车，下斜线代表下行列车（向北京运行的方向为上行方向，车次为双数；反之为下行方向，车次为单数）。斜线的斜度表示列车的运行速度，斜度越大，则列车运行速度越高。

列车运行图时间坐标等分成 24 格，代表一昼夜 24 h。铁路行车时刻以北京时间为标准，以每日 18 点整至次日 18 点整为“一昼夜”时间范围。垂直线为时间线，较粗的线表示小时，细线表示若干分钟，虚线表示 0.5 h。纵坐标按照一个区段内各个站间距离的比例划分成若干水平线即为各站分界点的中心线，大站用粗线表示，小站用细线表示。水平线与水平线间隔表示站间距离。斜线与水平线的交点表示列车在每个车站的出发、通过或到达的时刻。

在列车运行图中，由于铺画了许多不同种类的列车运行线，为了便于区别，对不同的列车种类要采用不同的列车运行线来表示，常见的列车运行线见表 1-1。

表 1-1　列车运行线图例

列车种类	表示方法	备　注
旅客列车、动车组检测列车、动车组确认列车、回送动车组列车、试运转动车组列车	红单线　————	以车次区分
临时旅客列车	红单线加红双杠　—‖—‖—	
回送客车底	红单线加红方框　—□—□—	
160 km/h 特需货物列车	橙单线加橙圈　—○—○—	
120 km/h 特需货物列车	橙单线加橙方框　—□—□—	
80 km/h 特需货物列车	橙单线　————	
特快货物列车	蓝单线加红圈　—○—○—	
快运货物列车(普快货物班列除外)	蓝单线加蓝圈　—○—○—	
远程技术直达列车	蓝单线加蓝方框　—□—□—	
"点到点"快速货物列车	蓝单线　————	
直达列车、普快货物班列	黑单线加黑圈　—○—○—	
直通、自备车、区段及小运转列车	黑单线　————	以车次区分
摘挂列车	黑单线加"+""|"　—+—|—	
重载货物列车	蓝色断线　---------	以车次区分(铁路局可根据具体情况补充规定)
冷藏列车	黑单线加红圈　—○—○—	
军用列车	红色断线　---------	
回送军用列车	红色断线加红方框　--□--□--	
超限超重货物列车	黑单线加黑方框　—□—□—	
路用列车、试运转列车(不含动车组)	黑单线加蓝圈　—○—○—	以车次区分
单机	黑单线加黑三角　—▷—▷—	
高级专列及先驱列车	红单线加红箭头　—→—→—	以车次区分
救援、除雪列车	红单线加红"×"　—×—×—	以车次区分
重型轨道车	黑单线加黑双杠　—‖—‖—	

注:特需、快速货物列车以外的货物列车中,如挂有装运跨局零散货物快运车辆时,基本车次前加字母"X"的列车,运行线表示方法仍使用原基本车次运行线的表示方法。

二、机车周转图

1.机车周转图的作用

机车周转图是机车工作计划,也是机车乘务员和机车整备人员的工作计划,它是根据列车运行图,机车交路及乘务制度进行编制的。具体作用如下:

(1)确定了机车牵引列车的车次及到、开时间。

(2)确定了机车在本外段、站的标准技术作业时间。

(3)根据牵引区段的列车对数计算出机车平均全周转时间,从而确定机车使用系数和机车使用台数。

(4)根据牵引区段的距离，测算出机车总走行公里，从而测算出机车大、中、小、辅修任务。

(5)计算出机车日车公里、旅行速度、技术速度等机车运用效率指标。

(6)机务段还需根据机车周转图合理地计划电量、水、砂、油脂的储备和使用，并安排机车检修及整备等各项工作和程序。

2. 机车周转图的种类

机车周转图分为：基本机车周转图、分号机车周转图（独立分号及一、二、三分号）、旬间记名机车周转图、日计划机车周转图和实际机车周转图。

基本机车周转图和实际机车周转图与列车运行图同时编制。机车周转图编成后，应同时查定机车运转制、乘务员换班方式、机车走行公里、使用台数、全周转时间（包括纯运行、中间站停留及机车在自外段、站停留时间）、日车公里、旅行速度、技术速度、速度系数、机车使用系数等技术指标，经国铁集团批准后执行。

分号机车周转图（货车）是在基本列车运行图的基础上，根据运量波动的不同按列车对数编制的。月、旬运输方案和机车周转图是根据月、旬运量选定的核心列车对数（不少于最低分号运行图列车对数的 70%）编制的。分号和月、旬间机车周转图均须查定货运机车走行公里、使用台数、日车公里等指标，并有机车小修及辅修安排。其中，日车公里应保证年度机车运用计划的要求。旬间记名机车周转图还应同时编出旬间机车乘务员工作详明表。

旅客列车机车周转图（客货混编除外），应实行记名式机车周转图；货物列车车流比较稳定的区段应积极推行旬间记名式机车周转图。

3. 机车周转图的识别

机车周转图一般采用小时格的运行图图表进行铺画。在表示区段距离的纵坐标上，没有详细划出每个区间站，只是划出列车始发站、中间换班站、大站及到达站的分界水平线，并在周转图的左侧写上站名，标明区段长度。同时在机车周转图最上方要写明机车的周转区段、周转图施行日期、机车使用效率等参数。另外，在机车周转图的上方和下方，用不重叠的横线（即库停线）表示机车在本段和折返段库内的停留时间范围。机车周转图中的列车运行线与列车运行图中的表示方法一样，如图 1-19 所示。

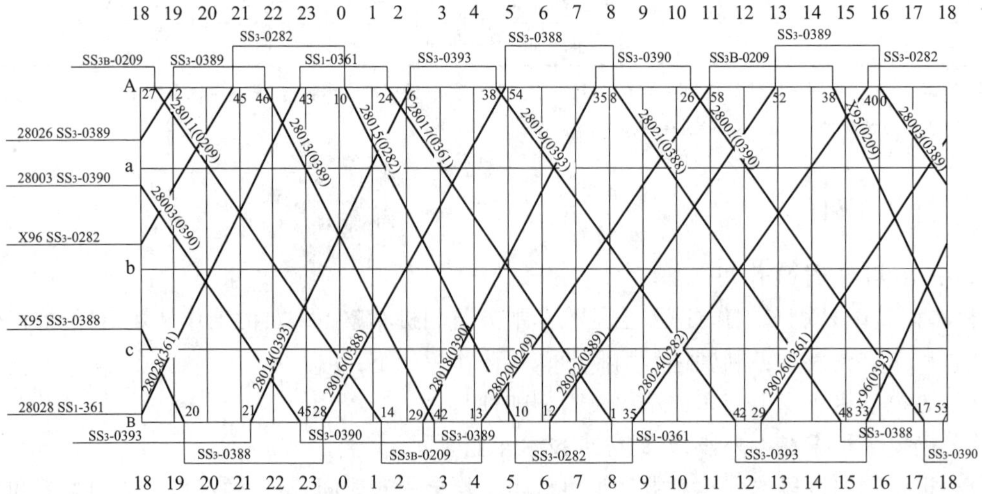

图 1-19 机车周转图示意

为了使机车周转图同列车运行图协调，机车周转图也对应编制出基本机车周转图和分号机车周转图，根据不同的行车方案选择实施。

4. 机车周转图的编制原则

机车周转图应与列车运行图同时编制，编图人员首先要研究列车编组计划、列车对数和查定各项资料，制定列车运行图与机车周转图的初步方案，然后进行具体编制。

机务编图人员须与列车运行图编图人员密切配合，发现问题及时解决，共同协作做好以下工作：

(1)认真细致地审定旅客列车方案，经济合理地使用机车。

(2)按照列车编组计划、列车对数和各项查定资料，同时安排好列车工作方案和机车周转方案，尽量压缩非生产时间，提高速度系数。

(3)正确查定基本及各分号运行图的列车车次，编制好分号机车周转图。

(4)货物列车因车流比较稳定，应积极推行编制旬间记名式机车周转图，并应编制出旬间机车乘务员工作说明表。

5. 列车运行图与机车周转图的协调

列车运行图和机车周转图是机务部门组织运输生产的基础。机车周转图是机车运用工作的计划，应与列车运行图同时编制。为此，机务编图人员要努力做到以下几点：

(1)编制前向列车运行图编图人员提供所属交路各区段机车运用方式和乘务员换班方式；机车在自、外段的技术作业时间标准；乘务员补充工作时间及连续作业劳动时间标准；为保证年度计划实现的区段日车公里标准；乘务员在外段调休的时间标准。

(2)铺画货物列车运行线前，要求编图人员事先编制草图，以便考虑机车运用效率是否满足预定指标。

(3)铺画的货物列车运行线初步画成雏形时，机务编图人员应草画机车周转图，如发现问题及时与列车运行图编图人员研究，合理调整运行线，务必使机车交路符合实际。

(4)对绘制好的草图检查机车乘务员一次作业时间是否超劳，如出现超劳，应及时与列车运行图编图人员研究并予以调整。

单元五　机车运用指标

学习目标

(1)掌握各种机车运用数量指标的定义及计算方法；

(2)掌握各种机车运用质量指标的定义及计算方法；

(3)掌握机车运用分析的主要内容。

基础知识

一、机车运用数量指标

机车运用数量指标表示计划指标在规定的时间内(日、旬、月、季、年)机车运用的经济活动在效率上应该达到的目标，反映总的机车运用工作量，包括各种机车的走行工作量、工作时间及其完成的各种总重吨公里。

1.机车走行公里

机车走行公里为运用机车实际走行或换算走行的公里。

(1)本务机走行公里

本务机车为牵引列车担任本务作业的机车。本务机走行公里为牵引列车的本务机车走行的公里。

两台机车牵引列车(包括规定的双机牵引区段)及组合列车,第一台主导机车为本务机车,第二台为重联机车。但两个列车临时合并运营时,两台机车分别按本务机车统计走行公里。

(2)沿线走行公里

沿线走行公里为本务机、单机(含有动力附挂)、重联和补机走行公里之和,或者说是指机车在区段内或区间内与牵引或推送列车直接有关的机车走行公里之和。

(3)辅助走行公里

辅助走行公里是指本务机走行公里以外的单机(含有动力附挂)、重联、补机及各种换算走行公里之和。

(4)换算走行公里

换算走行公里为按机车每工作 1 h 换算的走行公里,或者说在区段或区间内与牵引、推送列车无关的运用机车换算走行公里之和。

调车工作每小时作业时间换算 20 km,其他工作每小时换算 5 km,有动力停留每小时换算 4 km(内燃、电力运用机车的段内停留均按有动力停留统计)。

(5)机车总走行公里

机车总走行公里为沿线走行公里及换算走行公里之和,或者说为担当各种工作的运用机车的总走行公里之和。

机车总走行公里=沿线走行公里+换算走行公里
=本务机走行公里+辅助走行公里

机车走行公里是机务段运用工作的一项重要指标,它表示机务段的工作量,因此是机务段配属机车台数的依据。同时,铁路工作为了完成一定的运输任务,机车必须完成一定的走行公里。所以,在完成一定运量的前提下,努力压缩机车全部走行公里数是降低运输成本的一个重要因素。

为了压缩全部运行机车的总走行公里,就必须压缩它所包含的各项走行公里和换算走行公里。本务机走行公里的多少,主要由运量大小和列车牵引定数决定,一般可视为客观因素。但是,在运输组织工作中尽量减少欠重列车、实现超重运输、组织单机挂车等,都可压缩本务机走行公里。同时,在条件允许时,努力提高列车牵引定数也是压缩本务机走行公里的一项措施。

除本务机车外,担任其他各项工作的机车,如补机、重联机车、单机、调车机车等的走行公里更应大力压缩。

2.机车牵引总重吨公里

机车牵引总重吨公里为机车牵引列车(包括单机牵引车辆)完成的工作量。计算方法是:

机车牵引总重吨公里=机车牵引总重×相应的机车实际走行公里

3.机车自重吨公里

机车自重吨公里是机车沿线走行所产生的自重吨公里。计算方法是:

机车自重吨公里=机车重量×沿线走行公里

4.通过总重吨公里

通过总重吨公里是指沿线上通过的总重吨公里数。计算方法是：

通过总重吨公里＝机车自重吨公里＋牵引总重吨公里

通过总重吨公里是根据司机报单上所记载货物实际质量和走行距离为依据进行计算的。每天都应计算，用以考核、分析机车运用情况。同时，在其他指标不变的情况下，通过总重吨公里的大小还影响到车辆走行公里的大小，因而是影响铁路运输运营费用大小的重要因素。

二、机车运用质量指标

机车运用质量指标是表示机车在运用计划内，在机车运用质量上应达到的目标。

1.机车全周转时间（$T_{全}$）

机车全周转时间为机车每周转一次所消耗的全部时间（非运用时间除外），或者说机车在担当牵引作业过程中，自离开机务闸楼起，到完成一个交路的往返作业回段，下一次出段再经过闸楼时止，所用的全部时间。它包括：纯运转时间、中间站停留时间、旅行时间、本段和折返段停留时间、本段和折返段所在站停留时间。

（1）纯运转时间：机车在区间内运行所占用闭塞的时间，包括区间内各种原因和停留时间（停车装卸除外）。

（2）中间站停留时间：机车在列车运行区段内中间站（线路所、信号所）的停留和调车时间。

（3）旅行时间：自始发站出发时起至终到站到达时止的时间。

（4）本段和折返段所在站停留时间：机车入段时起至出段时止的时间（非运用时间除外）。

（5）本段和折返段所在站停留时间：机车自入段时起至本段、折返段所在站牵引列车出发时止，和牵引列车到达本段、折返段所在站时起至入段时止的全部时间，其中包括调车时间。

机车全周转时间的计算有两种方法，即时间相关法和机车相关法。

（1）时间相关法是以机车周转一次所需时间因素为依据来计算。计算公式为

$$T_{全}=一次周转的旅行时间(t_{旅})+本段及折返段库停时间(a)+本段及折返段所在站停留时间(b) \tag{1-1}$$

或

$$T_{全}=\frac{2\times L}{v_{旅}}+a+b \tag{1-2}$$

式中　L——机车交路长度；

$v_{旅}$——旅行速度。

（2）机车相关法是以机车周转一次所需时间因素为依据来计算。计算公式为

$$T_{全}=回段机车全周转时间的总和/机车周转次数 \tag{1-3}$$

式中，机车周转次数即机车回段台数或列车对数。

①当有双机重联或多机牵引时，回段机车台数和周转次数大于列车对数。此时，

$$机车周转次数=回段机车台数=列车对数+双机和多机牵引对数 \tag{1-4}$$

②如果机车出库仅牵引一次列车，而往程或回程担任其他工作时，则其所担当的列车为0.5对，机车周转次数和回库机车台数也按0.5次或0.5台计算。

$$回库机车全周转时间的总和=担当牵引任务的机车台数\times 24 \tag{1-5}$$

因此，式(1-3)又可写为

$T_{全}$ =(担当牵引任务的机车台数×24)/(列车对数+双机和多机牵引对数)　　(1-6)

机车全周转时间是考核机车运用效率的重要指标之一,它不仅反映机务部门工作质量的好坏,还反映铁路运输各部门如日常调度指挥、车站工作组织、线路施工等工作质量的好坏。因此,缩短机车全周转时间是各运输部门的共同责任。

缩短机车全周转时间的主要措施有:

(1)加强车站作业和调度指挥,提高旅行速度,其中包括提高机车的技术速度和减少列车在中间站停车次数及停留时间。

(2)加强相邻区段相互间的紧密衔接,缩短机车在外段及所在站的停留时间。

(3)缩短本段及所在站的停留时间。

除此之外,还有许多措施可以直接或间接地缩短机车全周转时间,如减少机破事故、加强机车保养等。

2. 机车运用周转时间

机车运用周转时间是指机车从出本段经过闸楼时起,担当一个交路的往返作业后,回到本段通过闸楼时止所有的时间。计算方法为

机车运用周转时间=机车全周转时间-本段停留时间　　(1-7)

3. 机车需要系数

机车需要系数指在一个牵引区段上,每担当一对列车的牵引任务平均所需要的运用机车台数。因此,机车需要系数(用 K 表示)又称机车周转系数,它是考核机务部门供应机车的标准。

机车需要系数实际上就是以"天"为单位的机车全周转时间。计算公式为

K=机车全周转时间/24=$T_{全}$/24　　(1-8)

或

K=机车使用台数/列车对数=机车周转距离/机车日车公里　　(1-9)

机车需要系数是由列车运行图和机车周转图确定的,K 值越小,完成规定的牵引任务所需要的机车使用台数也就越少,铁路运营费用就可大大节省。

4. 机车日车公里

机车日车公里指平均每台运用机车在一昼夜内走行的公里数,用 $S_{日}$ 表示,它是反映机车工时有效利用程度和列车速度这两个方面因素的重要指标。

机车日车公里分为客运机车日车公里、支配机车日车公里和货运机车日车公里。

(1)客运机车日车公里

客运机车日车公里一般在客车变动不大时仅在年或季分析,日常不分析。

(2)支配机车日车公里

支配机车日车公里为平均每台支配机车在一昼夜内走行的公里。计算公式为

支配机车日车公里=机车总走行公里/支配机车台日　　(1-10)

为了提高支配机车日车公里,应该提高运用机车日车公里,节约非运用机车台数,努力降低机车检修率,在保证完成运量的前提下,尽量将多余机车加人部备、封存,以压缩支配机车台数。

(3)货运机车日车公里

货运机车日车公里因货运工作量大、波动面大,客观因素影响多,潜力也很大,是分析研究

提高机车运用效率的重要方面。

已知机车每次周转时间为 $T_{全}$，则机车在一昼夜内的周转次数为 $24/T_{全}$，而机车在一周转内走行距离为 2 倍的交路长度，故机车每昼夜走行的公里数为

$$S_{日} = 2L \times \frac{24}{T_{全}} = \frac{48L}{T_{全}} \tag{1-11}$$

将式(1-8)代入式(1-11)，得

$$S_{日} = \frac{2L}{K} \tag{1-12}$$

机务段所有机车的平均日车公里可用式(1-13)计算。

$$S_{日} = \frac{\sum 2L \times n}{N_{运}} \tag{1-13}$$

式中　$2L$——机车周转距离；

n——某一机车交路的列车对数；

$N_{运}$——全段运用机车台数。

从上述公式可以看出：机车日车公里的高低和沿线走行公里、列车对数、周转距离成正比；和机车使用台数、全周转时间、机车需要系数成反比。因此，当周转距离延长，沿线走行公里增大和全周转时间缩短，使用台数减少时，日车公里就能提高。而周转距离和列车对数主要取决于客观因素，所以，压缩机车全周转时间也就是提高日车公里的主要措施。提高机车技术速度和旅行速度，减少中间站停留次数和停留时间，压缩本、外段停留时间，机车周转也就自然加快，从而达到提高日车公里的目的。

5. 技术速度和旅行速度

技术速度($v_{技}$)是不计入中间站停留时间的列车机车在区段内的平均速度，即列车机车在区间内平均每小时走行的公里。计算公式为

$$v_{技} = \frac{本务机走行公里}{本务机纯运转时间} = \frac{L}{t_{运}} \tag{1-14}$$

旅行速度($v_{旅}$)是计入中间站停留时间的列车机车在区段内的平均运行速度，即列车机车在区段内平均每小时走行的公里。计算公式为

$$v_{旅} = \frac{本务机走行公里}{本务机旅行时间} = \frac{L}{t_{运} + t_{停}} \tag{1-15}$$

式中　$t_{停}$——区段内中间站总的停留时间。

旅行速度不仅考核机车牵引能力和操纵水平，而且能体现出中间站作业情况、列车组织、调度指挥水平等。

旅行速度和技术速度的比值称为速度系数，用 γ 表示，则

$$\gamma = \frac{v_{旅}}{v_{技}} = \frac{t_{运}}{t_{运} + t_{停}} \leqslant 1 \tag{1-16}$$

速度系数 γ 接近 1，则说明两个速度越接近，列车在中间站的停留时间越短，机车、车辆周转越快。

6. 机车台日产量

机车台日产量指平均每台运用机车在一昼夜内所产生的总重吨公里。

机车台日产量分为支配机车台日产量和货运机车台日产量。

(1)支配机车台日产量($M_{支}$)

支配机车台日产量指平均每台支配机车在一昼夜内生产的总重吨公里。计算公式为

$$支配机车台日产量=各种运输总重吨公里/支配机车台日 \tag{1-17}$$

支配机车台日产量主要考核运行机车的利用程度和完成任务的质量情况，在支配机车台数不变的情况下，机车利用率和总重吨公里越高，则支配机车台日产量越高。

(2)货运机车台日产量($M_{总}$)

货运机车台日产量指平均每台货运机车在一昼夜内生产的总重吨公里。计算公式为

$$M_{总}=\frac{S_{日}\times Q}{1+\beta_{单}} \tag{1-18}$$

式中 $S_{日}$——货运机车的平均日车公里；

Q——货运机车的平均牵引重量；

$\beta_{单}$——单机走行率。

评价机车运用效率从时间和牵引力的利用两个方面来进行。机车日车公里、机车全周转时间反映机车运用效率的时间方面；列车平均牵引总重反映机车牵引力的利用程度，能综合反映这两个方面的指标就是机车日产量，它是机车多拉快跑的主要标志。

机车周转的快慢和牵引力利用程度的高低，同时还表现在每台机车每日能完成的总重吨公里上。机车日产量指标既综合反映机车运用效率，也反映铁路整个运输的综合成绩，是铁路经济技术考核的主要指标之一。

为提高机车出产量，需要对机车出产量的有关因素进行分析。机车出产量的高低与日车公里、列车平均牵引总重成正比，与单机率、重联率、机车运行台数成反比。要提高机车出产量就必须大力提高列车平均牵引总重，压缩机车使用台数，提高日车公里，减少单机走行率、重联率等。

7.列车平均总重

列车平均总重是从机车牵引力角度出发考核机车牵引力利用程度的一个重要指标。它指在一定时期内，全路、一个铁路局、一个机务段或一个区段按距离加权平均每一本务机车牵引的总重量，即每一列车的平均总重量。计算公式为

$$列车平均总重=总重吨公里(不分劈重联、补机)/本务机走行公里 \tag{1-19}$$

由式(1-19)可知，它是一个机务段已经完成的各次货运列车(包括上、下行方向，但不包括小运转列车)重量的平均值。它的大小直接影响到区段列车次数的多少，从而影响到机车需要台数、机车和乘务组需要数及其他有关支出的多少，甚至影响到为增加线路通过能力所需的投资。对照列车平均牵引总重与牵引重量标准，即可发现运输组织工作中的薄弱环节和机车牵引力的利用程度。

一个区段或一条线路按方向确定的列车重量标准，是按各区段配属的机车类型(主要机车功率的大小)、线路纵断面情况，并考虑各区段牵引定数统一，由牵引计算方法求得，经牵引试验确定的。它是货运列车编组的主要依据，也是本务机车牵引列车重量的一个定额指标。

提高列车平均牵引总重是提高机车日产量的主要环节。因此，要坚持满重，减少欠重，组织超重，特别要抓好运输方案，合理开行零担摘挂列车，提高小运转列车的牵引重量。

8. 机车辅助走行率

各种机车辅助走行率计算方法如下：

(1)机车辅助走行率

机车辅助走行率指机车的辅助走行公里与机车沿线走行公里的比值，这个指标可反映出机车的走行效率。计算公式为

$$机车辅助走行率=(辅助走行公里/沿线走行公里)\times 100\% \quad (1\text{-}20)$$

该比值越大，说明机车的无用走行公里越大，浪费也大，所以希望该比值越小越好。

(2)单机率

单机走行公里占机车各种走行公里的百分比称为单机率，用β表示，计算公式为

$$占机车沿线走行公里的单机率\ \beta_{单沿}=(单机走行公里\div 机车沿线走行公里)\times 100\% \quad (1\text{-}21)$$

$$占本务机车走行公里的单机率\ \beta_{单本}=(单机走行公里\div 本务机车走行公里)\times 100\% \quad (1\text{-}22)$$

同样，单机率越小越好，为了减小该值，就应该周密地组织机车周转，压缩单机开行次数或附挂回送，严禁对开单机，减少重联等。

9. 机车运用效率指标与计算方法

(1)运输密度

运输密度为每公里线路所负担的货车载重吨公里。计算方法为

$$运输密度=区段载重吨公里/区段公里 \quad (1\text{-}23)$$

(2)空车走行率

空车走行率为空车走行公里与重车走行公里的比值，计算方法为

$$空车走行率=运用空车车辆公里/运用重车车辆公里\times 100\% \quad (1\text{-}24)$$

(3)重车每辆平均动载重

重车每辆平均动载重为平均每辆运用重车在运行中所载重量。计算方法为

$$重车每辆平均动载重=载重吨公里/运用重车车辆公里 \quad (1\text{-}25)$$

(4)列车平均总重

列车平均总重为每列车的平均总重量，计算方法为

$$列车平均总重=总重吨公里(不分劈重联、补机)/本务机走行公里 \quad (1\text{-}26)$$

(5)机车平均牵引总重

机车平均牵引总重为每台机车平均牵引列车的总重量。计算方法为

$$机车平均牵引总重=总重吨公里(不包括单机)/本务、重联、补机走行公里之和 \quad (1\text{-}27)$$

(6)列车平均组成辆数

列车平均组成辆数为每一列车的平均组成辆数。计算方法为

$$列车平均组成辆数=车辆公里(不包括单机)/本务机走行公里 \quad (1\text{-}28)$$

(7)机车重联率

机车重联率为重联机车走行公里与本务机车公里的比值。计算方法为

$$机车重联率=重联机车走行公里/本务机车公里\times 100\% \quad (1\text{-}29)$$

(8)机车补机率

机车补机率为补机机车走行公里与本务机车公里的比值。计算方法为

$$机车补机率=补机机车走行公里/本务机车公里\times100\% \tag{1-30}$$

(9)机车平均能源消耗

机车平均能源消耗为机车完成一定工作量所消耗的能源量。计算方法为

$$内燃机车每万吨公里消耗油量=燃油消耗量/机车万总重吨公里 \tag{1-31}$$

$$电力机车每万吨公里消耗油量=电消耗量/机车万总重吨公里 \tag{1-32}$$

$$调车机车及其他工作机车每小时消耗油量=燃油消耗量/调车时间 \tag{1-33}$$

(10)机车信号机外停车

机车信号机外停车为牵引货物、旅客、行包专运列车的本务机车在车站(包括线路所)进站信号机外的停车,按次数(次)时分(分钟)计算。

(11)机车周转次数:货物、旅客、行包专运机车由本段(驻在机车为驻在段)每出入段各算0.5次;循环运转机车经过乘务员换班站每到达、出发各算0.5次;临时越过图定机车交路运行时每经过一个乘务区段算0.5次,不足一个乘务区段不计算。

三、机车运用分析

机车运用分析就是通过对各项机车运用指标实际完成情况的分析,研究现有旧车运用效率,进一步改善机车运用情况。机车运用分析是加强铁路运输管理、不断改进提高工作水平的重要方法,是不断改进机车运用管理,经济合理地运用机车,提高机车运用效率,质量良好地完成国家运输任务的重要手段。

1.机车运用分析的基本任务

(1)把实际反映情况的指标与计划指标对比以表明计划的完成程度。在分析计划完成情况时,应对促使计划超额完成的因素和影响计划完成的因素做出准确计算,以表明其影响程度。

(2)观察有关统计指标,研究现象之间的相互联系,以便认识事物间的因果、平衡关系,指出先进部分与薄弱环节,挖掘潜力,促使经济合理地运用机车。

(3)连续比较同一事物不同时期的发展情况,从而研究其变化的特点和趋势。在日常运输工作中随时观察机车运用指标的变化,逐班逐日进行分析,指出问题及所在,提出改进措施及意见。

2.机车运用分析的主要内容

机车运用分析包括日常、定期(旬、月、季、年)和专题分析。

(1)日常分析

日常运用工作分析是为了检查每日机车运用状况,及时发现问题、查明原因、采取解决措施、消除工作中的缺点和错误。发现先进事迹和个人,要及时汇报领导进行表扬和鼓励。

日常分析主要是检查机车运用状况、列车运行图和机车周转图的执行情况,主要包括以下内容:

①列车运行的安全正点(事故、机务运缓、晚点)等情况,机车乘务员超劳情况。

②机车日(班)计划周转图的执行兑现情况。

③运用指标(如机车日车公里、技术速度、日产量、平均牵引总重等)的完成情况和机车全周转时间各项因素的延长、缩短及其影响。

④机车小、辅修的计划兑现及回库情况，不能按时进车、交车的机车型号及原因，机车临修情况及原因。

⑤货物列车超(欠)重、单机走行、对开单机及列车机外停车情况。

⑥机车供应、整备作业及有关人员劳动纪律情况。

⑦包乘制机车打乱固定包乘组情况及原因。

⑧机车周转图及有关原始记录的整理和报表的填写上报情况。

(2)定期分析

定期分析是指对运输生产活动的阶段总结，查找出存在的规律性问题，以改进和提高工作。旬、月、季、年终都要及时做定期分析，从中找出存在的问题，摸清工作发展中的规律，研究出改进工作措施和方法，用以指导机车运用工作，主要包括以下内容：

①现有机车台数，客、货运机车指标，机车供应及机车周转图完成情况。

②各种机车总走行公里、总重吨公里、辅助走行公里及支配机车日车公里，客、货运机车技术速度及旅行速度完成情况。

③货物机车日车公里、日产量、平均牵引总重、全周转时间、超(欠)重及单机走行情况。

④机车月走行公里和段修平均走行公里、平均修车时间。

⑤机车小、辅修和保养情况。

⑥行车安全及运行正点情况。

⑦机车乘务员包车情况、劳动时间、工时利用和超劳情况等。

(3)专题分析

专题分析是针对运输生产中出现的特定情况进行的分析，分析内容根据实际需要确定，是深入研究某一专门性质的问题，或彻底查明某一工作环节的有效方法，从中指出实质性的原因和问题的发展规律，剖析存在的问题，提出建设性的改进方法。

分析项目应根据工作中所存在的问题，采取单独进行的步骤，针对不同薄弱环节单项专题剖析或根据领导指示进行。

3.机车运用分析的注意事项和方法

机车运用分析必须以丰富的统计资料为基础，在分析目的确定后，就要搜集和整理资料。无日常的资料积累，只求临时搜集、突击整理，这样得来的资料难于全面、系统、正确地反映实际，通过分析所得的结论难免出现差错。另外，对统计资料的可靠性和可比性也要足够重视，要从指标间的相互关系和数值的合理性上进行审核。

积累资料的内容应满足各种分析的需要，主要有定期报表的资料、专门调查所得的资料以及必要的财务会计资料等。

统计分析方法根据分析项目和目的选用。分析方法主要有：分组分析法、平均分析法、对比分析法、动态分析法、因素分析法等。

学习活页

机车运用管理知识练习

班级：　　　　姓名：　　　　学号：　　　　时间：

一、学习目标

1.专业能力目标

(1)能说明机车运用管理的组织机构与职责；

(2)能说明机车配属与使用的相关规定；

(3)能说明机车交路的概念；

(4)能说明机车运转方式的概念及分类；

(5)能说明机车乘务制度的相关规定；

(6)能识别列车运行图，并能画出基本列车运行图；

(7)能识别机车周转图，并能画出机车周转图；

(8)能说明机车走行公里的概念，并能计算机车走行公里；

(9)能说明和计算机车全周转时间、机车日车公里、机车日产量的概念

2.方法能力目标

(1)能综合运用专业知识，通过利用专业书籍、多媒体课件和图片资料获得帮助信息；

(2)能根据实训项目学习任务确定实训方案，从中学会表达及展示活动过程和成果

3.社会能力目标

(1)能在实习训练活动中保持积极向上的学习态度；

(2)能与小组成员和教师就学习中的问题进行交流和沟通；

(3)能与他人共享学习资源，具有较好的合作能力和团队协作精神

二、知识总结

1.简述机务段的职责

2.简述机车配属的相关规定

3.简述机车交路的概念

4.简述机车运转方式的概念及分类

5. 简述机车乘务方式和乘务制度的相关规定

6. 简述列车运行图的相关内容

7. 简述机车周转图的相关内容

8. 简述机车走行公里的概念

9. 简述机车全周转时间的概念

10. 简述日车公里的概念

11. 简述技术速度和旅行速度的概念

三、操作运用

1. 在机车综合实训室按照列车运行图和机车周转时刻表绘制机车周转图

2. 在机车综合实训室，根据机车周转图等资料，计算该机务段运用指标

四、学习小结

五、成绩评定

1. 学生评价

评价等级	A—优	B—良	C—中	D—及格	E—不及格
学生自评					
组内互评					
他组互评					

2. 教师评价

评价等级	A—优	B—良	C—中	D—及格	E—不及格
专业能力					
方法能力					
社会能力					

3. 综合评价

评价等级	A—优	B—良	C—中	D—及格	E—不及格
评价结果					

注:按照学生自评占10%、组内互评占10%、他组互评占20%、教师评价60%的比例计分。其中,A—100分,B—85分,C—75分,D—60分,E—50分。

4. 评价量规

等级	行为表现描述
A	能圆满高效地完成实训任务的全部内容
B	能顺利完成实训任务的全部内容
C	能完成实训任务的全部内容,但需要一些帮助和指导
D	自己只能完成实训任务的部分内容,但在现场的指导下,已经能完成任务的全部内容
E	不能完成实训任务的全部内容

小　结

本项目详细介绍了机车管理与运用的有关知识,其中机车管理部门的组织机构与职责、机车的配属与使用、机车交路、机车运转方式、乘务制度及乘务组的出乘方式等基本知识要认真学习和掌握,这是搞好乘务工作的基本前提。识别列车运行图、机车周转图等知识,机车走行公里、机车全周转时间、机车日车公里、机车日产量作为重点指标,应掌握其概念、计算方法和相互的联系。只有掌握好基本的机车管理与运用知识,才能准确地指导乘务工作,熟悉乘务工作,达到高效、安全、正点的行车目的。

各级机车运用人员应具备高度的责任心和求实精神,热爱本职工作;对工作高标准、严要求,对技术精益求精;顾全大局,协调合作,服从命令听指挥;深入实际,调查研究,扎扎实实地做好各项工作。

模块二　行车闭塞法

铁路线路的设置有单线行车区段和双线行车区段。在单线行车区段列车运行时，上下行列车均在同一条线路上行驶。而在双线区段的线路上列车运行时，上下行列车分别在两条线路上行驶。但同方向运行的列车往往由于列车等级及速度不同而发生让车和越行等情况。可见，如果没有采取安全合理的措施，无论在单线区段上或双线区段上，列车与列车必然存在发生正面冲突、追尾等事故的可能性。

为了保证列车运行的安全，使同方向列车不致发生追尾冲突，对向列车不致发生迎面相撞，列车运行必须有间隔；同时，在满足列车长度、速度、密度、制动力和信号显示距离等条件下，划分列车运行间隔有利于提高铁路通过能力。

单元一　行车闭塞法

学习目标

(1)掌握行车闭塞法的作用和实现方法；

(2)掌握区间及闭塞分区的界限及划分规则；

(3)掌握行车闭塞法的基本分类。

基础知识

一、行车闭塞法的概念

1.基本概念

列车运行是以车站、线路所所划分的区间及自动闭塞区间的通过信号机所划分的闭塞分区作间隔。就是将铁路正线分别用车站、线路所和自动闭塞区间的通过信号机(三者统称为分界点)，划分为站间区间、所间区间和闭塞分区，作为列车运行的间隔。

因此，行车闭塞可以理解为，在一定的时间内，对于正线上运行的某趟列车来说，它运行在一个虚拟的或人为的封闭线路空间里(站间区间、所间区间或闭塞分区)，在这段时间内，该线路空间是被这趟列车独占的，是不允许其他列车进入的；对于其他列车来说，这段时间内该线路空间是封闭的，不得进入。通过行车闭塞法为正线上所有运营的列车划分行车间隔，保证它们之间相互不会发生冲突。

2.实现行车闭塞法的办法

保持列车运行之间有一定间隔距离的办法，有空间间隔法和时间间隔法两类。

(1)空间间隔法。以车站、线路所所划分的区间，自动闭塞区间的通过信号机所划分的闭塞分区，作为两列车间隔的行车方法。即在正常情况下，每个区间（或闭塞分区），在同一时间内，只准有一个列车占用。

（2）时间间隔法（又称隔时续行法）。按一定的时间间隔开行续行列车。即第一列车发车后，经过一定的时间，再发出下一列列车。

我国铁路列车运行一般采用空间间隔法。只有在一切电话中断的特殊情况下，才准许采用时间间隔法，并且要有严格的安全保护措施。

3. 区间及闭塞分区的界限划分

（1）站间区间——车站与车站间的线段

车站是办理旅客、货物运输业务及与列车运行有关的各项行车作业的铁路运输基层生产单位。

①单线站间区间，以进站信号机柱中心线为车站与区间的分界点，如图 2-1 所示。

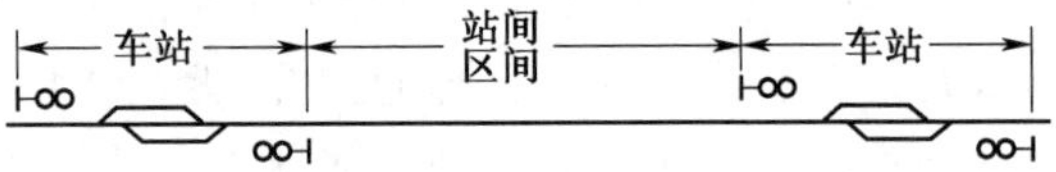

图 2-1　单线站间区间界限示意

②双线或多线站间区间，分别以各该线的进站信号机柱或站界标的中心线为车站与区间的分界线，如图 2-2 所示。

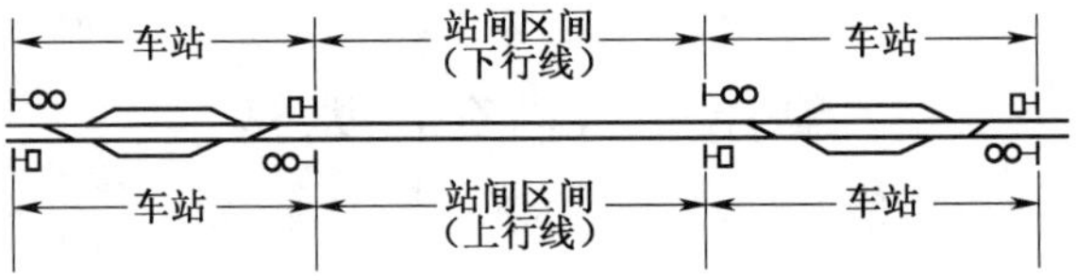

图 2-2　双线区段站间区间界限示意

在双线或多线站间区间，站界是按上下行正线分别确定的，即一端以进站信号机柱中心线为界，另一端以站界标的中心线为界。

（2）所间区间——两线路所间或线路所与车站间的线段

线路所是为提高区间通过能力或管理区间分歧道岔而设置的。线路所只有正线，没有配线，一般不办理客货运业务。线路所只设有通过信号机（无管辖地段），办理列车的通过。线路所也可以有管辖地段（该线路所设有进站及出站信号机）。

①单线所间区间，以该线上的通过信号机柱的中心线为所间区间的分界线。设有进站信号机的线路所，所间区间的分界方法与站间区间相同。

线路所只设有通过信号机，无管辖地段的，如图 2-3 所示。

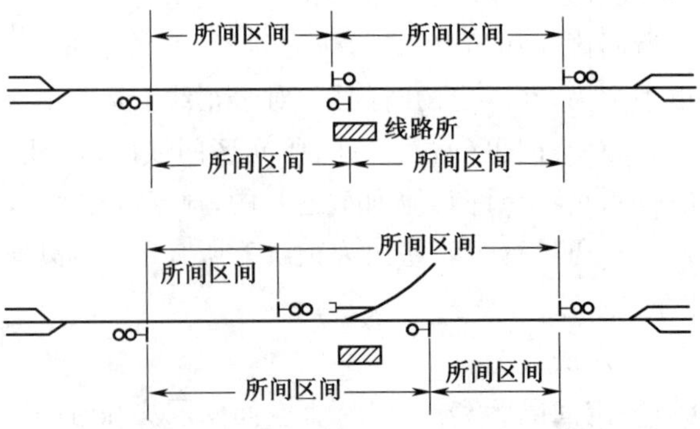

图 2-3　单线区间只设有通过信号机的所间区间界限示意

线路所设有进、出站信号机，并有管辖地段的，如图 2-4 所示。

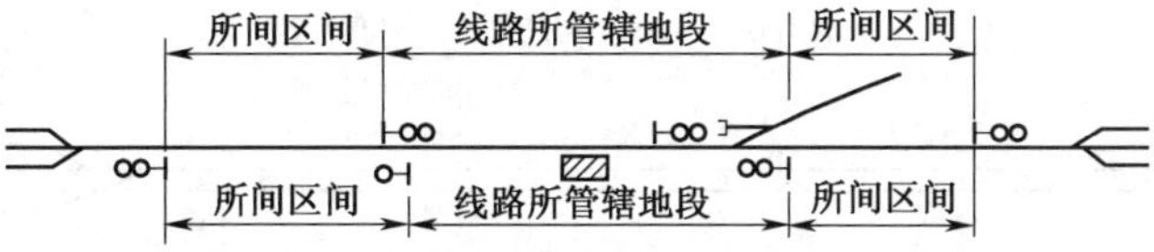

图 2-4　单线区间设有进、出站信号机的所间区间界限示意

②双线所间区间，其划分方法与单线所间区间相同。

线路所只设有通过信号机，无管辖地段的，如图 2-5 所示。

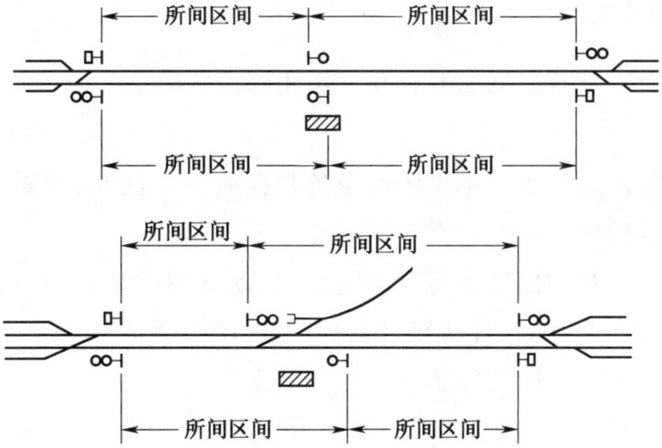

图 2-5　双线区间只设有通过信号机的所间区间界限示意

线路所设有进、出站信号机，并有管辖地段的，如图 2-6 所示。

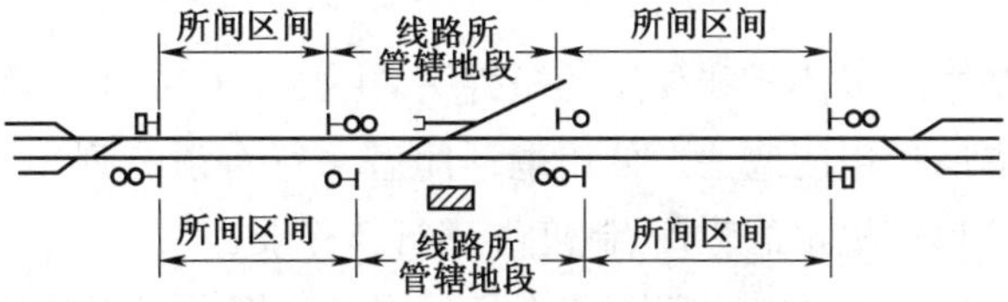

图2-6　双线区间设有进、出站信号机的所间区间界限示意

(3)闭塞分区——自动闭塞区间同方向相邻的两架通过色灯信号机间或进站信号机与通过色灯信号机间的线段。

自动闭塞区间的闭塞分区，以该线上同方向相邻的两架通过色灯信号机柱的中心线为分界线。

①单线区间闭塞分区分界线，如图 2-7 所示。

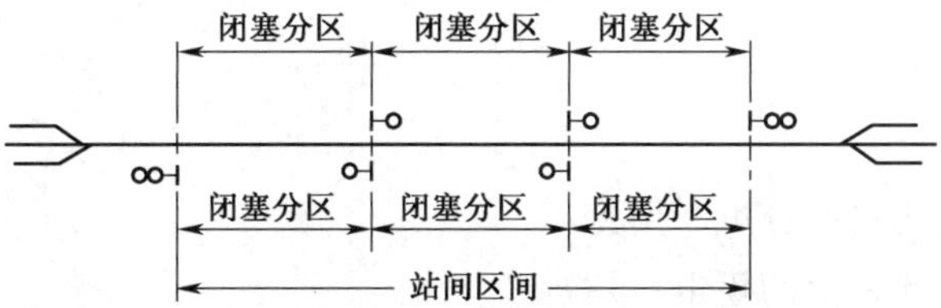

图 2-7　单线区间闭塞分区界限示意

②双线区间闭塞分区分界线，如图 2-8 所示。

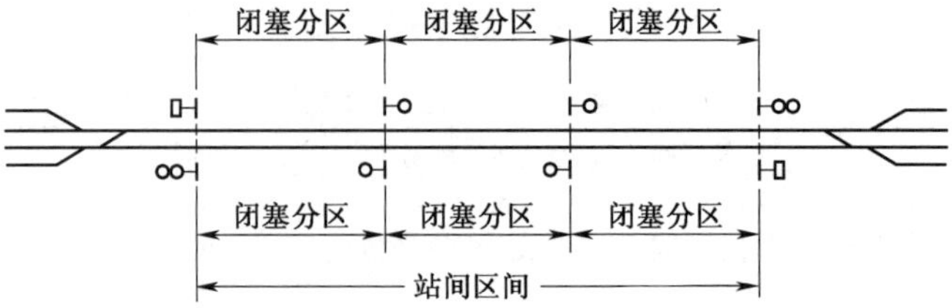

图 2-8　双线区间闭塞分区界限示意

二、行车闭塞法的种类

行车闭塞法分为行车基本闭塞法和行车代用闭塞法两类。

1.基本闭塞法

车站均须装设基本闭塞设备。基本闭塞设备是控制一个区间(或闭塞分区)同一时间内，只准许一个列车运行的设备。

我国铁路采用的行车基本闭塞法有自动闭塞、自动站间闭塞、半自动闭塞三种。其中，自动闭塞以闭塞分区作为列车间隔；自动站间闭塞、半自动闭塞都是以站间区间作为列车间隔。这三种列车运行间隔都属于空间间隔法。

闭塞设备的具体设置条件如下：

(1)在单线区段，应采用半自动闭塞或自动站间闭塞，繁忙区段可根据情况采用自动闭塞。

(2)在双线区段，应采用自动闭塞。

一个区段内，原则上应采用统一类型的闭塞方式。

2.代用闭塞法

电话闭塞法是在基本闭塞法不能使用的条件下，主要靠人工检查确认和联系制度来保证实现列车运行空间间隔的代用闭塞法。使用电话闭塞法行车须有列车调度员的命令，并严格按照有关电话闭塞接发列车规定的程序、制度办理行车作业。

原则上不采用隔时续行办法。由于按隔时续行办法行车不易保持后行列车和前行列车的安全间隔，如果办理疏忽或司机操纵不当，很容易发生追尾事故，因此，规定隔时续行办法原则上不使用。在特殊情况下必须使用时，由铁路局集团公司规定并制定具体行车办法和安全措施。

单元二　铁路线路的分类与管理

学习目标

(1)掌握车站铁路线路的分类和用途；

(2)掌握行车方向和车次的规定；

(3)掌握车站股道和道岔的编号规则。

基础知识

一、线路分类

为了完成铁路运输的客、货运任务和进行行车作业并保证各项作业安全，应修建和设置不同的线路。铁路线路分为正线、站线、段管线、岔线、安全线及避难线。

1. 正线

连接车站并贯穿或直股伸入车站的线路为正线。正线分为区间正线及站内正线。连接车站的部分为区间正线，贯穿或直股伸入车站的部分为站内正线。如图 2-9 所示，Ⅱ道为正线。为区别于其他站线，站内正线所在股道用罗马数字编号。其他站线股道使用阿拉伯数字编号。

对于单线铁路来说，不管是区间还是车站内，正线只有一条，图 2-9 即为单线铁路；对于双线铁路来说，不管是区间还是车站内，正线都有两条。

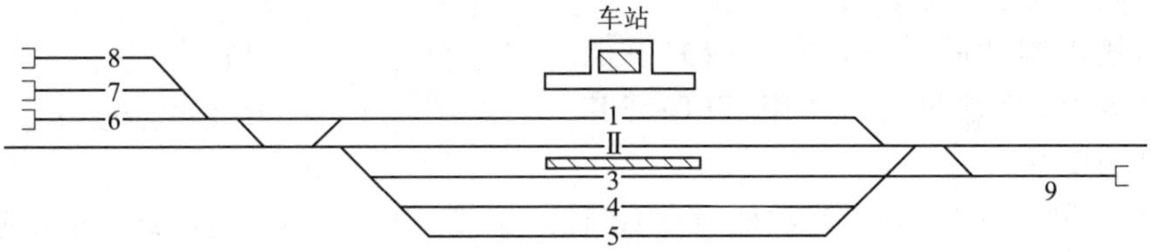

图 2-9　线路类型示意

1、3—到发线；Ⅱ—正线；4、5—调车线；6、7、8—货物线；9—牵出线

2. 站线

车站内除设有正线外，还根据业务性质、运量大小及技术作业的需要，分别铺设其他配线，这些配线统称为站线，如到发线、调车线、牵出线、货物线及站内指定用途的其他线路等。

(1)到发线是指供列车到达、出发使用的线路。如图 2-9 中的 1 道和 3 道。

(2)调车线是指进行列车编组与解体作业使用的线路。如图 2-9 中的 4 道和 5 道。

调车线与到发线的区别，在于调车线两端只安装有调车信号机，没有安装出站信号机，而到发线两端安装有出站信号机。因此，调车线只能用来调车作业，不能用来接发列车。

(3)牵出线是指设在调车场的一端，并与到发线连接，专供车列解体、编组及转线等牵出使用的线路。如图 2-9 中的 9 所指示的线路。例如站内 5 道有车辆需要调动到 4 道，则机车须先把 5 道车辆牵出到 9 号牵出线，等待相关道岔转换好以后，机车再从 9 号牵出线上把车辆推进到 4 道。

(4)货物线是指专供办理货物装卸车使用的线路。如图 2-9 中的 6、7、8 三个股道。在货物线上装卸货物作业，通常不会影响车站的接发列车作业和调车作业。

(5)站内指定用途的其他线路是指站内救援列车停留线、机车走行线、机车等待线、车辆站修线、轨道衡线、加冰线、换装线、货物洗刷线、驼峰迂回线等。

3. 段管线

段管线是指供机务、车辆、工务、电务等段专用，以及动车段(所)专用，并由其管理的线路。如机车整备线、机车转头用的三角线、转盘线以及机车车辆检修作业用的库线、工务、电务轨道车库线等。

4. 岔线

岔线是指在区间内或站内接轨，通往路内外单位（厂矿企业、砂石场、港湾、码头及货物仓库）的专用线路，如图 2-10 所示。

岔线在区间内与正线接轨，即影响通过能力，也不便于管理，所以规定新建岔线不应在区间内与正线接轨。特殊情况必须在区间内接轨时，须经国铁集团批准，并在接轨地点开设车站（线路所）或设辅助所，以便加强对道岔的管理。因路内施工而设置的临时性的区间出岔，应按期拆除。

5. 安全线

安全线是为了防止列车或机车车辆从一条进路进入另一列车或机车车辆占用的进路而发生冲突的一种安全隔开设备，为特殊用途线，如图 2-10 所示。安全线有效长一般应不少于 50 m，约为 1 台机车加 2 辆货车的长度，并要求向车挡方向不应采用下坡道。

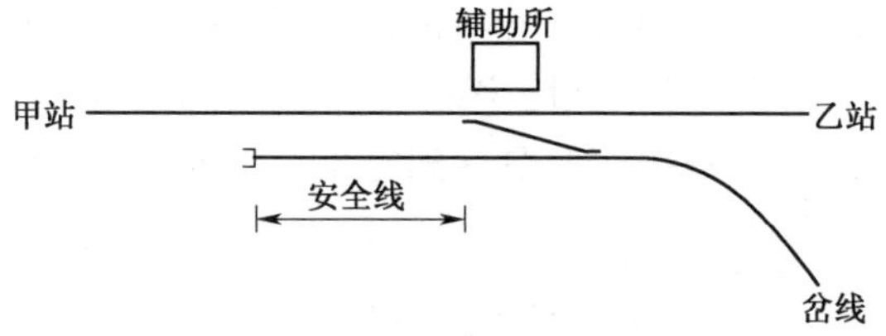

图 2-10　安全线、岔线示意

机车车辆因制动原因进入安全线并不能保证其本身安全，只是起隔开作用，以保证其他机车车辆的安全。

岔线、段管线与正线、到发线接轨时，为了保证正线、到发线列车通行或调车作业通行时不致与岔线相关作业的机车车辆发生冲突，应在接轨处铺设安全线。

如岔线与正线或到发线接轨，当站内有平行进路及隔开道岔，并有联锁装置时，可不设安全线。

在进站信号机外制动距离内为超过 6‰ 下坡道的车站，应在正线或到发线接车方向末端设置安全线，以保证下坡进站的列车不致闯入前方区间，与正线上对向进站的列车或站内发出的列车发生冲突。

6. 避难线

避难线是在长大下坡道上能使失控列车安全进入的线路，为特殊用途线，如图 2-11 所示。

避难线是为防止长大下坡道上失去控制的列车发生冲突或颠覆而设置的，应根据线路情况，计算确定在区间或站内设置避难线。避难线宜设在车站出站端；困难条件下可设在进站端。

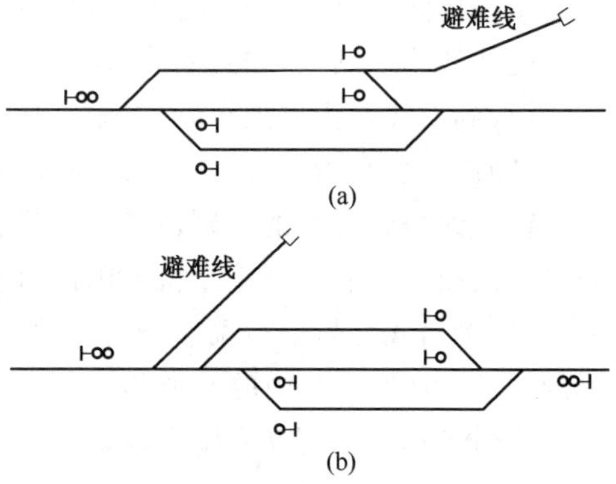

图 2-11　避难线示意

二、行车方向

在行车工作中，为便于管理、指挥、办理作业和运用统计，必须规定列车运行方向。确定列车运行方向的基本原则，是以开往北京方向的列车为上行列车；反之，为下行列车。有些线路按上述原则仍不易确定列车运行方向时，根据线路情况由国铁集团规定。

枢纽地区往往有若干条支线、联络线和环线，列车运行方向较为复杂，而且枢纽地区的线路和车流情况各不相同，因此，运行方向由铁路局集团公司规定。

为区别列车的种类、性质和运行方向，对每一列车必须编定车次，上行列车编为双数，下行列车编为单数。在同一列车运行径路中有不同的运行方向时，为便于掌握，在与整个方向不符的个别区间，准许不改变车次，仍使用原车次。

我国铁路规定在双线区间按左侧单方向行车，这个运行方向称为正方向，相应的闭塞设备、列车信号机等行车设备也是按此设置的，在行车安全上有着可靠的保证；同时根据我国铁路成对行车的特点，列车在各自的线路上运行时，互不干扰，能够保证最大的通过能力，发挥最大的效益。

双线区间反方向运行时，需改变线路原正常运行方向，对运输安全、效率都有不利影响。所以规定只限于整理列车运行时才准许采用。

为了保证旅客列车运行安全，对旅客列车反方向运行应严加限制，不允许将旅客列车反方向运行作为一般整理列车运行的措施。因此规定旅客列车仅在正方向区间的线路封锁施工、发生自然灾害或因事故中断行车等特殊情况下，经铁路局集团公司调度所值班主任准许，方可反方向运行。

三、车站线路的管理

为了便于车站线路的使用，保证列车及调车作业的机车车辆正确进入有关线路，确保安全作业，应对车站内的线路及道岔进行编号。

1. 股道编号

编号时为区别正线与站线，规定正线用罗马数字编号（Ⅰ、Ⅱ），站线用阿拉伯数字编号（1、2、3……）。

（1）单线铁路的车站，从靠近站舍（信号楼）的线路起，向远离站舍（信号楼）方向顺序编号（包括正线在内）；位于站舍（信号楼）左右或后方的股道，在站舍前的股道编完后，再由正线一侧向外顺序编号，如图 2-12 所示。

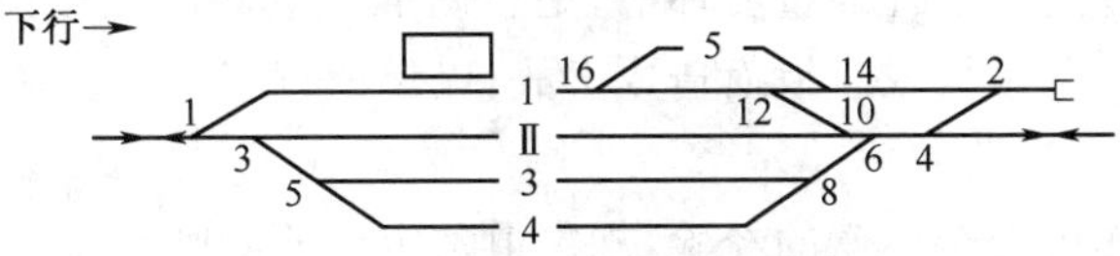

图 2-12 单线区段车站股道、道岔编号

（2）双线铁路的车站，从正线起按列车运行方向分别向外顺序编号，上行为双数，下行为单数，如图 2-13 所示。

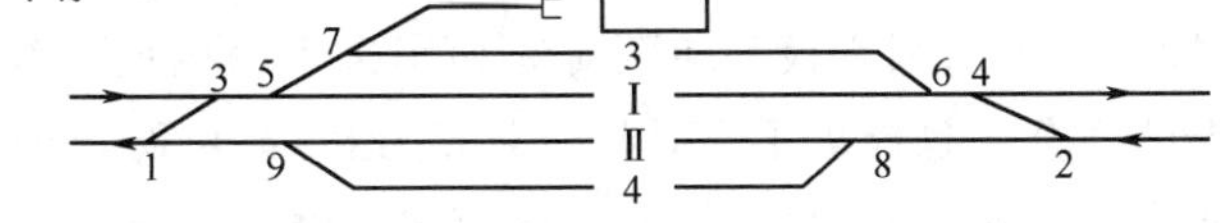

图 2-13 双线区段车站股道、道岔编号

（3）尽头式车站，站舍位于线路一侧时，从靠近站舍的线路起，向远离站舍方向顺序编号。站舍位于线路终端时，面向终点方向由左侧线路起顺序向右编号，如图 2-14 所示。大站上股道较多，应分别按车场各自编号。

2. 道岔编号

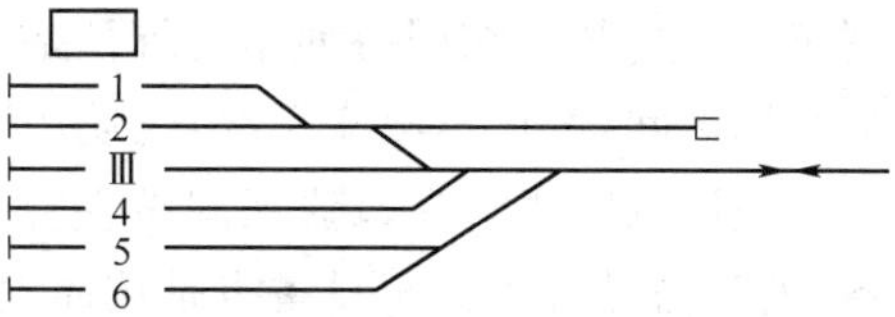

图 2-14　尽头式车站股道、道岔编号

道岔是车站主要行车设备之一。道岔的扳动是否正确，直接关系到行车安全，必须明确道岔使用管理责任。所以规定站内的道岔均由车站负责管理和使用，车站与其他单位管理的线路相衔接的道岔（包括衔接处起隔开作用的防护道岔），也应由车站管理。其他部门不得擅自更改道岔编号，设备管理部门未经车站同意不得扳动道岔。

（1）道岔编号按上、下行咽喉统一顺序编号。由上行列车到达方向起，顺序编为双号；由下行列车到达方向起，顺序编为单号，如图 2-12、图 2-13 所示。

上下行方向的划分：车站值班员室（信号楼）位于车站中心附近时，以车站值班员室（信号楼）中心线为界；车站值班员室（信号楼）距站中心较远时，以车站（车场）中心线为界。

（2）尽头站向线路终点方向顺序编号，上行列车到达的方向编为双号，下行列车到达的方向编为单号，如图 2-14 所示。

（3）每一道岔应由单独的号码。渡线道岔（见图 2-13 中 1、3 号道岔，2、4 号道岔），以及同一连接线上的数个道岔（见图 2-12 中的 3、5 号，6、8 号道岔）均应连续编号。

（4）一个车站有几个车场时，每个车场的道岔必须单独编号。为区别车场、道岔号码，使用三位及以上数字。第一位数表示车场号码，后面的数字表示道岔编号。遇到两个车场共用一个咽喉区时，可根据作业情况划分。

（5）联锁区内的道岔号码应连续编排，在联锁道岔编完后，适当地预留一些号码，再编非联锁道岔。

3. 道岔定位

道岔应规定经常保持向某一线路开通的位置，这个位置称为定位；向另一线开通的位置称为反位。道岔的定位是道岔管理的重要环节，是正确准备进路的辅助措施。所以使用完了以后，应及时恢复定位，避免错扳或忘扳而造成事故，以保证行车安全。在双线车站，还可以减少扳动道岔次数，提高准备进路效率。

根据现场实际工作中安全生产的经验，规定道岔定位的原则是：

（1）单线车站正线进站道岔定位为由车站两端向不同线路开通的位置，如图 2-15 所示。

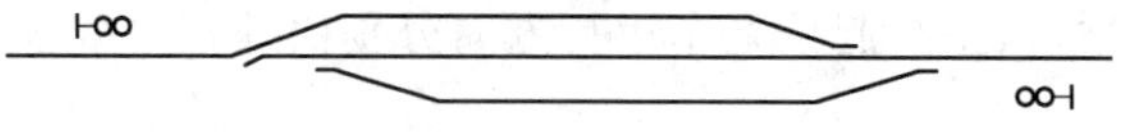

图 2-15　单线车站进站道岔定位示意

为了防止非集中操纵的道岔因忘扳而使两对向列车进入站内同一线路；在办理相对方向同时接车时，任何一端的列车一旦操纵不当冒进进站信号机，亦可防止进入同一线路。

（2）双线车站正线进站道岔，为各该正线开通的位置。因双线车站大部分列车都在正线上到发或通过，定位于正线可减少道岔扳动次数，如图 2-16 所示。

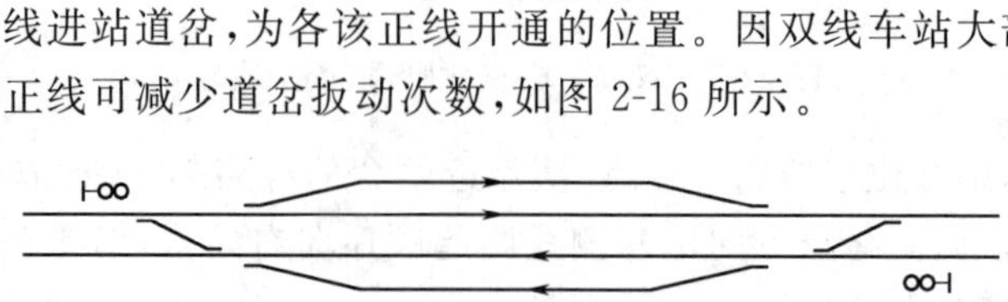

图 2-16　双线车站进站道岔定位示意

(3)区间内及站内正线为列车运行的主要线路,由于进入区间内岔线的列车或机车车辆很少,在车站通过列车原则上应在正线上办理。所以规定区间内及站内正线上的其他道岔(通向安全线、避难线的道岔除外),为正线开通的位置,如图 2-17 所示。

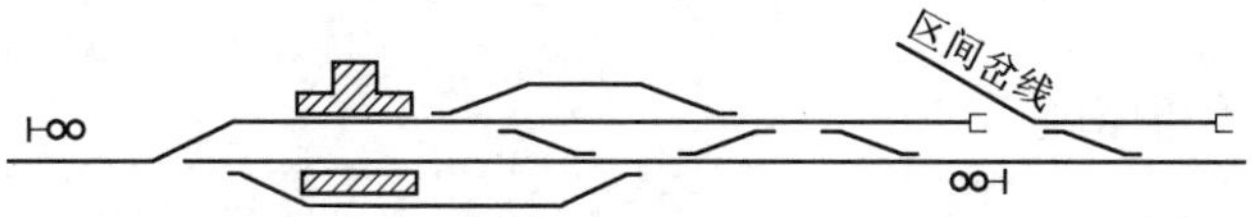

图 2-17　站内、区间内其他道岔定位示意

(4)安全线是为了防止列车冒进另一进路,发生与其他列车或机车车辆冲突而设置的一种线路设施。是进路隔开设备之一,其有效长度不小于 50 m。下列地点应设置安全线:①工业企业线、岔线在区间与正线接轨;②工业企业线、岔线在站内与正线或到发线接轨;③进站信号机外制动距离内为超过 6‰的下坡道时,为满足双方向同时接车和同方向同时发接列车的需要,应在接车方向末端设置安全线。这样可防止下坡进站列车与其他列车碰撞,如图 2-18 所示。

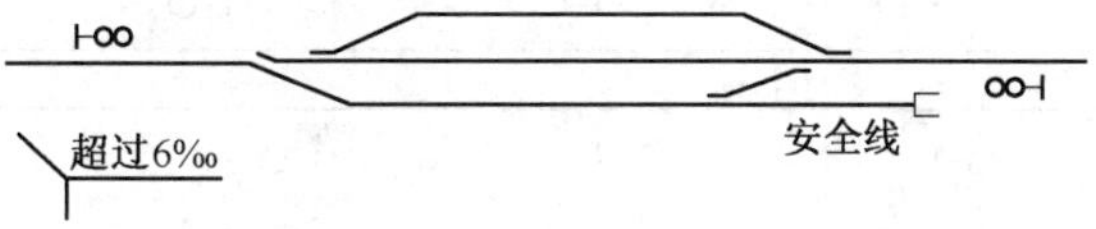

图 2-18　安全线定位示意

避难线为了防止列车在陡长下坡道上因制动装置失灵失去控制,发生颠覆或与前方车站上其他列车冲突而设置的线路。当相邻车站站坪以外,区间线路的平均坡度大于或等于 15‰时,就需要根据线路平纵横断面,通过牵引计算,验算失控列车的速度,当速度达到颠覆速度或溜行到前方车站仍不能停车时,则需设置避难线,同时确定避难线的位置和长度,如图 2-19 所示。

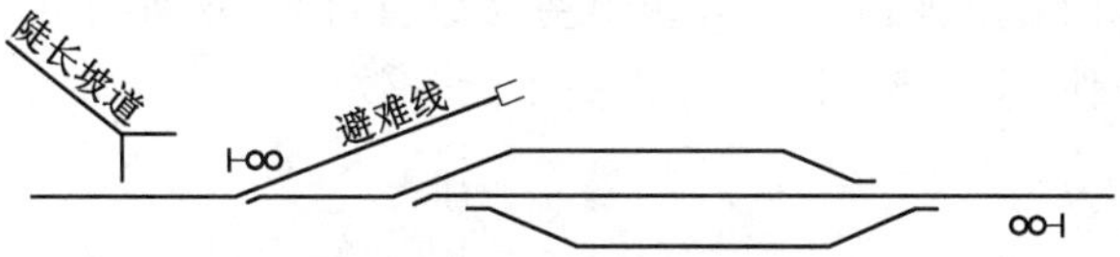

图 2-19　避难线定位示意

(5)到发线主要用于接发列车,为减少振动和确保接发列车安全,规定到发线上的中岔为到发线开通位置。到发线上的中岔指的是在一条到发线有效长范围内设置的通往其他线路的道岔;两条纵向衔接在一起的到发线的中间道岔不属于中岔。

(6)除以上 5 项外,其他由车站负责管理的道岔定位,由车站根据具体情况规定。规定时,要考虑行车安全和工作方便等因素,并符合科学管理的要求。

单元三　自动闭塞

学习目标

(1)掌握自动闭塞的作用原理及优点;

(2)掌握自动闭塞的分类;

(3)掌握自动闭塞的行车凭证；

(4)掌握自动闭塞区段通过信号机显示停车信号或信号机故障时的行车规定。

基础知识

一、自动闭塞的作用原理

自动闭塞是根据列车运行及有关闭塞分区的状态，自动变换通过信号机显示而司机凭信号行车的闭塞方法。采用自动闭塞的区段，将站间区间划分为若干个小区间，叫作闭塞分区，每个闭塞分区入口处(始端)装设通过信号机，如图 2-20 所示。

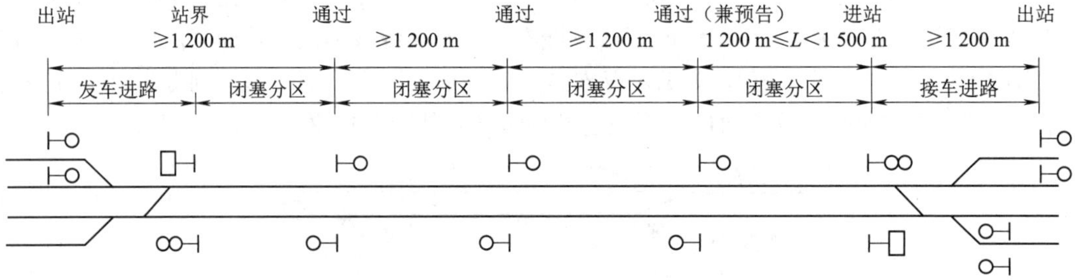

图 2-20　自动闭塞示意

在整个闭塞区段，各闭塞分区都设有轨道电路(或计轴器)。通过轨道电路(或计轴器)将列车运行与通过信号机的显示联系起来，根据列车运行自动变换通过信号机的显示，在列车运行过程中自动完成闭塞作用，无须人工参与。不论列车运行在区间什么位置，其所在闭塞分区后方第一架通过信号机总是显示红灯。若该闭塞分区后方两个闭塞分区空闲，则后方两架通过信号机依次显示黄灯和绿灯(四显示自动闭塞为绿黄灯)。这种方式不需要办理闭塞手续，又可开行追踪列车，既保证了行车安全，又提高了运输效率。

二、自动闭塞的优点

(1)由于两站间的区间允许续行列车追踪运行，大幅度提高了行车密度，显著提高了区间通过能力和线路运输能力。

(2)由于不需要办理闭塞手续，简化了办理接发列车的程序，因此，大大减轻了车站值班员的劳动强度。

(3)由于通过信号机的显示能直接反映运行列车所在位置以及闭塞分区线路状态(占用或空闲)，因而，确保了列车在区间运行安全。

三、自动闭塞的技术要求

(1)自动闭塞区段的轨道电路(或计轴器)，应不间断地检测所在闭塞分区的占用(或空闲)状态。相邻的几个闭塞分区的占用(或空闲)状态的数据，经过逻辑运算来决定这几架通过信号机的显示。

(2)自动闭塞设备应满足以下要求：当闭塞分区被占用或采用轨道电路传输信息的设备失效时，防护该闭塞分区的通过信号机应自动关闭，在双方向运行的区段，在此种情况下不得改变运行方向;在双向运行的自动闭塞区段,当一个方向的出站及通过信号机开放后,则相反方向的出站信号机应不能开放,反方向通过信号机应在灭灯状态;在双向运行的自动闭塞区段,当设备故障、错误办理或外电干扰时,应不出现敌对发车。

当进站或通过信号机灭灯时,其前方一架通过信号机应自动显示红灯。

(3)当自动闭塞分区长度小于制动距离时,应设红灯重复或完全重复显示。

四、自动闭塞的分类

按照信号显示方式可分为:三显示自动闭塞和四显示自动闭塞。

(1)三显示自动闭塞(图2-21)有三种灯光显示,即红灯、黄灯和绿灯。红灯显示说明其防护的闭塞分区被占用,也可能是该分区设备或线路发生故障;黄灯显示则说明其前方只有一个闭塞分区空闲;绿灯显示则说明其前方有两个及以上闭塞分区空闲。

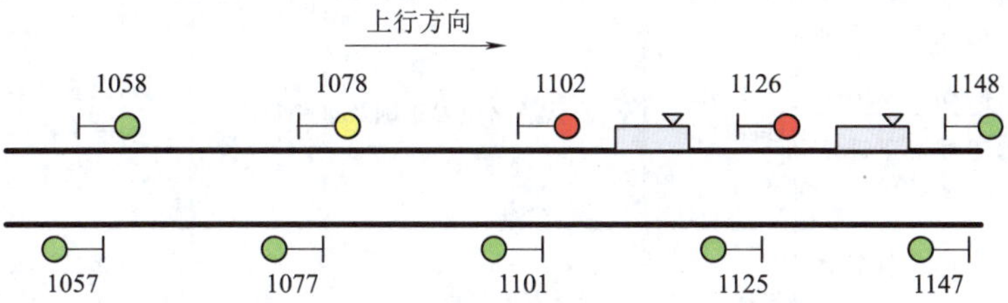

图2-21　三显示自动闭塞区间通过信号机的显示

(2)四显示自动闭塞(图2-22)在三显示自动闭塞基础上增加了一个绿黄灯显示,它显示的意义为前方有两个闭塞分区空闲,要求高速列车和重载列车减速运行,以使列车在抵达黄灯显示下时不大于规定的黄灯允许速度,保证在显示红灯的通过信号机前安全停车。而四显示的绿灯显示意义则为前方有三个及以上闭塞分区空闲。进站(含反方向进站)、接车进路信号机还能显示两个黄色灯光。(其中●表示该灯位灯光熄灭,即不点灯,下同)。

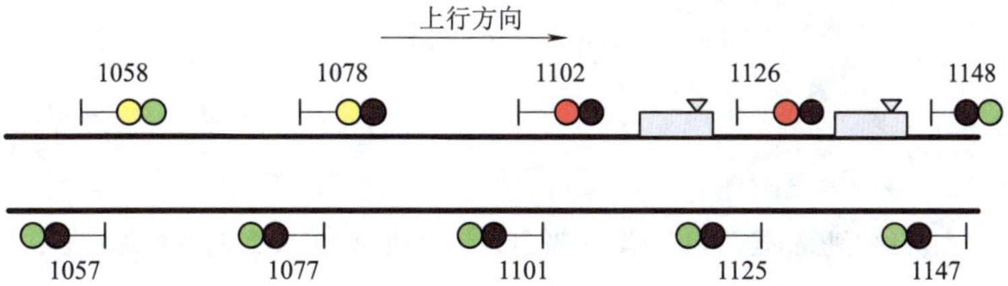

图2-22　四显示自动闭塞区间通过信号机的显示

通过色灯信号机经常显示绿色灯光,随着列车驶入驶出闭塞分区而自动转换。但进出站信号机的显示一般仍由车站实行人工控制,只有当连续放行通过列车时,才改由列车运行控制。

五、自动闭塞的行车凭证

1.正常情况下的行车凭证

列车由车站进入区间、由一个闭塞分区进入另一个闭塞分区的依据,称为行车凭证。

使用自动闭塞法行车时,列车进入闭塞分区的行车凭证为出站或通过信号机显示的允许运行的信号。

自动闭塞区段的车站，办理发车前应向接车站预告；单线自动闭塞区段的车站，还须得到列车调度员的同意。已向接车站预告，但列车不能出发时，发车站须通知接车站取消预告。

2. 非正常情况下的行车凭证（表 2-1）

表 2-1　自动闭塞区段非正常情况下的行车凭证

<table>
<tr><th>列车出发情况</th><th>行车凭证</th><th>发给行车凭证的依据</th><th>附带条件</th></tr>
<tr><td>1. 出站信号机故障时发出列车</td><td rowspan="3">绿色许可证</td><td rowspan="3">1. 监督器表示第一个闭塞分区空闲，不表示时为接到前次列车到达邻站的通知或前次列车发出后不少于 10 min 时间
2. 确认道岔位置正确及进路空闲
3. 单线须取得对方站确认区间内无迎面列车的电话记录号码</td><td rowspan="3">从监督器上不能确认第一个闭塞分区空闲时，车站应发给司机书面通知，司机以在瞭望距离内能随时停车的速度，最高不超过 20 km/h，运行到第一架通过信号机，按其显示的要求执行</td></tr>
<tr><td>2. 由未设出站信号机的线路上发出列车</td></tr>
<tr><td>3. 超长列车头部越过出站信号机发出列车</td></tr>
<tr><td>4. 发车进路信号机发生故障时发出列车</td><td rowspan="2">绿色许可证</td><td rowspan="2">确认道岔位置正确及进路空闲</td><td rowspan="2">列车到达次一信号机按其显示的要求执行</td></tr>
<tr><td>5. 超长列车头部越过发车进路信号机发出列车</td></tr>
<tr><td>6. 自动闭塞作用良好，监督器故障时发出列车</td><td rowspan="2">出站信号机显示的允许运行的信号</td><td></td><td>与邻站车站值班员及本站信号员联系</td></tr>
<tr><td>7. 双线双向闭塞设备的车站，反方向发出列车</td><td>1. 区间占用表示灯表示区间空闲
2. 双线反方向行车的调度命令</td><td>反方向发车进路表示器显示正确（进路表示器故障时通知司机）</td></tr>
</table>

注：在四显示区段，因设备不同，执行上述条款困难时，可按铁路局集团公司规定办理。

《铁路技术管理规程（普速铁路部分）》（以下简称《技规》）规定的绿色许可证的格式如图 2-23 所示。

许　可　证

第＿＿＿＿号

在出站（进路）信号机故障、未设出站信号机、列车头部越过出站（进路）信号机的情况下，准许第＿＿＿＿次列车由＿＿＿＿线上发车。

站（站名印）车站值班员（签名）

年　　月　　日填发

注：1. 绿色纸，复写一式两份，司机一份，存根一份；　　（规格 90 mm×130 mm）

2. 不用的字句抹消。

图 2-23　绿色许可证

《技规》规定的书面通知的格式如图 2-24 所示。

书 面 通 知

第____________次司机：

监督器上不能确认第一个闭塞分区空闲，以在瞭望距离内能随时停车的速度，最高不超过 20 km/h，运行至第一架通过信号机，按其显示的要求执行。

站(站名印)车站值班员(签名)

年　　月　　日填发

注：白色纸，复写一式两份，司机一份，存根一份。　　（规格 90 mm×130 mm）

图 2-24　书面通知

六、自动闭塞区间通过信号机显示停车信号或信号故障时的行车规定

(1)自动闭塞区间通过信号机显示停车信号(包括显示不明或灯光熄灭)时，列车必须在该信号机前停车，司机应使用列车无线调度通信设备通知车辆乘务员(随车机械师)。停车等候 2 min，该信号机仍未显示允许运行的信号时，即以遇到阻碍能随时停车的速度继续运行，最高不超过 20 km/h，运行到次一架通过信号机(进站信号机)，按其显示的要求运行。在停车等候同时，必须与车站值班员、列车调度员联系，如确认前方闭塞分区内有列车时，不得进入。

(2)装有容许信号的通过信号机，显示停车信号时，准许铁路局集团公司规定停车后起动困难的货物列车，在该信号机前不停车，按上述速度通过。当容许信号灯光熄灭或容许信号和通过信号机灯光都熄灭时，司机在确认信号机装有容许信号时，仍按上述速度通过该信号机。

(3)装有连续式机车信号的列车，遇通过信号机灯光熄灭，而机车信号显示允许运行的信号时，应按机车信号的显示运行。

(4)司机发现通过信号机故障时，应将故障信号机的号码通知前方站(列车调度员)。车站值班员(列车调度员)发现或得到区间通过信号机故障的报告后，在故障修复前，对尚未进入区间的后续列车，改按站间组织行车。

单元四　半自动闭塞

学习目标

(1)掌握半自动闭塞的作用原理及特点；

(2)掌握半自动闭塞的行车凭证；

(3)掌握半自动闭塞的技术要求。

基础知识

一、半自动闭塞的作用原理

半自动闭塞是利用装在区间两端车站行车室内的半自动闭塞机和两站相对出站信号机之间实现互相控制的一种闭塞设备。此种设备的行车闭塞作用一部分是人工操纵(办理闭塞及开放出站信号机),另一部分是靠运行列车自动完成的(出站信号机在列车进入闭塞轨道电路时自动关闭),故称为半自动闭塞。

半自动闭塞原理如图 2-25 所示。出站信号机不仅和发车进路上的道岔相互联锁,而且受本站闭塞机的控制。只有发车进路正确,区间空闲,经过两端车站值班员双方办理规定的闭塞手续后,出站信号机才能开放。列车进入区间后,出站信号机自动关闭,在列车未到达对方车站以前(区间有车占用),两站相对出站信号机都不能开放,从而保证了"同一区间在同一时间内,只能有一个列车占用"这一原则的实现。

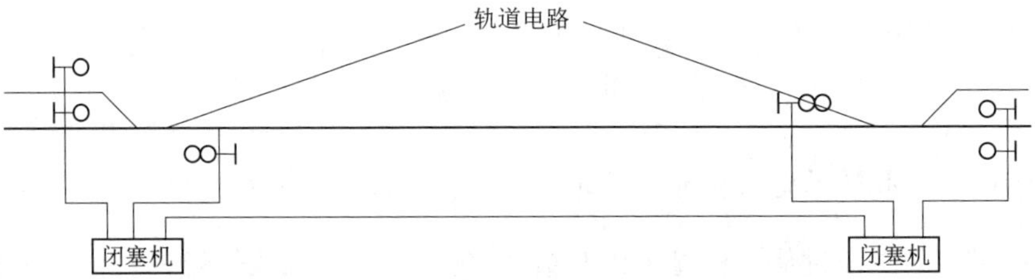

图 2-25 半自动闭塞示意

二、半自动闭塞的特点

半自动闭塞最大的优点是保证了两站间的区间内同时只有一个列车运行,不可能发生侵线,追尾等事故。

(1)使用半自动闭塞法发出列车时,列车进入区间的行车凭证为出站信号机或线路所通过信号机显示的允许运行的信号。发车站的出站信号机必须经两站同意,办理闭塞手续后才能开放,列车进入区间,出站信号机自动关闭;而且在列车未到达接车站以前,向该区间发车用的所有信号机都开放不了,这就保证了两站间的区间内同时只有一个列车运行。

(2)出站信号机不能任意开放,它受闭塞机控制,只有区间空闲时,双方办理闭塞手续后(双线半自动闭塞为前次列车的到达复原信号)才能开放。列车出发离开车站时,出站信号机自动关闭,并使双方闭塞机处于"区间闭塞"状态,直到列车到达接车站办理到达复原时止。不会发生侵线,追尾等事故。

三、半自动闭塞的行车凭证

1. 正常情况

使用半自动闭塞法行车时,列车凭出站信号机或线路所通过信号机显示允许运行的信号进入区间。

开放出站信号机或通过信号机前,双线区段必须得到前次列车到达前方站的到达信号;单线区段必须得到接车站的同意闭塞信号。

发车站办理闭塞手续后，列车不能出发时，应将事由通知接车站，取消闭塞。

2. 特殊情况

超长列车头部越过出站信号机，而未压上出站方面轨道电路时，因能使用半自动闭塞法，所以列车占用区间的行车凭证仍然为出站信号机显示的允许运行的信号，但应发给司机准许列车头部越过出站信号机发车的调度命令，其格式如图 2-26 所示。

调　度　命　令

______年____月____日____时____分　第____号

受令处所		调度员姓名	
内　　容			

（规格 110 mm×160 mm）　　　　受令车站________车站值班员________

图 2-26　调度命令

遇发车进路信号机故障或超长列车头部越过发车进路信号机发车时，列车越过发车进路信号机的行车凭证为半自动闭塞发车进路通知书，其格式如图 2-27 所示。

半自动闭塞发车进路通知书

第________号

1. 在列车头部越过发车进路信号机的情况下，准许第________次列车由________线发车。

2. 在________发车进路信号机故障的情况下，准许第________次列车越过该发车进路信号机。

站（站名印）车站值班员（签名）

年　　　月　　　日填发

注：1. 白色纸，复写一式两份，司机一份，存根一份；　　　　（规格 90 mm×130 mm）

2. 不用的字句抹消。

图 2-27　半自动闭塞发车进路通知书

在有几个车场的车站，相互办理接发列车的车场之间，装设有发车进路信号机，使列车由一个车场发往另一个车场(一般为技术站或作业量较大的中间站)。因有关车场间的设备条件相对复杂，不宜统一制定发车进路信号机故障时的行车办法，所以发车进路信号机故障时的行车办法，由铁路局集团公司规定并纳入《车站行车工作细则》(以下简称《站细》)。

四、半自动闭塞的技术要求

1. 出站(线路所通过)信号机的开放条件

(1)双线半自动闭塞区间，发车站(线路所)必须在闭塞机上得到前次列车到达前方站(线路所)的到达信号后，才有权发车。因为前次列车驶过接车站接车轨道电路，闭塞机就可以解锁并开通区间。所以发车站(线路所)只要在闭塞机上得到前次列车到达前方站(线路所)的到达信号后，就可以开放出站或通过信号机发车。

(2)单线半自动闭塞区间，发车站(线路所)必须在闭塞机上得到接车站(线路所)的同意闭塞信号后，才能开放出站或线路所通过信号机。而接车站(线路所)只能在区间空闲时，才能在闭塞机上发出同意闭塞信号，并在其发出同意闭塞信号后，该站(线路所)向该区间的出站或线路所通过信号机才能开放。这样就可避免同时向同一区间发出对向的列车。所以，在单线半自动闭塞区间任何一端车站(线路所)，在开放出站或通过信号机前，必须得到接车站的同意闭塞信号。

2. 半自动闭塞取消闭塞的办法

(1)双线半自动闭塞的车站取消闭塞

集中联锁的车站：开放出站信号后如需取消发车时，车站值班员须通知发车人员、司机，确认列车没有出发，关闭出站信号，发车进路解锁后，将事由通知接车站，即可取消闭塞。

电锁器联锁的车站，开放信号后因故需取消闭塞时，车站值班员须通知发车人员、司机，确认列车没有出发，关闭出站信号，按下闭塞按钮使发车表示灯亮黄灯，即可通知接车站取消闭塞；然后由接车站值班员登记破封，拉出故障按钮，再拉出闭塞按钮，办理区间复原。

(2)单线半自动闭塞取消闭塞

如发车站已请求发车(发车表示灯亮黄灯)，需要取消闭塞时，经两站车站值班员联系同意后，由发车站拉出闭塞按钮(或按下复原按钮)，两站表示灯熄灭，闭塞机复原。

如接车站已按下闭塞按钮(发车表示灯亮绿灯)，但发车站未开放出站信号机时，亦由发车站拉出闭塞按钮(或按下复原按钮)，闭塞表示灯熄灭，闭塞机复原。

如开放出站信号机后，需取消闭塞时，集中联锁的车站，经两站联系，发车站值班员确认列车没有出发，关闭出站信号机，拉出闭塞按钮(或按下复原按钮)，双方闭塞表示灯熄灭，闭塞机复原；电锁器联锁的车站，双方站车站值班员确认列车没有出发，由发车站值班员登记破封，使用事故按钮办理复原。

单线半自动闭塞的简要办理过程见表 2-2。

表 2-2　半自动闭塞办理程序

发车站	接车站
1. 车站值班员用闭塞电话向接车站请求发车	
	2. 车站值班员同意接车
3. 按一下闭塞按钮，发车表示灯亮黄灯，电铃鸣响	

续上表

发车站	接车站
	4.接车表示灯亮黄灯亮,电铃鸣响
	5.按一下闭塞按钮,接车表示灯变为亮绿灯
6.发车表示灯为亮绿灯,电铃鸣响。车站值班员在发车进路准备妥当后开放出站信号机	
7.列车出发进入发车轨道电路区段,出站信号机自动关闭,发车表示灯变为红灯	
	8.接车表示灯亮灯,电铃鸣响。在进路准备妥当后,开放进站信号机
	9.列车进入接车轨道电路区段,接车表示灯和发车表示灯均亮红灯
	10.确认列车整列到达后,关闭进站信号机,按一下闭塞按钮,接车表示和发车表示灯均熄灭
11.接车表示灯红灯熄灭,电铃鸣响	
	12.通知邻站列车到达时刻

单元五　自动站间闭塞

学习目标

(1)掌握自动站间闭塞的作用原理及特点；

(2)掌握自动站间闭塞的行车凭证；

(3)掌握自动站间闭塞的技术要求。

基础知识

一、自动站间闭塞的作用原理

自动站间闭塞是在半自动闭塞基础上发展起来的闭塞设备,区间两端站的出站信号机或线路所通过信号机和相关检查区间空闲设备构成联锁关系,其中主要采用轨道检查装置自动检查区间空闲,列车以站间区间或所间区间为间隔运行,通过办理发车进路和检查列车出清区间的方式,自动实现区间闭塞和区间开通。

轨道检查装置主要有计轴设备和区间长轨道电路。

(1)计轴设备通过设置在区间(所间)两端站的计轴磁头,对进入区间和车站(线路所)的列车轴数进行记录,并经过传输线路将两端站(线路所)所记录的轴数进行核对,当两端站(线路所)记录的轴数一致时,即确认列车整列到达,区间空闲,自动开通区间。发出由区间返回的列车时,由发车站自行检查。当计轴设备记录进出区间的列车轴数不一致时,即判定区间占用。当计轴设备发生故障不能正常计轴或判定区间占用时,不能自动解除闭塞。

(2)区间长轨道电路由三部分组成,包括上、下行接近区段轨道电路(双线时为接近和发车区段轨道电路)和中间区段轨道电路,通过轨道电路对区间是否占用、线路是否良好进行检查。在这三段轨道电路都空闲时,排列发车进路,开放出站信号,自动完成闭塞;在列车到达前方站(返回发车站)三段轨道电路都空闲后,自动开通区间。当区间任何一段轨道电路处于占用状态时,不能开放出站信号机;列车虽已到达前方站(返回发车站),但不能解除闭塞开通区间。出站信号机开放后,如果区间轨道电路因故障等原因处于占用状态时,便自动关闭。

二、自动站间闭塞的特点

(1)有区间占用检查设备。

(2)站间或所间区间同一时间只许有一个列车占用。

(3)办理发车进路时自动办理闭塞手续。

(4)自动确认列车到达和自动恢复闭塞。

三、自动站间闭塞的行车凭证

使用站间自动闭塞法发出列车时,由于列车按站间间隔运行,列车进入区间的行车凭证为出站信号机或线路所通过信号机显示的允许运行的信号。

自动站间闭塞须与集中联锁设备结合使用,采用相关设备如轨道检查装置自动检查区间空闲,发车站办理发车进路后即自动构成站间闭塞。列车到达接车站或返回发车站并出清区间后,自动解除闭塞。

由于自动站间闭塞在全路应用的时间不长,相关设备在制式上也不完全统一,使用区段的行车组织方式不完全相同,因此行车组织办法不宜在全路进行统一,应由各铁路局集团公司根据设备的不同,结合运输组织方式、行车工作等要求制订行车组织办法、作业标准。

四、自动站间闭塞的技术要求

(1)由于自动站间闭塞发车前不需办理闭塞手续,排列发车进路开放出站信后,即可发出列车,同时列车需按站间间隔行车,因此发车站在办理发车进路前,须确认区间空闲和接车站未办理同一区间或线路的发车进路。为使接车站做好接车准备工作,发车站应向接车站发出预告。

(2)自动站间闭塞区间,发车站办理预告后即是“区间闭塞”,接车站必须做好接车准备。如果列车预告后因特殊情况不能发出时,发车站必须通知接车站取消预告。避免长时间占用区间,方便接车站进行其他作业,也能为其他列车运行提供条件。

单元六　电话闭塞

学习目标

(1)掌握电话闭塞的作用原理;

(2)掌握电话闭塞的使用条件;

(3)掌握电话闭塞的特点;

(4)掌握电话闭塞的行车凭证;

(5)掌握电话闭塞的技术要求。

基础知识

一、电话闭塞的作用原理

电话闭塞法是当基本闭塞法不能使用时，所采用的代用闭塞法。

电话闭塞法由两站车站值班员利用站间闭塞电话，以电话记录的方式办理闭塞。一般而言，电话闭塞没有机械、电气设备的控制，全凭制度和人为控制，安全性较差。

二、电话闭塞的使用条件

当基本闭塞法不能使用时，应根据列车调度员的命令采用电话闭塞法行车。遇列车调度电话不通时，闭塞法的变更或恢复应由该区间两端站的车站值班员确认区间空闲后，直接以电话记录办理。列车调度电话恢复正常时，两端站车站值班员应及时向列车调度员报告。

遇下列情况，应停止使用基本闭塞法，改用电话闭塞法行车：

1. 基本闭塞设备发生故障导致基本闭塞法不能使用、自动闭塞区间内两架及以上通过信号机故障或灯光熄灭时。

(1)自动闭塞设备发生故障导致基本闭塞法不能使用，不能保证列车按自动闭塞法行车时，应停止使用改按电话闭塞法行车。

自动闭塞区间两架及以上通过信号机发生故障或灯光熄灭，列车虽可按有关规定运行，但势必造成列车在区间一再停车，不仅会降低列车运行速度，而且危及行车安全。因此，遇两架及以上通过信号机故障或灯光熄灭时，比照自动闭塞设备发生故障办理，改按电话闭塞法行车。

(2)自动站间闭塞、半自动闭塞设备故障，如出站信号机内方轨道电路故障、出站信号机故障或灯光熄灭，由于不能形成半自动闭塞控制条件或不能开放出站信号机作为列车占用区间的行车凭证，因此，应停止使用，改按电话闭塞法行车。

2. 无双向闭塞设备的双线区间反方向发车或改按单线行车时。

(1)反方向发车时，由于无反方向闭塞设备，必须改按电话闭塞法行车。

(2)无双向闭塞设备的双线区间改按单线行车时，虽然正方向闭塞设备可以使用，但反方向行车时无闭塞设备保证安全，办理上容易混淆，极易引发错误，所以也要停止使用基本闭塞法改按电话闭塞法。

3. 发出由区间返回的列车，或发出挂有由区间返回后部补机的列车时。

发出由区间返回的列车时，在其返回前，车站无法从设备上控制不再向该区间放行列车，为防止人为失误造成严重后果，应停止基本闭塞法改按电话闭塞法行车。发出挂有由区间返回后部补机的列车，车站无法从设备上控制在列车到达前方站后，补机返回前不再向该区间放行列车，为防止人为失误造成严重后果，因此应停止使用基本闭塞法，改按电话闭塞法行车。

4. 自动站间闭塞、半自动闭塞区间，由未设出站信号机的线路上发车，或超长列车头部越过出站信号机并压上出站方面轨道电路发车时。

自动站间闭塞、半自动闭塞列车占用区间的行车凭证，为出站信号机显示的允许运行的信号。由未设出站信号机的线路上发车，或超长列车头部越过出站信号机并压上出站方向轨道电路发车时，因无法取得占用区间的行车凭证，须改按电话闭塞法行车。

5. 在夜间或遇降雾、暴风雨雪，为消除线路故障或执行特殊任务，开行轻型车辆时。

轻型车辆装有绝缘车轴，不能通过轨道电路确定其位置，为确保安全，轻型车辆仅限昼间封锁施工作业时使用，此时不按列车办理。同样为确保安全，在夜间或遇降雾、暴风雨雪等天气不良、瞭望条件不好的情况下，为消除线路故障或执行特殊任务须使用轻型车辆时，应按列车办理，此时应停止基本闭塞法，改按电话闭塞法行车。

6. 自动站间闭塞设备故障，半自动闭塞设备良好时，可根据调度命令改按半自动闭塞法行车。

三、电话闭塞的特点

(1)电话闭塞不论单线或双线，均按站间区间(车站与车站间①单线上，以进站信号机柱中心线为车站与区间的分界线。②双线或多线站间区间的各线上，分别以各该线的进站信号机柱或站界标的中心线为车站与区间的分界线。)办理。

(2)由于电话闭塞没有机械、电气设备的控制，都靠制度加以约束，办理闭塞手续必须严格。出站信号机不能开放，需要填写行车凭证，接发列车进路在一般情况下也失去联锁(为了保证行车安全，通过技术方法使进路、道岔和信号机之间按一定程序、一定条件建立起的既相互联系而又相互制约的关系)，除人工确认进路正确外，还要按规定加锁。

(3)为保证同一区间，同一线路同一时间内不会误用两种不同的闭塞法，在停用基本闭塞改用电话闭塞或恢复基本闭塞时，均须根据列车调度员的调度命令办理。在列车调度员电话不通，得不到调度命令的情况下，应由该区间两端的车站值班员确认区间空闲后，以电话记录办理。列车调度电话恢复正常时，两端站车站值班员应及时向列车调度员报告。

(4)确认区间空闲(是指区间未被列车、机车车辆占用或相邻两站未办妥闭塞手续及出站、跟踪调车手续)是改变行车闭塞法的最基本的前提，无论列车调度员，还是区间两端车站值班员，在办理停用基本闭塞改用电话闭塞或恢复基本闭塞时，都要确认区间空闲，以避免一个区间放入两列列车。

四、电话闭塞的行车凭证

使用电话闭塞法行车时，列车占用区间的行车凭证为路票，如图 2-28 所示。当挂有由区间返回的后部补机时，另发给补机司机路票副页。

路　　票

电话记录第　　　号

车　　次__________

延　安 ➡ 延安北

延安站(站名印)　　　　编号　1 2 3 4 5 6

注：1. 路票为预先印好区间(即站名)和编号的硬卡片；　　　(规格 75 mm×88 mm)

2. 加盖 副 字戳记者，为路票副页。

图 2-28　路票

单线或双线反方向发车(包括正方向首列发车)时,根据"行车日志"查明区间已空闲,并取得接车站承认的电话记录号码,在发车进路准备妥当后,方可填发路票。双线正方向发车(首列除外)时,根据收到的前次发出的列车到达的电话记录号码,在发车进路准备妥当后,即可填发路票。

五、电话闭塞法的技术要求

由于电话闭塞法安全性低,车站值班员在办理电话闭塞时,必须严肃认真,正确填写有关记录与行车凭证。并须注意下列事项:

(1)认真填记办理闭塞手续的应记事项。在办理闭塞前,首先必须查明区间确已空闲,然后再以电话向接车站请求闭塞,在接到接车站发出的同意接车的电话记录,并于本站的电话记录——"行车日志"内登记后,方算确定区间闭塞。电话记录就成了填写占用区间凭证的原始依据。列车到达后,发车站只有接到接车站发来的列车到达的电话记录并登记后,方算区间已空闲。

(2)收发电话记录,由负责办理闭塞人员亲自登记或签收。电话记录的填记正确与否,直接影响行车。原则上应由车站值班员亲自掌握,负责登记签名后,方可由指派人员传送。

(3)在传送及收授电话记录时,必须由车站值班员亲自以闭塞电话或列车调度电话办理。

(4)路票是司机进入区间的唯一凭证,应由车站值班员或指定的助理值班员填写。有后部补机在途中返回时,另发给补机司机路票副页。

填写路票必须根据接车站承认闭塞的电话记录号码填写。路票填写好后应逐项逐字的检查和相互核对。也就是车站值班员除根据电话记录检查外,还应与助理值班员、作业员和指定办理行车的人员相互检查,检查人要认真负责,如遇车站仅有一名车站值班员办理行车时,可与车站两端的扳道员对照复检,并与承认闭塞的车站值班员互相对照检查,以防止未和邻站办理闭塞而填写路票的情况发生。检查核对完全正确后签名。

填写路票时,要内容齐全,字迹清楚,不得涂改。当填写错误时,应在路票上画"×"注销,重新填写。

使用路票必须选准使用的区间,正确填写电话记录号码、车次并加盖站名印。为防止双线反方向、两线或多线区间电话闭塞法行车时,错误办理列车方向,双线反方向行车时,应在路票上加盖"反方向行车"章,两线、多线区间使用路票时,应在路票上加盖"××线行车"章。

对由区间折回的列车,路票应填写往返车次。当发出挂有需由区间返回的后部补机的列车时,应填路票一式两份(仅编号顺序不同),发给补机的路票右上角须加盖副字戳记作为副页,作为补机司机由区间返回时占用区间的行车凭证。

(5)在以电话办理闭塞时,车站应设有表示牌,揭挂于闭塞电话附近,用以表示区间闭塞或开通。

(6)双线区段在未得到列车调度员的命令,绝对不准发出反方向列车。

单元七　一切电话中断时的行车方法

学习目标

(1)掌握一切电话中断时的行车方法及行车凭证;

(2)掌握一切电话中断时的行车办法的技术要求。

基础知识

一、一切电话中断时的行车办法及行车凭证

不论采用基本闭塞法还是电话闭塞法，车站办理行车工作时，均要通过闭塞机或行车闭塞电话与邻站办理闭塞手续。而现实中，由于自然灾害或其他原因，可能发生一切电话中断的情况，而列车运行是不允许中断的。因此，为保证铁路运输的连续性，制定了一切电话中断时的行车方法。

由于自然灾害或其他原因，车站行车室内的一切电话中断，与邻站及列车调度员均无法联系时，必须采用特定的方法保证不间断行车，并发给列车占用区间的特定凭证。这种特定行车方法，就是单线行车按书面联络法，双线行车按时间间隔法。特定的凭证就是红色许可证，如图 2-29 所示。

许　可　证　　　　第＿＿＿＿号

现在一切电话中断，准许第＿＿＿＿次列车自＿＿＿＿站至＿＿＿＿站，本列车前于＿＿＿＿时＿＿＿＿分发出的第＿＿＿＿次列车，邻站到达通知
已
未收到。

通　知　书

1. 第＿＿＿＿次列车到达你站后，准接你站发出的列车。

2. 于＿＿＿＿时＿＿＿＿分发出第＿＿＿＿次列车，并于＿＿＿＿时＿＿＿＿分再发出第＿＿＿＿次列车。

站(站名印)车站值班员(签名)

年　　月　　日填发

注：1. 红色纸，复写一式两份，司机一份，存根一份；　　（规格 90 mm×130 mm）
2. 不用的字句抹消。

图 2-29　红色许可证

由于单线区间是双向行车制，两相邻站都有权向同一区间发车，因此必须通过书面联络来确定列车的开行。双线区间是上、下行分别按正方向行车，而且由于一切电话中断，列车调度员不能发布调度命令，不能办理列车反方向运行，所以可按时间间隔法行车。在这种情况下，不论单线或双线，列车进入区间的凭证均为红色许可证。红色许可证，既是列车占用区间的凭证，又附有与邻站联络行车的通知书，同时还具有提醒司机注意行车的作用。

红色许可证包括许可证和通知书两部分。司机通过它可了解到本列车前后的列车运行情况和计划，以便本列车在区间被迫停车后能采取相应措施，保证行车安全。

一切电话中断后，在双线自动闭塞区间，如闭塞作用良好时，从设备上能保证行车安全。车站值班员从监督器上也能确认和监督列车运行情况，列车运行仍按自动闭塞法行车，不使用红色许可证。但在单线自动闭塞区间，自动闭塞设备良好时，不使用自动闭塞法行车，应按书面联络法行车，使用红色许可证。双线自动闭塞区间，自动闭塞作用良好，按自动闭塞法行车，并需填发红色许可证的通知书告知续发列车情况。车站可通过列车无线调度通信设备与列车

司机直接联系，了解后续列车的运行情况等，列车在车站可不停车。当列车无线调度电话临时故障时，为加强联系，向司机交代情况，说明注意事项，列车需在车站停车。

二、一切电话中断时行车办法的技术要求

1.书面联络法行车

单线按书面联络法行车时，下列车站可以优先发车：

(1)已办妥闭塞而尚未发车的车站。

(2)未办妥闭塞时。

①单线区间为开下行列车的车站。

②双线改为单线行车时，为该线原定发车方向的车站。

③同一线路同一方向运行的列车，有上下行两种车次时，由铁路局集团公司规定优先发车的车站。

第一个列车的发车权为优先发车的车站所有，如优先发车的车站没有待发列车时，应主动用红色许可证的通知书通知非优先发车的车站。非优先发车的车站，如有待发列车时，应在得到通知书以后方可发车。

第一个列车的发车站，在发车前应查明区间已空闲，并在红色许可证的通知书上记明下一个列车的发车权。在已办妥闭塞而尚未发车的车站发车时，持有行车凭证的列车，还应发给红色许可证的通知书；如无行车凭证，列车应持红色许可证开往邻站。以后开行的列车，均凭红色许可证的通知书上记明的发车权办理。

红色许可证的通知书，应采取最快的方法传送，优先方向车站如无开往区间的列车时，在确认区间空闲后，可使用重型轨道车或单机传送。

2.时间间隔法行车

(1)双线按时间间隔法行车，是指前一列车发出后不论是否到达前方站，准许间隔一定的时间，再向该区间发出次一列车的行车办法。

(2)在一切电话中断后，为了保证行车安全，防止两端站同时向同一区间同一线路放行对向列车，规定双线按时间间隔法行车时，只准发出正方向的列车。

(3)在自动站间闭塞、半自动闭塞区间或自动闭塞设备故障停止使用的情况下，一切电话中断后发出第一个列车时，在发车前必须查明区间是否空闲，以防止在一切电话中断前发出的列车在区间被迫停车或退行、邻站越出站界调车未完毕、邻站发出反方向列车未到达本站等尚未腾空区间，即发出第一个列车，以致发生列车冲突事故。

3.连续发出同方向运行列车的间隔时间

一切电话中断后，无论单线还是双线区间，连续发出同一方向的列车时，均难以得到前次列车到达邻站的通知，发车站无法确知前行列车是否到达。因此，规定两列车的间隔时间，按区间规定运行的时间另加 3 min。这样，在一般情况下前行列车可以到达前方站，构成区间空闲，即使前行列车未到达前方站，也可以保证有足够的安全间隔。按区间规定运行时间另加 3 min是给接车站安排后行列车准备进路的时间，或前行列车在区间被迫停车时的防护时间。在区间规定运行时间较短的情况下，为了确保与前行列车的安全间隔，所以规定连续发出同方向运行列车的间隔时间最少不能少于 13 min。

在双线自动闭塞区间，自动闭塞设备作用良好时，车站值班员可以通过监督器了解离去列

车在区间的位置情况，因此，仍按自动闭塞法行车。

4. 一切电话中断时禁止发出的列车

一切电话中断时，行车组织指挥和站间联系困难，行车安全缺乏有效保证，只能开行一些必要的列车。所以对一些可能引起不安全因素的列车禁止向一切电话中断车站的相邻区间发出。

(1)禁止发出在区间内停车工作的列车。

由于一切电话中断后，对列车在区间运行的情况很难掌握，如果发出在区间停车工作的列车，就可能影响邻站待发的重要列车出发。因此，这种列车禁止开行。但准许发出到区间救援的列车。

(2)禁止发出开往区间岔线的列车。

开往区间岔线的列车开出后，如待其返回或继续开往前方站，再发出其他列车，占用区间的时间太长。如按预定时间再发出其他列车，前行列车一旦没有进入岔线，就有可能发生列车追尾冲突事故。从岔线返回时，也很难和车站联系。因此这种列车禁止开行。

(3)禁止发出须由区间返回的列车。

因为这种列车要在区间内停车进行某种作业，占用区间时间长，返回时间不易掌握，将会影响待发的其他列车。

(4)禁止发出挂有须由区间返回的后部补机的列车。

由于邻站无法掌握补机返回发车站的时间，邻站发出待发列车时，就不能确保行车安全。

(5)禁止发出列车无线调度通信设备故障的列车。

在车站一切电话中断情况下，如果再发出列车无线调度通信设备故障的列车，会明显增加不安全因素。

5. 封锁区间的行车方法

(1)在一切电话中断时间内，如因列车在区间内发生事故或线路发生故障，造成行车中断时，必须立即组织抢救和抢修。接到请求的车站值班员不必与邻站协商，立即封锁区间。同时将封锁区间障碍地点及是否开行救援列车等事项，以书面(应加盖站名印及车站值班员签名或盖章)通知封锁区间的相邻站。如开行救援列车时，以车站值班员的书面命令(用《铁路技术管理规程(普速铁路部分)》附件 4 调度命令用纸)作为进入封锁区间的凭证。

抢修或抢救工作完了，应及时开通封锁区间。此时，由接到开通封锁区间请求的车站值班员，立即以书面通知封锁区间的相邻站。

(2)单线区间车站电话良好，而对某个车站用各种电话呼唤 5 min 得不到应答，为了避免发生列车堵塞，规定由列车调度员查明该站及两相邻区间确无列车后(包括单机、大型养路机械、重型轨道车)，方可向不应答站的两端邻站发出封锁相邻区间的调度命令，将相邻区间合并为一个区间，按封锁区间的办法向不应答车站办理行车，并以调度命令作为进入区间的凭证。

向不应答车站发出的列车，由于事先无法了解该站接车进路是否已准备，是否发生事故、灾害或其他情况等，为确保安全，不论进站信号机是否开放，必须在进站信号机外停车，待判明情况，并确认接车进路已准备妥当后再进入站内。列车进站后，司机或该站的车站值班员，应将经过情况及时报告列车调度员。此时，不应答站的车站值班员如能恢复正常工作，就失去了再继续封锁区间的必要性，列车调度员应以命令开通封锁区间，恢复正常行车。

学习活页

行车闭塞法知识练习

班级：　　　　姓名：　　　　学号：　　　　时间：

一、学习目标

1. 专业能力目标

(1)能说明行车闭塞法的概念、区间及闭塞分区的划分规则、行车闭塞法的种类；

(2)能说明车站铁路线路的分类和用途、行车方向和车次的规定、车站股道和道岔的编号规则；

(3)能说明自动闭塞法的作用原理及行车凭证使用规则，并在模拟驾驶器上进行相应的列车操纵；

(4)能说明半自动闭塞法的作用原理及行车凭证使用规则，并在模拟驾驶器上进行相应的列车操纵；

(5)能说明自动站间闭塞法的作用原理及行车凭证使用规则，并在模拟驾驶器上进行相应的列车操纵；

(6)能说明电话闭塞法的作用原理、使用条件及行车凭证，并在模拟驾驶器上进行相应的列车操纵；

(7)能说明一切电话中断时的行车组织方法，并在模拟驾驶器上进行相应的列车操纵

2. 方法能力目标

(1)能综合运用专业知识，通过利用专业书籍、多媒体课件和图片资料获得帮助信息；

(2)能根据实训项目学习任务确定实训方案，从中学会表达及展示活动过程和成果

3. 社会能力目标

(1)能在实习训练活动中保持积极向上的学习态度；

(2)能与小组成员和教师就学习中的问题进行交流和沟通；

(3)能与他人共享学习资源，具有较好的合作能力和团队协作精神

二、知识总结

1. 简述行车闭塞法的概念、区间及闭塞分区的划分规则、行车闭塞法的种类

2. 简述车站铁路线路的分类和用途、行车方向和车次的规定、车站股道和道岔的编号规则

3. 简述自动闭塞法的作用原理及行车凭证使用规则

4. 简述半自动闭塞法的作用原理及行车凭证使用规则

5. 简述自动站间闭塞法的作用原理及行车凭证使用规则

6. 简述电话闭塞法的作用原理、使用条件及行车凭证

7. 简述一切电话中断时的行车组织方法

三、操作运用

1. 在机车模拟驾驶器上按自动闭塞模式进行列车操纵，包括特殊情况下使用纸质行车凭证行车

2. 在机车模拟驾驶器上按半自动闭塞模式进行列车操纵，包括特殊情况下使用纸质行车凭证行车

3. 在机车模拟驾驶器上按自动站间闭塞模式进行列车操纵

4. 在机车模拟驾驶器上按电话闭塞模式进行列车操纵

5. 在车站行车指挥模拟控制台模拟按半自动闭塞法接法列车

6. 在车站行车指挥模拟控制台模拟按自动站间闭塞法接法列车

7. 在车站行车指挥模拟控制台模拟按自动闭塞法接法列车

四、学习小结

五、成绩评定

1. 学生评价

评价等级	A—优	B—良	C—中	D—及格	E—不及格
学生自评					
组内互评					
他组互评					

2. 教师评价

评价等级	A—优	B—良	C—中	D—及格	E—不及格
专业能力					
方法能力					
社会能力					

3. 综合评价

评价等级	A—优	B—良	C—中	D—及格	E—不及格
评价结果					

注：按照学生自评占10%、组内互评占10%、他组互评占20%、教师评价60%的比例计分。其中，A—100分，B—85分，C—75分，D—60分，E—50分。

4. 评价量规

等级	行为表现描述
A	能圆满高效地完成实训任务的全部内容
B	能顺利完成实训任务的全部内容
C	能完成实训任务的全部内容，但需要一些帮助和指导
D	自己只能完成实训任务的部分内容，但在现场的指导下，已经能完成任务的全部内容
E	不能完成实训任务的全部内容

小　　结

本章对行车闭塞法进行了系统的讲解，主要介绍了自动闭塞、半自动闭塞、自动站间闭塞及电话闭塞的行车办法和行车凭证，特别是使用电话闭塞法行车和一切电话中断时的行车办法和行车凭证更要深刻理解、准确掌握。同时，本章还介绍了铁路线路的分类和管理，为后续相关知识点的学习打下基础。本章的重点是各种行车闭塞法的行车凭证。

模块三　铁路行车信号

铁路行车信号是保证行车安全，提高区间和车站通过能力以及编组站解编能力的自动控制及远程控制技术的总称，其主要功能是保证行车安全，提高运输效率。铁路行车信号担负着铁路各种行车设备的控制和行车信息的传输，是铁路信息技术的重要组成部分。

铁路运输须高度集中和统一指挥才能保证列车按规定的速度，安全、迅速和不间断地运行。信号是指示列车运行及调车作业的命令，它通过音响、颜色、形状、位置、灯光等来表示。信号在这一过程中起着传递信息、准确预告运行条件的重要作用。各种信号机和信号表示器的灯光排列、颜色和外形尺寸，必须符合国家标准、铁路行业标准及国铁集团规定的标准，所以要求行车有关人员必须严格按信号的指示进行工作，任何单位，任何人都不得违反。

单元一　铁路行车信号基础知识

学习目标

(1)掌握铁路信号的种类和信号装置的种类；

(2)掌握信号机设置的相关规定；

(3)掌握信号机和表示器显示距离的有关规定及信号显示距离不足时的处理办法；

(4)掌握信号机定位的规定和信号机的关闭时机；

(5)掌握信号机非正常显示时的行车规定；

(6)识别信号机无效标。

基础知识

一、铁路信号的种类

铁路信号分为视觉信号和听觉信号两大类。

1. 视觉信号

用信号机、信号旗、信号灯、信号牌、信号表示器、信号标志及火炬等显示的信号，都属视觉信号。视觉信号的颜色及其意义如下：

我国铁路采用红色、黄色、绿色作为铁路信号的基本颜色：

(1)红色——停车。

(2)黄色——注意或减速运行。

(3)绿色——按规定速度运行。

为满足各种信号显示需要及区分不同信号而采用下列辅助颜色：

(1)月白色——用于引导信号及调车信号。

(2)蓝色——用于容许信号及调车信号。

(3)紫色——用于道岔表示器。

(4)白色——用于表示器(进路、发车、发车线路、调车)、手信号及列车标志。

2. 听觉信号

口笛、号角、响墩发出的音响和机车、动车组、自轮运转特种设备的鸣笛声均属于听觉信号。

听觉信号的作用如下：

(1)一种是以有一定规律的长短声音响，反映行车的作业要求，如牵引信号一长一短声、惰行信号一长二短声等。

(2)另一种是听觉信号起警报作用，提醒有关人员注意，如警报信号一长三短声、紧急停车信号连续短声等。

二、信号装置的种类

信号装置一般分为信号机和信号表示器两类。

1. 信号机

信号机是用来防护站内进路，防护区间，防护危险地点的，具有严格的防护意义。

(1)信号机按类型分为色灯信号机、臂板信号机和机车信号机。

(2)信号机按用途分为进站、出站、通过、进路、预告、接近、遮断、驼峰、驼峰辅助、复示、调车信号机。

其中进站、出站、进路、通过、驼峰、调车等信号机，都能独立构成信号显示，指示列车或调车车列运行的条件，叫作主体信号机。预告和复示信号机不能独立存在，而是附属于主体信号机，叫作从属信号机。预告信号机从属于进站信号机、所间区间的通过信号机和遮断信号机。复示信号机从属于进站、出站、进路、驼峰、调车等信号机。

2. 信号表示器

信号表示器是对行车人员传达行车或调车意图，或对信号进行某些补充说明所用的器具，没有防护意义。

信号表示器分为道岔、脱轨、进路、发车、发车线路、调车及车挡表示器。

三、信号机的设置

1. 信号机的设置位置

信号机设在列车运行方向的左侧或其所属线路的中心线上空。反方向运行进站信号机可设在列车运行方向的右侧，其他特殊地段因条件限制，需设于右侧时须经铁路局集团公司批准。

在确定设置信号机地点时，除满足信号显示距离的要求外，还应考虑到该信号机不致被误认为邻线的信号机。

2. 高柱信号机和矮型信号机的设置规定

铁路信号机应采用色灯信号机。色灯信号机均应采用高柱信号机，在下列处所可采用矮型信号机：

(1)不办理通过列车的到发线上的出站、发车进路信号机。

(2)道岔区内的调车信号机及驼峰调车场内的线束调车信号机。

(3)自动闭塞区段,隧道内的通过信号机。

特殊情况需设矮型信号机时,须经铁路局集团公司批准。

四、信号机及表示器的显示距离

(1)进站、通过、接近、遮断信号机不得小于 1 000 m。

(2)高柱出站、高柱进路信号机不得小于 800 m。

(3)预告、驼峰、驼峰辅助信号机不得小于 400 m。

(4)调车、矮型出站、矮型进路、复示信号机,容许、引导信号及各种表示器不得小于 200 m。

在地形、地物影响视线的地方,进站、通过、接近、预告、遮断信号机的显示距离,在最坏的条件下不得小于 200 m。

五、影响信号显示的处理

在昼间遇有降雾、暴风雨雪及其他情况,致使停车信号显示距离不足 1 000 m,注意或减速信号显示距离不足 400 m,调车信号及调车手信号显示距离不足 200 m 时,应使用夜间信号。

因为昼间信号是以物体的形状、位置为显示方式,它要借助其他光源(主要是太阳光)的反射。当遇有上述情况,其他光源照度降低,信号的形状、位置信息就反射不出来。而夜间信号为一点光源,不需反射其他光源的光就能清晰地看到,为保证行车安全,提高运输效率,故应使用夜间信号。

因隧道内无阳光照射,光线较暗,用昼间信号机不易瞭望,故规定隧道内采用夜间或昼夜通用信号,以提高信号显示距离。在条件许可、有较好的供电条件时,应优先采用昼夜通用信号。

六、信号机的定位

信号机的定位是指无列车运行的条件下,信号机经常保持的位置或状态。使用完毕后须立即恢复到规定的位置,即定位。

(1)进站、出站、进路、调车、驼峰、驼峰辅助信号机,均以显示停车信号为定位;线路所的通过信号机以显示停车信号为定位,其他通过信号机以显示进行信号为定位。

(2)接近信号机、进站预告信号机、非自动闭塞区段通过信号机的预告信号机及通过臂板,以显示注意信号为定位。

(3)遮断、遮断预告、复示信号机以无显示为定位。

(4)在自动闭塞区段内的车站(线路所),如将进站、正线出站信号机及其直向进路内的进路信号机转为自动动作时,以显示进行信号为定位。

七、信号机的关闭时机

信号机的关闭时机,对行车安全、运输效率有直接关系,针对不同性质的信号机,对其关闭时机有明确规定。

(1)集中联锁车站的进站、进路、出站信号机、通过信号机,当机车或车辆第一轮对越过该信号机后自动关闭。

(2)调车信号机在调车车列全部越过调车信号机后自动关闭。当调车信号机外方不设轨道占用检查装置或虽设轨道占用检查装置而占用时，应在调车车列全部出清调车信号机内方第一轨道区段后自动关闭，根据需要也可在调车车列第一轮对进入调车信号机内方第一轨道区段后自动关闭。

(3)引导信号应在列车头部越过信号机后及时关闭。

(4)非集中联锁车站的进站信号机及线路所通过信号机，在列车进入接车线轨道区段后自动关闭，出站信号机应在列车进入出站方面轨道区段后自动关闭。

(5)非集中联锁车站，由手柄操纵的信号机。进站信号机在确认列车全部进入接车线警冲标内方，出站信号机在列车全部越过最外方道岔并确认列车全部进入出站方面轨道区段后，恢复手柄，关闭信号。

(6)特殊站(场)执行上述规定有困难时由铁路局集团公司规定。

八、信号机非正常显示时的规定

(1)进站、出站、进路和通过信号机等，对车站(场)、区间或铁路线路平面交叉处所起防护作用。

当防护区间、车站的信号机没有清晰准确的指示可以进入时，均不准列车进入该信号机内方，否则将可能造成严重后果。所以规定当以上信号机的灯光熄灭、显示不明或显示不正确时，均应视为停车信号，列车不准越过该信号机，以保证行车安全。

(2)进站预告信号机或接近信号机用于预告进站信号机的显示状态。

当该信号机没有清晰准确的预告进站信号机是在开放状态时，应准备在进站信号机前停车，否则将可能造成严重后果。所以进站预告信号机或接近信号机的灯光熄灭、显示不明或显示不正确时，均视为进站信号机为关闭状态。

非自动闭塞区段通过信号机的预告信号机的灯光熄灭、显示不明或显示不正确时，视为通过信号机为关闭状态。

九、信号机的无效标记

新设尚未开始使用及应撤除尚未撤掉的信号机，均应装设信号机无效标并应熄灭灯光。如为臂板信号机须将臂板置于水平位置。

信号机无效标为白色的十字交叉板。高柱色灯信号机的无效标装在机柱上，矮型色灯信号机的无效标装在信号机构上，臂板信号机的无效标装在臂板上，如图 3-1 所示。

在新建铁路线上，新设尚未开始使用的信号机(进站信号机暂用作防护车站时除外)，可撤下臂板或将色灯机构向线路外侧扭转 90°，并熄灭灯光，作为无效。

图 3-1　信号机无效标

十、同方向相邻两架信号机间的距离小于制动距离时的处理

特殊地段因条件限制，同方向相邻两架指示列车运行的信号机(预告、遮断、复示信号机除外)间的距离小于制动距离时，按下列方式处理：

(1)在列车运行速度不超过 120 km/h 的区段，当两架信号机间的距离小于 400 m 时，前一架信号机的显示，必须完全重复后架信号机的显示；当两架信号机间的距离在 400 m 以上，但小于 800 m 时，后架信号机在关闭状态时，则前一架信号机不准开放。

(2)在列车运行速度超过 120 km/h 的区段，两架有联系的信号机间的距离小于列车规定速度级差的制动距离时，应采用必要的降级或重复显示措施。

单元二　固定信号

学习目标

(1)掌握进站信号机的作用、设置位置、外形及灯位、编号规则、显示方式及含义；

(2)掌握出站信号机的作用、设置位置、外形及灯位、编号规则、显示方式及含义；

(3)掌握进路信号机的作用、设置位置、外形及灯位、编号规则、显示方式及含义；

(4)掌握通过信号机的作用、设置位置、外形及灯位、编号规则、显示方式及含义；

(5)掌握预告信号机的作用、设置位置、外形及灯位、编号规则、显示方式及含义；

(6)掌握接近信号机的作用、设置位置、外形及灯位、编号规则、显示方式及含义；

(7)掌握容许信号的作用、设置位置、外形及灯位、编号规则、显示方式及含义；

(8)掌握遮断信号机的作用、设置位置、外形及灯位、编号规则、显示方式及含义；

(9)掌握调车信号机的作用、设置位置、外形及灯位、编号规则、显示方式及含义；

(10)掌握驼峰信号机、驼峰辅助信号机、驼峰复示信号机的作用、设置位置、外形及灯位、编号规则、显示方式及含义；

(11)掌握复示信号机的作用、设置位置、外形及灯位、编号规则、显示方式及含义。

基础知识

固定信号是指固定安装在一定位置上的用于指示列车运行及调车工作的信号。它包括进站、出站、进路、通过、预告、接近、容许、遮断、调车、驼峰、驼峰辅助、驼峰复示、进站复示、出站复示及引导信号等。

一、进站信号机

1.进站信号机的作用

所有车站入口处均应设进站信号机，用以指示列车能否进站及进站的运行条件。

(1)防护车站。在进站信号机未开放前，列车不得进入站内。

(2)指示列车进站的运行条件。列车经道岔的直向位置还是侧向位置进站，正线通过或准备停车等。

(3)锁闭接车进路有关道岔及敌对信号。当进路有关道岔开通位置不对或敌对进路信号

未关闭时，信号机不能开放，信号机开放后进路道岔锁闭，敌对信号不能开放。

2.进站信号机的设置

(1)进站信号机应设在距进站最外方道岔（列车进站时遇到的第一个道岔）尖轨尖端（顺向为警冲标）不少于 50 m 的地点。这是考虑一台机车挂 1～2 辆货车在站内由一股道转向另一股道不致越出进站信号机，如图 3-2 所示。

(2)经常利用正线进行调车作业的车站，可适当延长进站信号机与进站道岔的距离，以便调车时调车车列不致越出进站信号机，减少办理越出站界调车的手续。但该距离延长后，会影响车站的通过能力，所以延长的距离原则上不超过 400 m。

(3)进站信号机与其后方第一架信号机（进路或出站）间必须大于规定的制动距离，特殊情况下少于规定制动距离时，进站信号机与进站道岔的距离应适当加长，但原则上不超过 400 m。

(4)进站信号机应尽量避免设在停车后起动困难的上坡道上、地势险峻地点、隧道内、桥梁上，以及在列车停车后不能全部出清桥梁和隧道的停车地点。

(5)双线自动闭塞区间反方向运行，因进站信号机前方未设预告信号机，应在进站信号机外方设预告标。预告标应设在进站信号机外方 900 m、1 000 m、1 100 m 处。

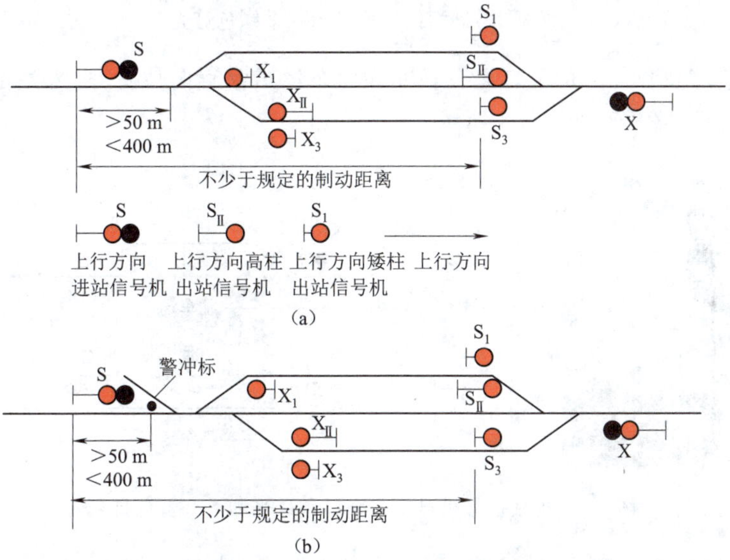

图 3-2　进站信号机的设置位置

3.进站信号机的外形及灯位

进站信号机一般采用高柱双机构（两个二显示机构），带引导信号机构。从上到下灯位依次是黄、绿、红、黄、月白。当采用矮型信号机时，例如双线双向自动闭塞区段的反方向进站信号机，采用一个四显示机构和一个三显示机构，四显示灯位为绿、黄、空、黄，三显示为红、空、月白，三显示机构靠近线路。

4.进站信号机的编号

进站信号机的命名是按列车运行方向进行的，上行用 S 表示，下行用 X 表示。若在车站一端有多个方向的线路接入，则在 S 或 X 的右下角加上该信号机所述线路名的汉语拼音字头，如东郊方面的下行进站信号机编为 X_D。若在同一方向有几条线路引入，出现并置的进站信号机时，则应加缀区间线路名称（单方向可不加）或顺序号。如山海关方面的上行进站信号机编为 S_{S2}、S_{S4}，北京方面的下行进站信号机编为 XB_1、XB_3（上行用双数，下行用单数）。

5. 进站信号机的显示及含义

（1）三显示自动闭塞、半自动闭塞、自动站间闭塞区段进站信号的显示及含义。

①一个绿色灯光——准许列车按规定速度经正线通过车站，表示出站及进路信号机在开放状态，进路上的道岔均开通直向位置，如图 3-3 所示（其中黄色光带代表列车进路，下同）。

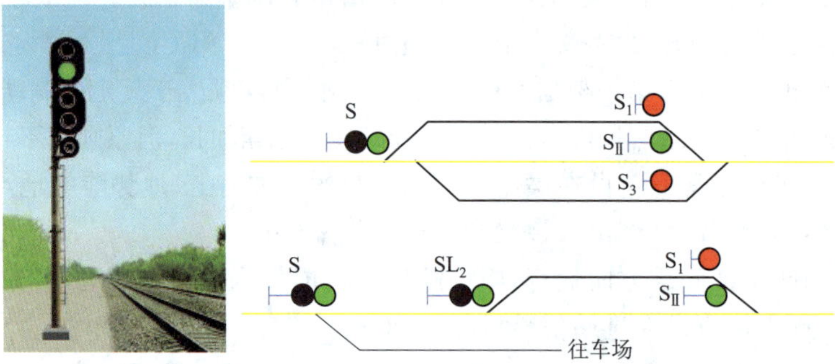

图 3-3　进站信号机显示一个绿色灯光

②一个绿色灯光和一个黄色灯光——准许列车经道岔直向位置，进入站内越过次一架已经开放的信号机准备停车，如图 3-4 所示。

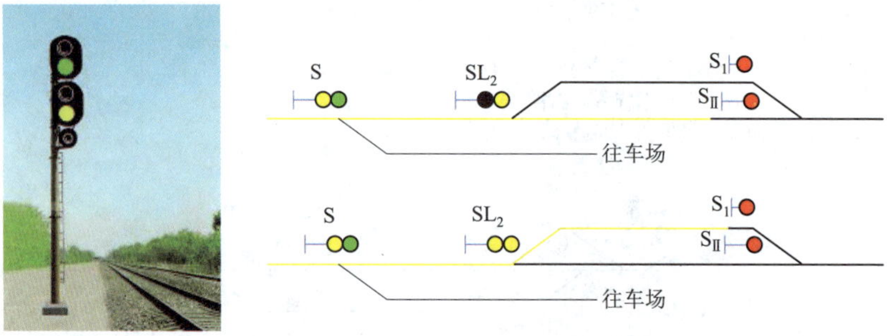

图 3-4　进站信号机显示一个绿色灯光和一个黄色灯光

③一个黄色灯光——准许列车经道岔直向位置，进入站内正线准备停车，如图 3-5 所示。

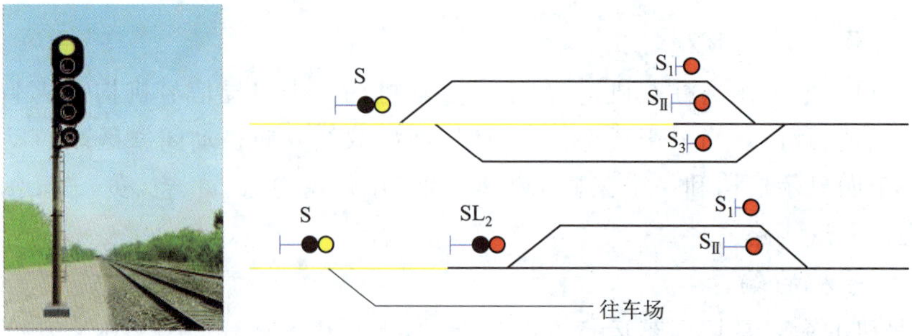

图 3-5　进站信号机显示一个黄色灯光

④一个黄色闪光和一个黄色灯光——准许列车经 18 号及以上道岔侧向位置，进入站内越过次一架已经开放的信号机，且该信号机防护的进路经道岔的直向位置或 18 号及以上道岔的侧向位置，如图 3-6 所示。

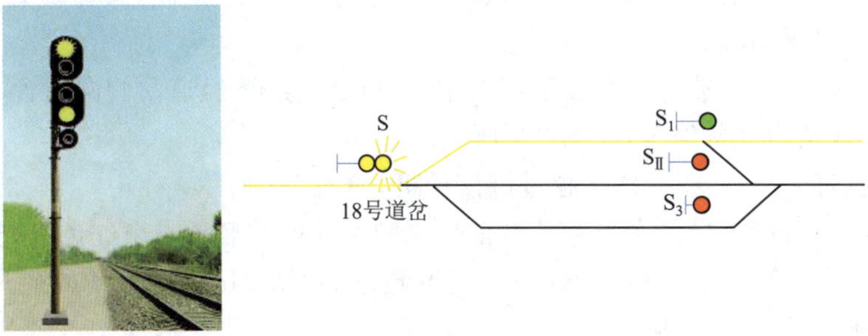

图 3-6　进站信号机显示一个黄色闪光和一个黄色灯光

⑤两个黄色灯光——准许列车经道岔侧向位置(但不满足上述第④项条件)进入站内准备停车，如图 3-7 所示。

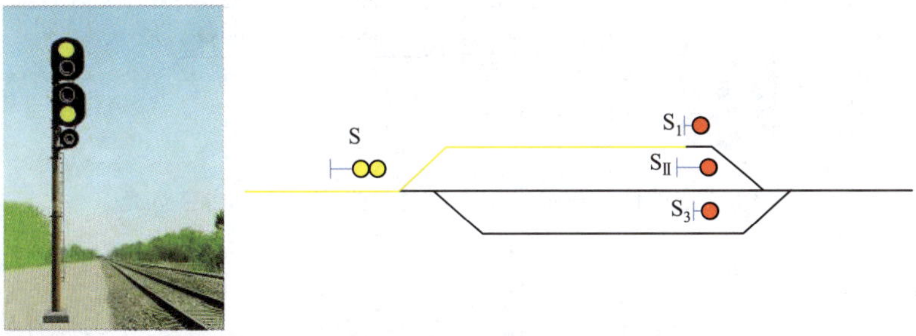

图 3-7　进站信号机显示两个黄色灯光

⑥一个红色灯光——不准列车越过该信号机，如图 3-8 所示。

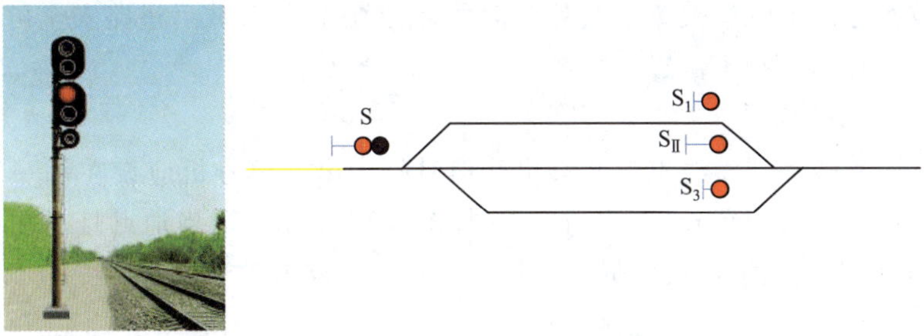

图 3-8　进站信号机显示一个红色灯光

(2)四显示自动闭塞区段进站信号机的显示及含义。

①一个绿色灯光——准许列车按规定速度经道岔直向位置进入或通过车站，表示运行前方至少有三个闭塞分区空闲，如图 3-3 所示。

②一个绿色灯光和一个黄色灯光——准许列车按规定速度经道岔直向位置进入站内，表示次一架信号机经道岔直向位置开放一个黄灯，如图 3-4 所示。

③一个黄色灯光——准许列车按限速要求经道岔直向位置进入站内正线准备停车，如图 3-5 所示。

④一个黄色闪光和一个黄色灯光——准许列车经过 18 号及以上道岔侧向位置，进入站内越过次一架已经开放的信号机，且该信号机防护的进路经道岔的直向位置或 18 号及以上道岔侧向位置，如图 3-6 所示。

⑤两个黄色灯光——准许列车按限速要求越过该信号机，经道岔侧向位置(但不满足上述第④项条件)进入站内准备停车，如图 3-7 所示。

⑥一个红色灯光—— 不准列车越过该信号机，如图 3-8 所示。

(3)进站及接车进路、接发车进路色灯信号机的引导信号显示一个红色灯光及一个月白色灯光——准许列车在该信号机前方不停车，以不超过 20 km/h 速度进站或通过接车进路，并须准备随时停车，如图 3-9 所示。

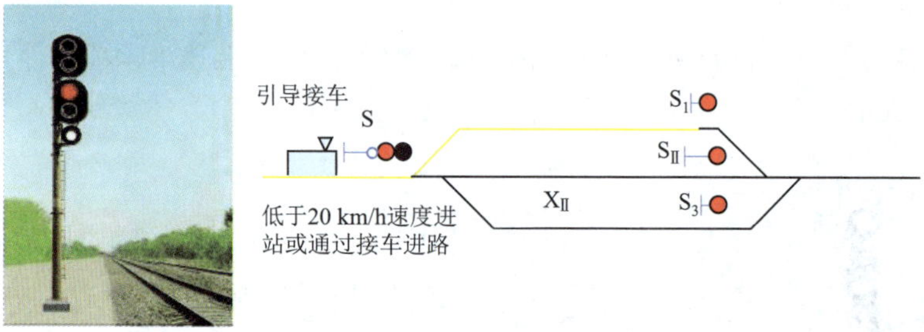

图 3-9　进站信号机显示一个红色灯光和一个月白色灯光

二、出站信号机

1. 出站信号机的作用

(1)防护区间或闭塞分区并指示列车运行条件。

(2)作为列车占用区间的行车凭证。

(3)锁闭发车进路上的有关道岔及敌对信号，保证在信号开放后进路安全可靠。

(4)指示列车在站内停车位置。

2. 出站信号机的设置

(1)在车站的正线和到发线上应装设出站信号机。出站信号机应设在每一发车线的警冲标内方(对向道岔为尖轨尖端外方)适当地点，如图 3-10 所示。适当地点是指在设置出站信号机时在不影响轨道电路正常作用前提下应尽量少占用线路有效长。

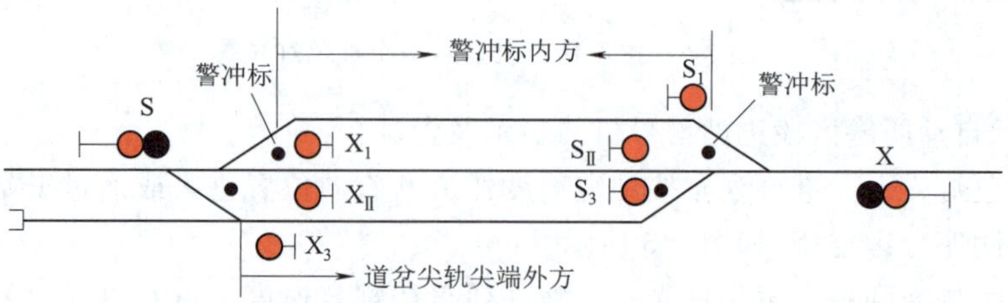

图 3-10　出站信号机的位置

(2)在调车场的编组线上,必要时可设线群出站信号机。

3. 出站信号机的外形及灯位

出站信号机的灯光配列有各种不同的情况:半自动闭塞区段的出站信号机、半自动闭塞区段双方向出站信号机、四显示自动闭塞区段的出站信号机、四显示自动闭塞区段的双方向出站信号机,以及两个以上方向的各种闭塞区段出站信号机。集中联锁车站的出站信号机一般又兼作调车信号机。

半自动闭塞区段的出站信号机采用一个三显示机构,灯位自上而下为绿、红、月白。当有两个发车方向时,增加一个绿灯,高柱采用两个二显示机构,灯位自上而下为绿、红、绿、月白;矮型采用一个三显示机构和一个二显示机构(靠近线路),二显示灯位自上而下是月白、红,三显示机构上、下两个均为绿灯,中间间隔一个空灯位。

四显示自动闭塞区段的出站信号机,高柱机构采用两个二显示机构,灯位自上而下为绿、红、黄、月白。矮型信号机采用一个三显示机构和一个二显示机构,将三显示机构设于左侧,上面为绿灯,下面为红灯,中间间隔一个空灯位,二显示机构灯位自上而下是月白、红。四显示自动闭塞区段的双方向出站信号机,当次要方向为半自动闭塞时,高柱的增加一个绿灯,上面为三显示机构,灯位自上而下为绿、红、黄、绿、月白。矮型采用一个四显示机构和一个二显示机构,四显示机构灯位自上而下是绿、空、绿、黄。当两个方向均为自动闭塞时,只能装设进路表示器。

任何情况下的出站信号机,若发车方向有两个以上,只能装设进路表示器。

4. 出站信号机的编号

出站信号机的编号按运行方向,上行用 S 表示,下行用 X 表示,并在 S 或 X 右下角缀以股道号,如 $S_{Ⅱ}$、X_3。线群出站信号机需加缀所属线群的股道号,如 $S_{5\sim7}$。当有数个车场时,则先加车场号,再在右下角缀以股道号,如 $S_{Ⅰ_2}$、$X_{Ⅱ_3}$。

5. 出站信号机的显示及含义

(1)半自动闭塞或自动站间闭塞区段出站信号机的显示及含义。

①一个绿色灯光——准许列车由车站出发,如图 3-11 所示。

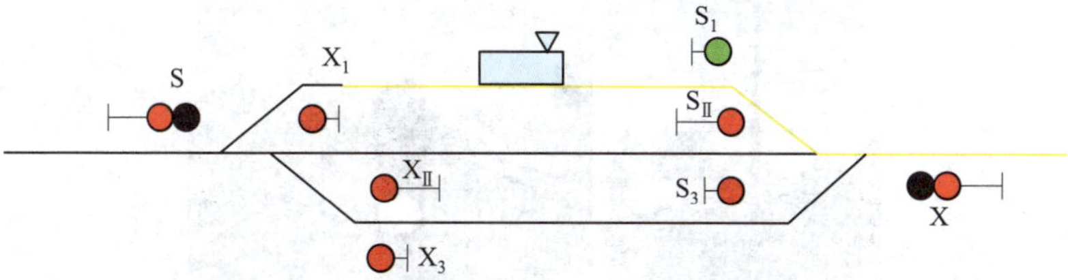

图 3-11　半自动闭塞(自动站间闭塞)区段出站信号机显示一个绿色灯光

②两个绿色灯光——准许列车由车站出发，开往次要线路，如图 3-12 所示。

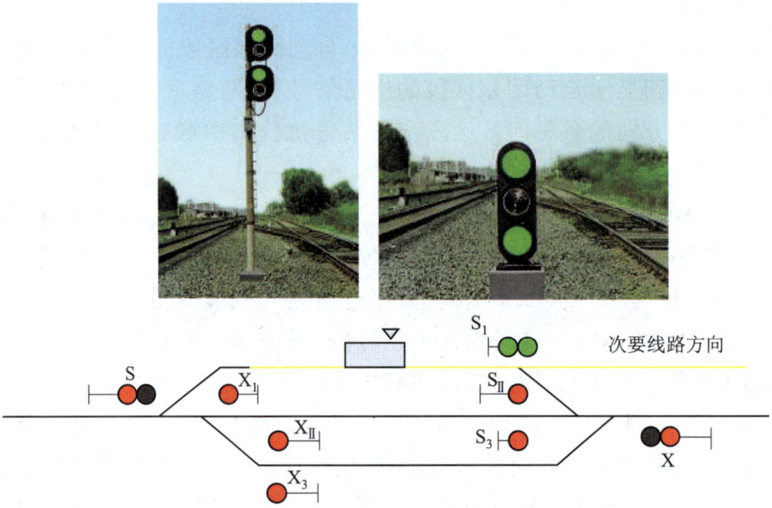

图 3-12　半自动闭塞（自动站间闭塞）区段出站信号机显示两个绿色灯光

③一个红色灯光——不准列车越过该信号机，如图 3-13 所示。

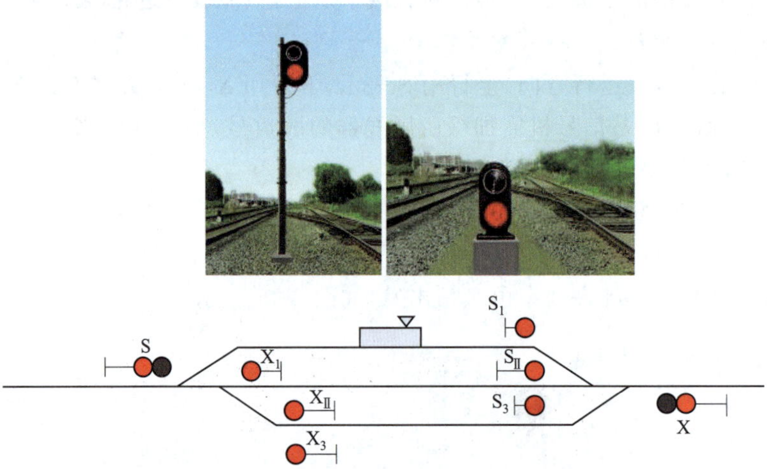

图 3-13　半自动闭塞（自动站间闭塞）区段出站信号机显示一个红色灯光

④在兼作调车信号机时，一个月白色灯光——准许越过该信号机调车，如图 3-14 所示。

图 3-14　半自动闭塞（自动站间闭塞）区段出站信号机显示一个月白色灯光

(2)三显示自动闭塞区段出站信号机的显示及含义。

①一个绿色灯光——准许列车由车站出发,表示运行前方至少有两个闭塞分区空闲,如图 3-15 所示。

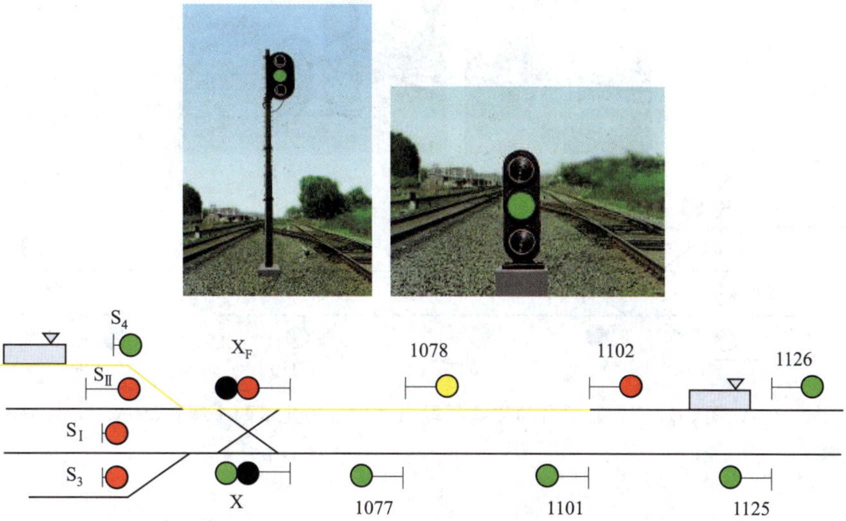

图 3-15　三显示自动闭塞区段出站信号机显示一个绿色灯光

②一个黄色灯光——准许列车由车站出发,表示运行前方有一个闭塞分区空闲,如图 3-16 所示。

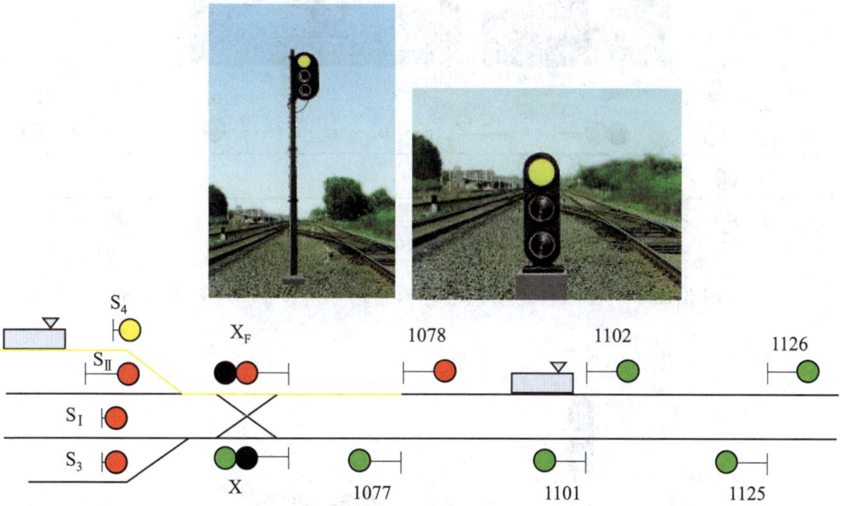

图 3-16　三显示自动闭塞区段出站信号机显示一个黄色灯光

③两个绿色灯光——准许列车由车站出发,开往半自动闭塞区间,如图 3-17 所示。

④一个红色灯光——不准列车越过该信号机,如图 3-18 所示。

⑤在兼作调车信号机时,一个月白灯光——准许越过该信号机调车,如图 3-19 所示。

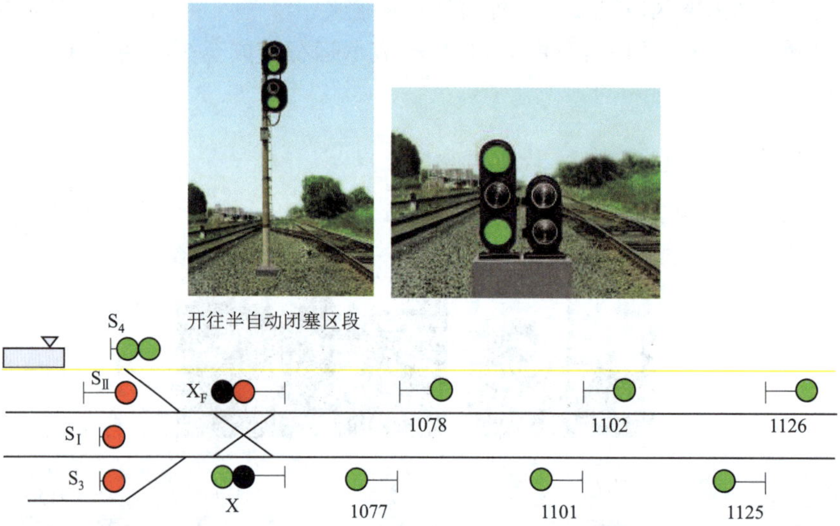

图 3-17　三显示自动闭塞区段出站信号机显示两个绿色灯光

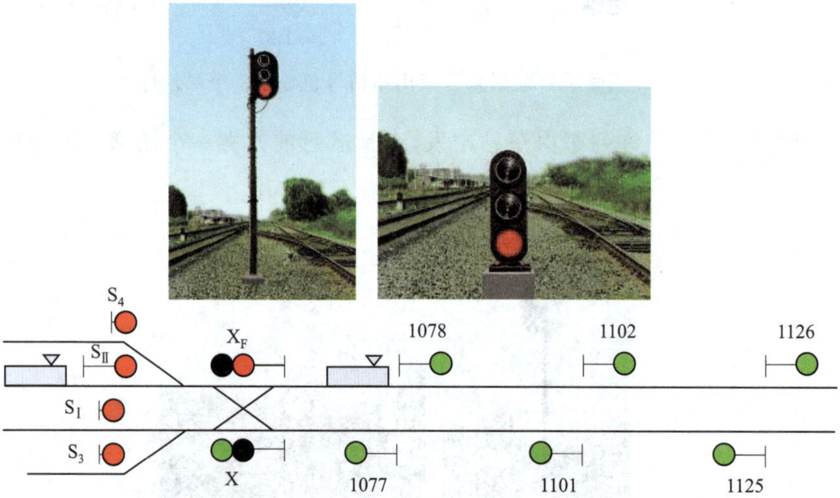

图 3-18　三显示自动闭塞区段出站信号机显示一个红色灯光

图 3-19　三显示自动闭塞区段出站信号机兼做调车信号机时显示一个月白色灯光

(3)四显示自动闭塞区段出站信号机的显示及含义。

①一个绿色灯光——准许列车由车站出发,表示运行前方至少有三个闭塞分区空闲,如图 3-20 所示。

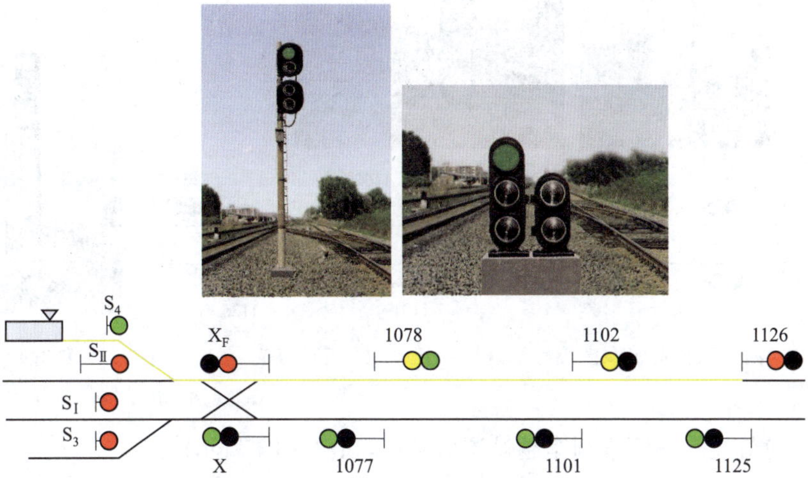

图 3-20　四显示自动闭塞区段出站信号机显示一个绿色灯光

②一个绿色灯光和一个黄色灯光——准许列车由车站出发,表示运行前方有两个闭塞分区空闲,如图 3-21 所示。

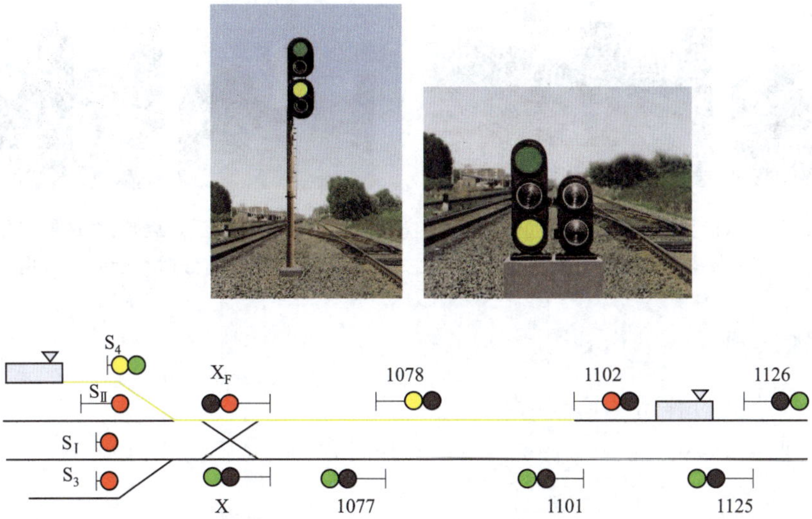

图 3-21　四显示自动闭塞区段出站信号机显示一个绿色灯光和一个黄色灯光

③一个黄色灯光——准许列车由车站出发,表示运行前方有一个闭塞分区空闲,如图 3-22 所示。

④两个绿色灯光——准许列车由车站出发,开往半自动闭塞或自动站间闭塞区间,如图 3-23 所示。

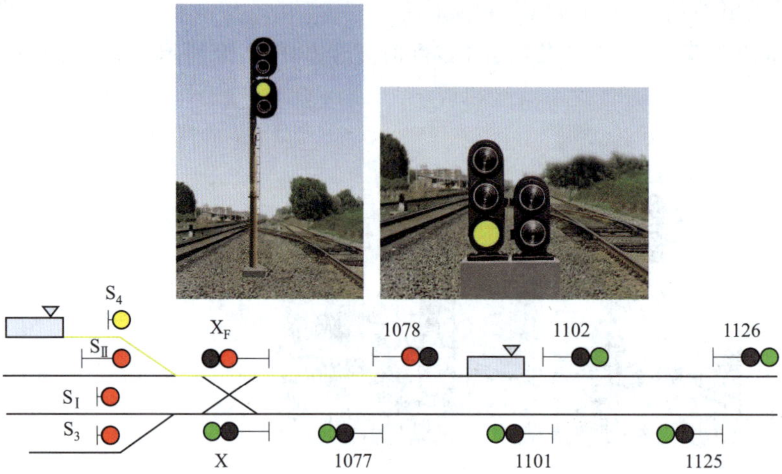

图 3-22　四显示自动闭塞区段出站信号机显示一个黄色灯光

图 3-23　四显示自动闭塞区段出站信号机显示两个绿色灯光

⑤一个红色灯光——不准列车越过该信号机，如图 3-24 所示。

⑥在兼作调车信号机时，一个月白色灯光——准许越过该信号机调车，如图 3-25 所示。

图 3-24　四显示自动闭塞区段出站信号机显示一个红色灯光

图 3-25　四显示自动闭塞区段出站信号机兼做调车信号时显示一个月白色灯光

三、进路信号机

1. 进路信号机的作用

(1)接车进路信号机

①防护车场之间的进路。

②对到达列车指示运行条件。

③锁闭接车进路上的敌对道岔及敌对信号，保证在信号开放后进路安全可靠。

(2)发车进路信号机

指示列车能否由一个车场向另一个车场发车，即对出发列车指示运行条件。

2. 进路信号机的设置

(1)为了提高通过能力，更好地利用配线，在有两个及以上车场的车站，每一个车场的出口或入口处适当地点，均应设置进路信号机。

(2)进路信号机如果位于进站信号机与接车线之间,为接车进路信号机;如果位于发车线与出站信号机之间,为发车进路信号机;而位于正线上的进路信号机,对本车场来说是发车进路信号机,对前方车场来说则是接车进路信号机,因此,这种信号机又叫作接发车进路信号机(图 3-26)。接发车进路信号机具有接车进路信号机和发车进路信号机的双重功能。接发车进路信号机在接车和列车通过时按接车进路信号机办理;在发车时按发车进路信号机办理。

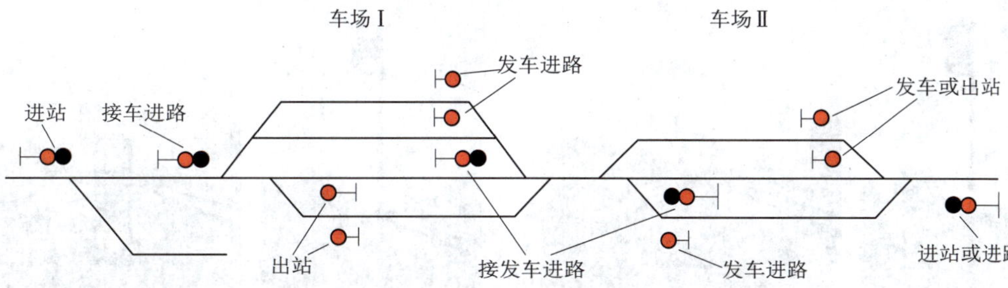

图 3-26　进路信号机的位置

(3)当两个车场间线路紧密衔接,在车场入口处不能装设接车进路信号机时,可在相邻车场出口处的正线上装设接发车进路信号机。

(4)当两个车场间线路较长,为了提高站内通过能力,除了在车场入口处的正线上装设接车进路信号机外,还应在相邻车场出口处的正线上装设接发车进路信号机。

(5)进路信号机不论是作接车、发车还是接发车用,其设置位置均应设在其后方第一个道岔尖轨尖端前方(顺向为警冲标内方)的适当地点。进路信号机与进站、出站信号机间的距离,原则上不少于 800 m。

(6)接车进路信号机和接发车进路信号机必须采用进站信号机的机构,即双机构带引导信号的形式。

3.进路信号机的外形及灯位

进路信号机的机构和灯光配列同进站信号机,但接车进路信号机通常兼作调车信号机,为避免与引导信号相混淆,应将调车机构设于信号机下部,也可单独设矮型调车信号机。两种情况下都要将蓝灯封闭。

发车进路信号机的机构和灯光配列与出站信号机相同,只是没有两方向发车的情况。有两方向发车的是出站兼发车进路信号机,它与双方向的出站信号机相同。

4.进路信号机的编号

接车进路信号机的命名按列车运行方向,上行为 SL,下行为 XL。当有并置或连续布置的接车进路信号机,则在其右下角加顺序号,如 SL_2、SL_4、XL_1、XL_3 等(上行用双数,下行用单数)。

发车进路信号机按列车运行方向命名,上行用 S,下行用 X 表示,并在 S 或 X 右下角先加车场号,再加股道号。如Ⅰ场的上行 3 股道发车信号,信号为 S_{I_3};Ⅱ场下行 4 股道发车进路信号机为 X_{II_4}。

5.进路信号机的显示及含义

(1)接车进路及接发车进路信号机的显示与进站信号机相同。

(2)三显示自动闭塞、半自动闭塞、自动站间闭塞区段的发车进路信号机显示下列信号：

①一个绿色灯光——准许列车由车站经正线出发，表示出站和进路信号机均在开放状态，如图 3-27 所示。

②一个绿色灯光和一个黄色灯光——准许列车越过该信号机，表示该信号机列车运行前方次一架信号机在开放状态，如图 3-28 所示。

图 3-27　发车进路信号机显示一个绿色灯光

图 3-28　发车进路信号机显示一个绿色灯光和一个黄色灯光

③一个黄色灯光——准许列车运行到次一架信号机之前准备停车，如图 3-29 所示。

④一个红色灯光——不准列车越过该信号机，如图 3-30 所示。

图 3-29　发车进路信号机显示一个黄色灯光

图 3-30　发车进路信号机显示一个红色灯光

(3)四显示自动闭塞区段发车进路信号机显示下列信号：

①一个绿色灯光——表示该信号机列车运行前方至少有两架信号机经道岔直向位置在开放状态，如图 3-27 所示。

②一个绿色灯光和一个黄色灯光——表示该信号机列车运行前方次一架信号机经道岔直向位置在开放状态，如图 3-28 所示。

③一个黄色灯光——准许列车运行到次一架信号机之前准备停车，如图 3-29 所示。

④一个红色灯光——不准列车越过该信号机，如图 3-30 所示。

(4)接车进路、发车进路及接发车进路信号机兼作调车信号机时，一个月白色灯光——准许越过该信号机调车，如图 3-31 所示。

图 3-31　接车进路、发车进路及接发车进路信号机兼作调车信号机时显示一个月白色灯光

四、通过信号机

1. 通过信号机的作用

(1)防护闭塞分区或所间区间，当信号机开放后，作为列车进入闭塞分区或所间区间的行车凭证。

(2)指示列车运行条件。

2. 通过信号机的设置

(1)通过信号机应设在闭塞分区或所间区间的分界处。自动闭塞区段的通过信号机，不应设在停车后可能脱钩、牵引供电分相的处所，也不宜设在起到困难的地点。

(2)自动闭塞区段信号机设置位置和显示关系应根据列车牵引计算确定，并应满足列车运行速度规定的制动距离和线路通过能力的要求。

(3)在自动闭塞区段内，当货物列车在设于上坡道的通过信号机前停车后起动困难时，在该信号机上应装设容许信号。在进站信号机前方第一架通过信号机上，不得装设容许信号。

(4)在三显示自动闭塞区段的进站信号机前方第一架通过信号机的机柱上，应涂三条黑色斜线，四显示自动闭塞区段的进站信号机前方第一架、第二架通过信号机的机柱上，应分别涂三条、一条黑色斜线。

3. 通过信号机的外形及灯位

半自动闭塞区段的出站信号机采用一个三显示机构，灯位自上而下为绿、红、月白。当有两个发车方向时，增加一个绿灯，高柱采用两个二显示机构，灯位自上而下为绿、红、绿、月白；矮型采用一个三显示机构和一个二显示机构(靠近线路)，二显示灯位自上而下是月白、红，三显示机构上、下两个均为绿灯，中间间隔一个空灯位。

四显示自动闭塞区段的出站信号机，高柱机构采用两个二显示机构，灯位自上而下为绿、红、黄、月白。

通过信号机为高柱机构。

三显示自动闭塞区段，通过信号机采用一个三显示机构，灯位自上而下为黄、绿、红。

四显示自动闭塞区段，通过信号机采用一个三显示机构，灯位自上而下为绿、红、黄。

半自动闭塞区段，通过信号机采用一个二显示机构，灯位自上而下为绿、红。

防护分歧道岔的线路所通过信号机，其机构外形和显示方式，应与进站信号机相同，引导灯光应予封闭。

4. 通过信号机的编号

区间通过信号机的编号，是以其坐标千米数和百米数组成的，下行方向编为单数，上行方向编为双数。例如，在 100 km+350 m 处并置的通过信号机，下行方向的编号为 1003，上行方向的编号为 1004。

区间正线有分歧道岔前的通过信号机（包括自动闭塞或其他闭塞方式），以 T 字命名，并在其右下角缀以运行方向，如 T_S、T_X；当有数架并存时，则再加缀顺号，如 T_{S2}、T_{S4}、T_{X1}、T_{X3}。

5. 通过信号机的显示及含义

(1)半自动闭塞及自动站间闭塞区段

①一个绿色灯光——准许列车按规定速度运行（显示方式参照图 3-32，但机构为二显示）。

②一个红色灯光——不准列车越过该信号机（显示方式参照图 3-34，但机构为二显示）。

(2)三显示自动闭塞区段

①一个绿色灯光——准许列车按规定速度运行，表示运行前方至少有两个闭塞分区空闲，如图 3-32 所示。

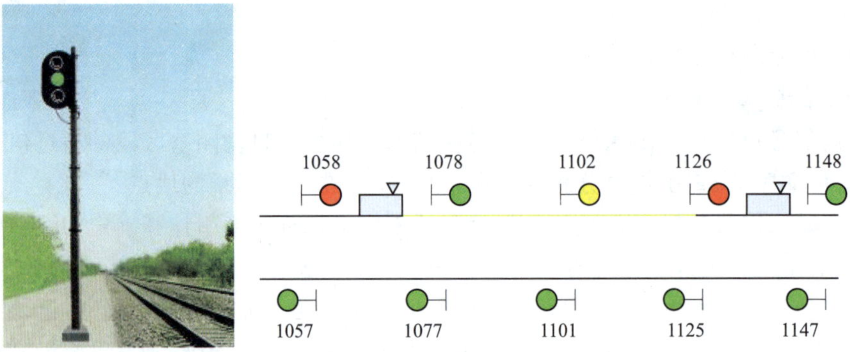

图 3-32　三显示自动闭塞区段通过信号机显示一个绿色灯光

②一个黄色灯光——要求列车注意运行，表示运行前方有一个闭塞分区空闲，如图 3-33 所示。

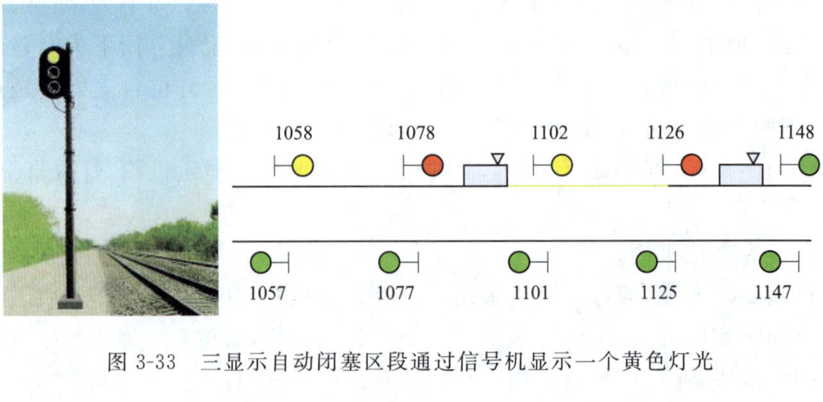

图 3-33　三显示自动闭塞区段通过信号机显示一个黄色灯光

③一个红色灯光——列车应在该信号机前停车，如图 3-34 所示。

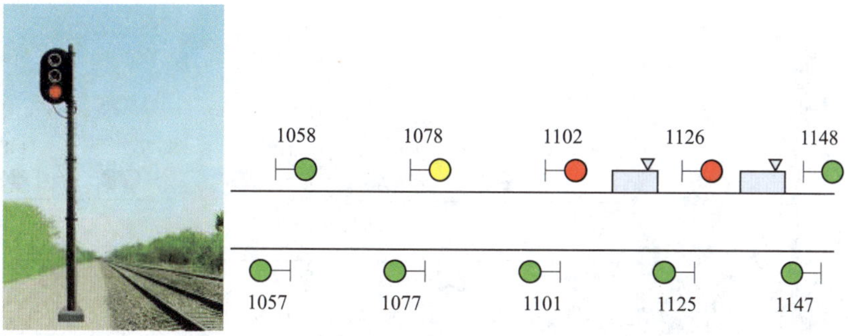

图 3-34　三显示自动闭塞区段通过信号机显示一个红色灯光

(3)四显示自动闭塞区段

①一个绿色灯光——准许列车按规定速度运行，表示运行前方至少有三个闭塞分区空闲，如图 3-35 所示。

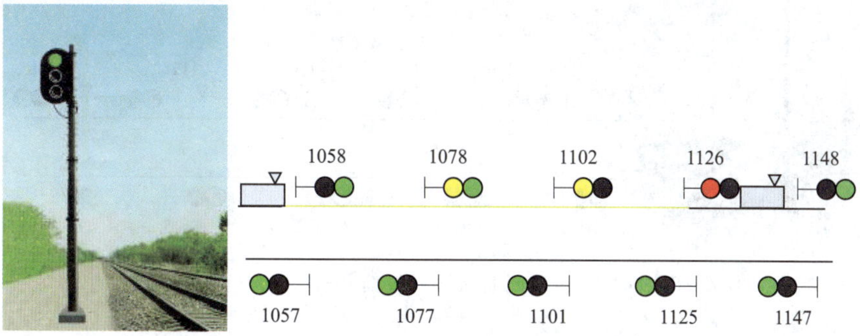

图 3-35　四显示自动闭塞区段通过信号机显示一个绿色灯光

②一个绿色灯光和一个黄色灯光——准许列车按规定速度运行，要求注意准备减速，表示运行前方有两个闭塞分区空闲，如图 3-36 所示。

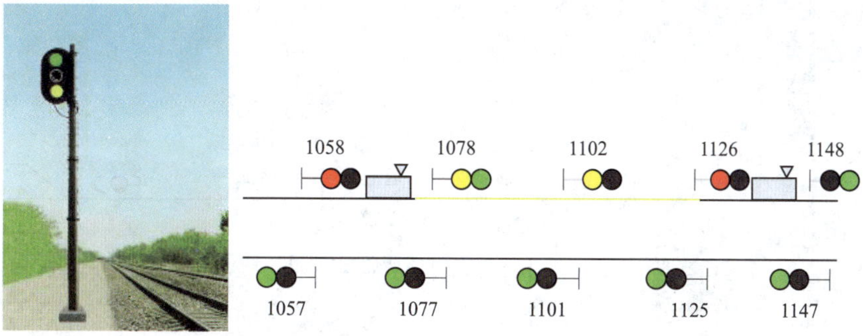

图 3-36　四显示自动闭塞区段通过信号机显示一个绿色灯光和一个黄色灯光

③一个黄色灯光——要求列车减速运行，按规定限速要求越过该信号机，表示运行前方有一个闭塞分区空闲，如图 3-37 所示。

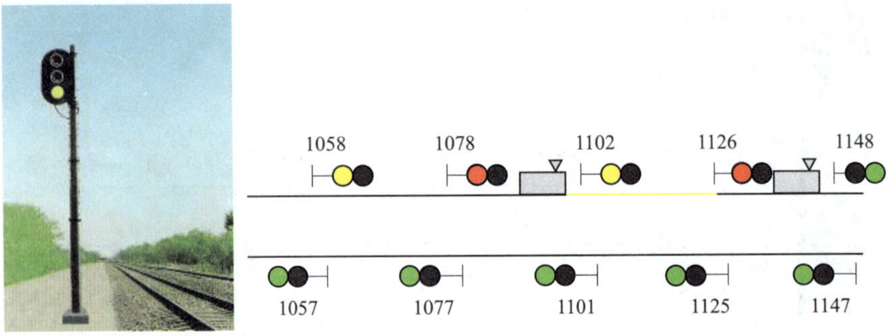

图 3-37　四显示自动闭塞区段通过信号机显示一个黄色灯光

④一个红色灯光——列车应在该信号机前停车，如图 3-38 所示。

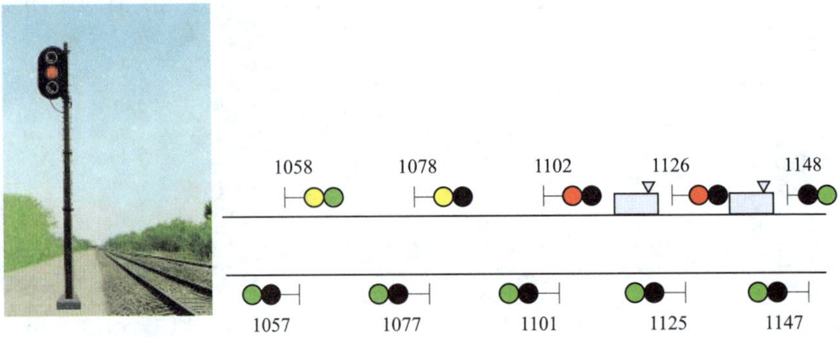

图 3-38　四显示自动闭塞区段通过信号机显示一个红色灯光

(4)线路所防护分歧道岔的色灯信号机开放经道岔侧向位置的进路

①一个黄色闪光灯和一个黄色灯光——表示分歧道岔为 18 号及以上，开往半自动闭塞或自动站间闭塞区间，或开往自动闭塞区间且列车运行前方第一闭塞分区空闲，如图 3-39 所示。

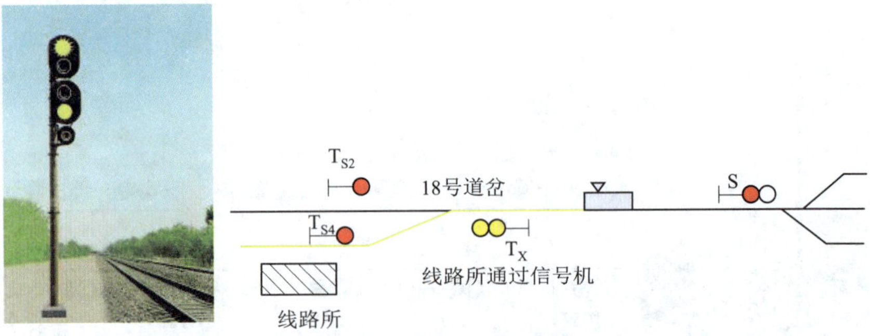

图 3-39　分歧道岔通过信号机显示一个黄色闪光灯和一个黄色灯光

②不满足上述①条件时，显示两个黄色灯光，表示允许列车按规定的侧向道岔限制速度越过该信号机并做好停车准备。

该信号机显示红色灯光时，不准列车越过。

五、容许信号机

1. 容许信号机的作用

由于行车的需要，在双线自动闭塞区段，有的通过信号机设在坡度较大的上坡道上，若该通过信号机显示红灯，牵引质量较重的货物列车在该信号机前停车（坡停）后再起动就比较困难，对行车安全和行车秩序造成不利影响。容许信号准许铁路局集团公司规定停车后起动困难的货物列车，在该通过信号机显示红灯的情况下不停车，按规定的限制速度通过该信号机，以保证行车安全和行车效率。因此，这里的容许信号机是指的装有容许信号的通过色灯信号机，属于通过信号机里面特殊的一种。

2. 容许信号机的设置

容许信号设在自动闭塞区段内，货物列车停车后起动困难的上坡道上的通过色灯信号机机柱上。

进站信号机前方第一架通过信号机不允许装设容许信号，以免前方列车机外停车发生追尾事故。

3. 容许信号机的外形及灯位

容许信号是附着在通过信号机上的附属信号，通过信号是其主体信号。因此，容许信号的灯圈比其主体信号的灯圈小，并且容许信号的灯位在主体灯位的下方。为区别于其他信号，容许信号采用黑色的方形背板。容许信号只有一个灯位，只能显示蓝灯或无显示。如图 3-40 所示。

4. 容许信号机的编号

容许信号机是通过信号机中的一种，因此，容许信号机的编号与通过信号机的编号规则相同。

5. 容许信号机的显示及含义

（1）容许信号显示一个蓝色灯光——准许列车在通过信号机显示红色灯光的情况下不停车，以不超过 20 km/h 的速度通过，运行到次一架通过信号机，并随时准备停车，如图 3-40 所示。

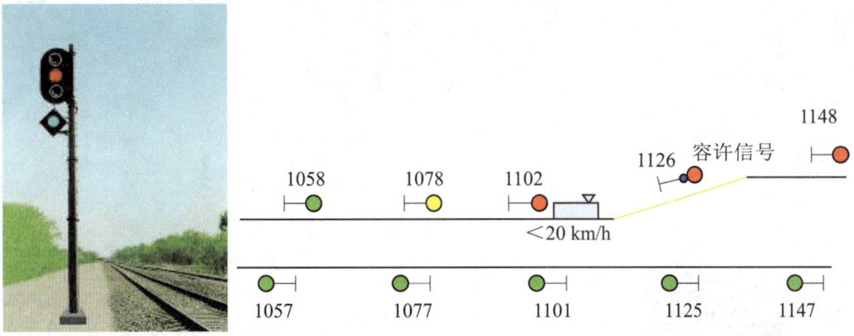

图 3-40　装有容许信号的通过信号机主体信号显示一个红色灯光、容许信号显示一个蓝色灯光

（2）容许信号熄灭或容许信号和通过信号机灯光都熄灭时，司机在确认通过信号机上装有容许信号时，仍按上述限制速度通过该信号机。在按上述规定运行时，要做好遇到障碍能随时

停车的准备。当发现该通过信号机内方有列车时，不得越过该信号机。

(3)按上述规定速度运行到次一架通过信号机前时，若无异常情况，则按次一架信号机显示的要求运行，若次一架信号机开放，则不再限制速度低于 20 km/h，若次一架信号机关闭且未装容许信号，则应该停车。

六、遮断信号机

1. 遮断信号机的作用

遮断信号机是为防护道口、桥梁、隧道以及塌方落石等危险地点而设置的信号机。

在繁忙的道口上，若汽车、拖拉机等机动车因故障而停留在道口，或者在道口散落有货物，一时又移不开时，为了能立即指示列车在道口外方停车，有必要设置遮断信号机。

在较大的桥隧建筑物和可能危及行车安全的塌方落石地点，一般均设有固定值班的看守人员，昼夜巡视。为了一旦发生危及行车安全的情况时，能及时向列车发出停车信号，要求列车在障碍地点前停车，也需要设置遮断信号。

2. 遮断信号机的设置

在以下地点应设置遮断信号机：

(1)繁忙的有人看守的道口两端。

(2)有人看守的较大型的桥隧建筑物两端。

(3)专人巡视的可能危及行车安全的塌方落石地点两端。

遮断信号机距离它所防护的地点的距离不得少于 50 m。此外，遮断信号机的外方一般设有遮断信号机的预告信号机。

3. 遮断信号机的外形及灯位

为了避免和其他信号机混淆，遮断及其预告信号机采用黑色方形背板并在机柱上涂以黑白相间的斜线。遮断信号机及其预告信号机一般都是高柱的，只有一个灯位。遮断信号机只能显示红灯或无显示；遮断信号机的预告信号机只能显示黄色灯光或无显示。

4. 遮断信号机的显示及含义

遮断信号机显示一个红色灯光——不准列车越过该信号机；不着灯时，不起信号作用，如图 3-41 所示。

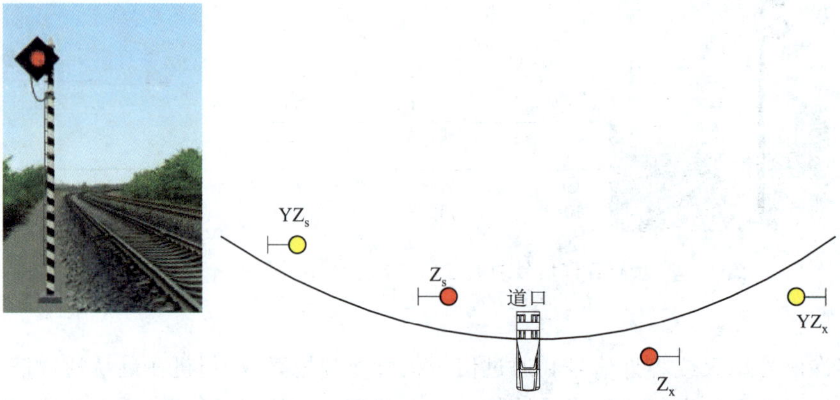

图 3-41 防护繁忙道口的遮断信号机显示一个红色灯光

七、预告信号机

1.预告信号机的作用

地面信号常常受到地形条件和气候条件的影响，以至于显示距离难以满足运营要求。因此，对进站信号机、线路所通过信号机、遮断信号机等绝对信号机，应根据实际需要，装设预告信号机。列车运行中先接近预告信号机，越过预告信号机后才接近其防护的主体信号机，因此，预告信号机具有向司机提前预告其防护的主体信号机显示状态的作用，给司机预判的时间，能有效防止列车冒进主体信号机。但预告信号机仅能反映其防护的主体信号是开放还是关闭两种状态，并不能反映更多的信息。

2.预告信号机的位置

预告信号机设在其防护的主体信号机外方适当地点。半自动闭塞、自动站间闭塞区段，进站信号机为色灯信号机时，应设色灯预告信号机或接近信号机。遮断信号机和半自动闭塞、自动站间闭塞区段线路所通过信号机，应装设预告信号机。列车运行速度不超过 120 km/h 的区段，预告信号机与其主体信号机的安装距离不得小于 800 m，当预告信号机的显示距离不足 400 m 时，其安装距离不得小于 1 000 m。

3.预告信号机的外形及灯位

预告信号机采用高柱二显示机构，灯位自上而下是绿、黄。矮型预告信号机设于桥隧上，须经批准后才能使用。

4.预告信号机的编号

预告信号机的编号，第一个字母为 Y，后面辅以主体信号机的编号，如 YX_D。

5.预告信号机的显示及含义

(1)一个绿色灯光——表示主体信号机在开放状态。

如图 3-42 所示，预告信号机 YS 显示绿色灯光时，仅表示其防护的进站信号机 S 在开放状态，进站信号机显示的有可能是一个绿色灯光、一个黄色灯光、两个黄色灯光、一个黄色灯光和一个黄色闪光灯、一个绿色灯光和一个黄色灯光。

图 3-42　进站信号机的预告信号机显示一个绿色灯光

(2)一个黄色灯光——表示主体信号机在关闭状态。

如图 3-43 所示，预告信号 YS 显示黄色灯光时，表示其防护的进站信号机 S 处在关闭状态，也就是进站信号显示红色灯光。

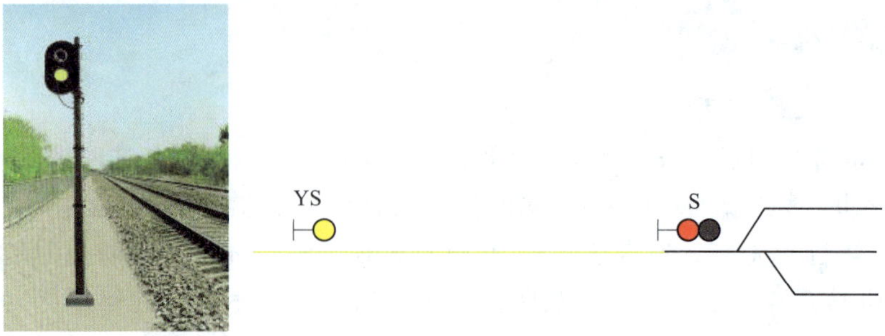

图 3-43　进站信号机的预告信号机显示一个黄色灯光

(3)遮断信号机的预告信号机显示一个黄色灯光——表示遮断信号机显示红色灯光(关闭状态),如图 3-44 所示;不着灯时,不起信号作用,也就是说遮断信号机的预告信号机不着灯,表示其防护的遮断信号机也不着灯,表示遮断信号机所防护的道口、桥梁、隧道、塌方落石地点线路正常,安全畅通。

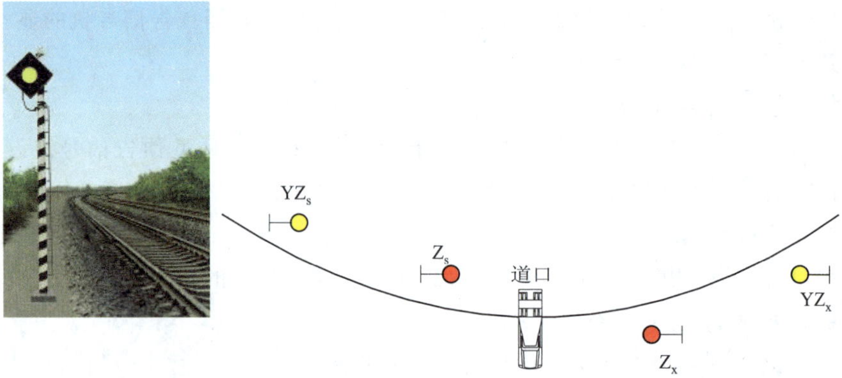

图 3-44　遮断信号机的预告信号机显示一个黄色灯光

(4)线路所通过信号机是为了提高通过能力而设置的,列车接近时必须预先了解其显示状态,才能安全通过。线路所通过信号机的预告信号机与进站信号机的预告信号机的外形及显示含义相同。

八、接近信号机

1. 接近信号机的作用

接近信号机的作用类似于预告信号机,但预告信号机仅能反映主体信号是开放还是关闭两种状态,而接近信号机不仅能反映其防护的进站信号机是开放状态还是关闭状态,还能反映该进站信号机所显示的运行条件,对于速度超过 120 km/h 的线路,接近信号机有利于司机对进站信号机的状态预判,确保行车的安全并提高行车的效率。

2. 接近信号机的设置

列车运行速度超过 120 km/h 的区段,应设置两段接近区段,在第一接近区段和第二接近区段的分界处,设接近信号机,在第一接近区段入口内 100 m 处,设置机车信号接通标。接近信号机与其主体信号机(进站信号机)的安装距离不得小于该线路上允许的最大速度下的紧急制动距离。

3. 接近信号机的外形及灯位

接近信号机一般为高柱三显示机构,自上而下依次是绿、封闭、黄灯位排列,分别显示绿、绿黄、黄，不设红灯位。

4. 接近信号机的编号

接近信号机的编号，第一个字母为J，后面缀以主体信号机的编号，如JS或JX。

5. 接近信号机的显示及含义

(1)一个绿色灯光——表示进站信号机开放一个绿色灯光或一个绿色灯光和一个黄色灯光，如图3-45所示。

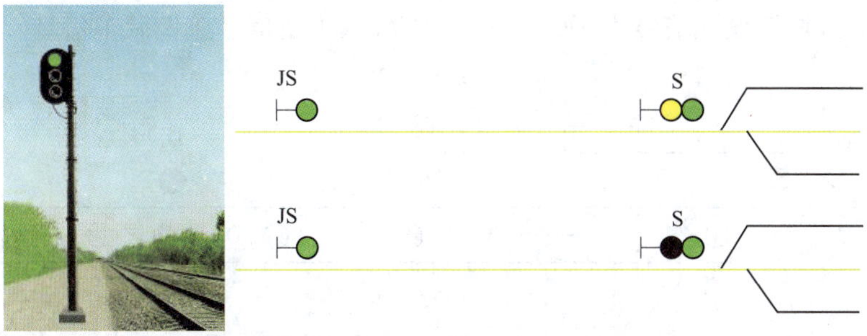

图3-45　接近信号机显示一个绿色灯光

(2)一个绿色灯光和一个黄色灯光——表示进站信号机开放一个黄色灯光，如图3-46所示。

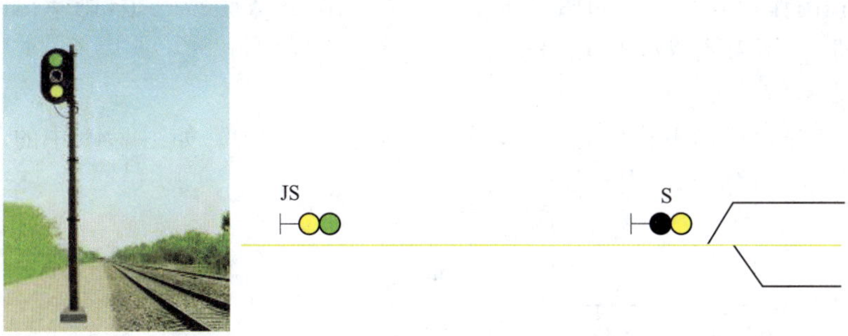

图3-46　接近信号机显示一个绿色灯光和一个黄色灯光

(3)一个黄色灯光——表示进站信号机在关闭状态或表示进站信号机显示两个黄色灯光或一个黄色闪光和一个黄色灯光，如图3-47所示。

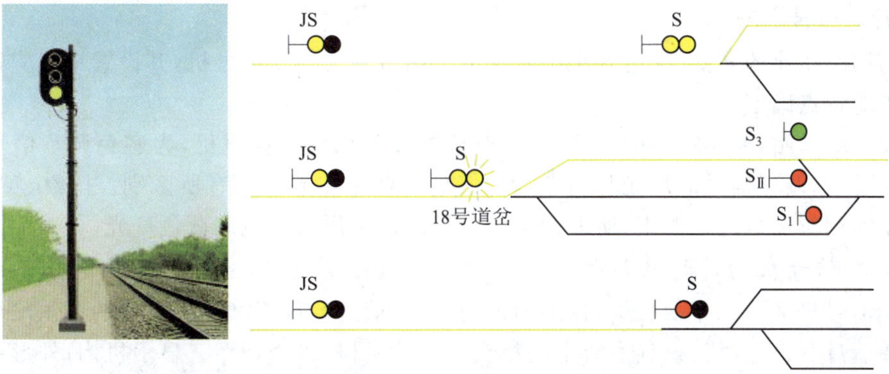

图3-47　接近信号机显示一个黄色灯光

九、调车信号机

1. 调车信号机的作用

调车信号机用来指示调车车列可否越过该信号机进行调车作业。在调车作业中，每个调车信号机所起到的具体作业亦有所不同，按其用途可分为：

(1)调车起始信号机

调车起始信号机设于完整调车作业进路的起点，由到发线、调车线、牵出线、专用线等向咽喉道岔区调车时，均需设该信号机，如图 3-48 中的 S_1(出站信号兼做调车信号)。

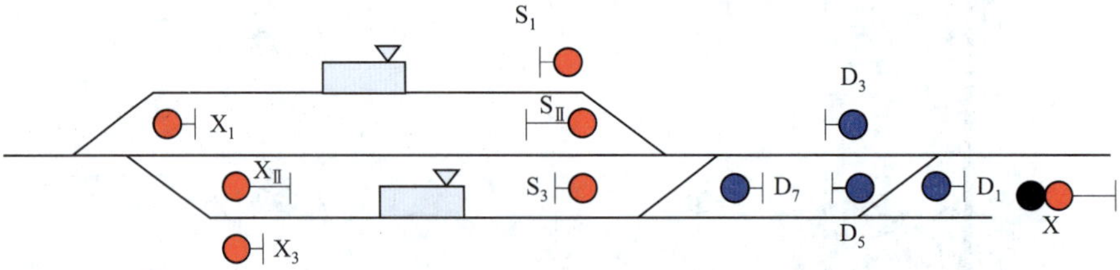

图 3-48 调车信号机的设置

(2)调车折返信号机

调车折返信号机指挥车辆折返用，如图 3-48 中的 D_7，一般设置于折返道岔尖轨前，以缩短作业行程，提高作业效率。比如调车作业由一道转出，进二道或三道，则牵出时只需要尾部越过 D_7 信号机，而不需要越过 D_1 信号机。

(3)调车阻挡信号机

调车阻挡信号机增加平行作业能力，提高车站的通过能力。如图 3-49 中的 D_3，在 D_3 的阻挡作用下，一道和三道能同时向正线牵出。

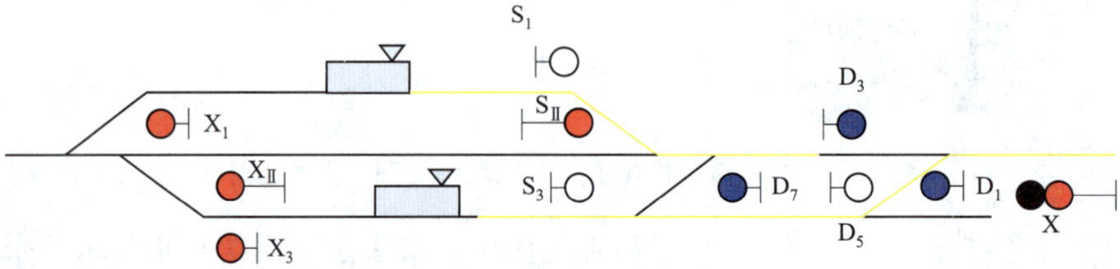

图 3-49 调车阻挡信号机及平行调车进路

2. 调车信号机的设置

根据调车作业的需要，在电气集中联锁的车站可装设调车信号机，其设置地点应根据车站调车工作的特点确定。

在较大的车站，列车在站内运行时，有时要经过几架调车信号机，为避免调车信号的显示影响列车运行，调车信号的灯光与列车运行信号的灯光在颜色上有所区别。因红、黄、绿三种颜色已作为列车信号灯光使用，所以调车信号机的显示用月白色和蓝色灯光。

3. 调车信号机的外形及灯位

调车信号机采用二显示机构，自上而下是月白、蓝灯。设于岔线入口处的调车信号机可用红灯代替蓝灯。设在尽头式到发线上的尽头调车信号机，采用矮型三显示机构，外形同列车用的信号机，自上而下是空灯位、红灯、月白灯。

4. 调车信号机的编号

调车信号机的编号以 D 来表示，在其右下角缀以顺序号。从列车到达方向顺序编号，上行咽喉用双号，下行咽喉用单号，如 D_1、D_3、D_2、D_4 等。若有数个车场时，则每个车场所属的调车信号机均用百位数表示，以百位数表示车场，如 Ⅰ 场的 D_{101}、D_{103}，Ⅱ 场的 D_{202}、D_{203} 等。如果同一咽喉区调车信号机超过 50 架，则超出部分的调车信号机编为 D_{1101}、D_{1103}、D_{2100}、D_{2102} 等，此时，千位数表示车场号。

5. 调车信号机的显示及含义

(1)一个月白色灯光——准许越过该信号机调车，如图 3-50 所示。

(2)一个月白色闪光灯光——装有平面溜放调车区集中联锁设备时，准许溜放调车，如图 3-51 所示。

(3)一个蓝色灯光——不准越过该信号机调车，如图 3-52 所示。

图 3-50　调车信号显示一个月白色灯光

图 3-51　调车信号显示一个月白色闪光灯

图 3-52　调车信号显示一个蓝色闪光灯

十、驼峰信号机、驼峰辅助信号机及驼峰复示信号机

1. 作用

(1)驼峰信号机的作用

驼峰信号机用来指示驼峰调车机车能否进行推送溜放调车作业及调车作业的运行条件。

(2)驼峰辅助信号机的作用

①辅助驼峰调车司机瞭望信号。

②兼作到达列车的停车信号和非驼峰推送作业的调车信号。

③在一定条件下，还可以兼作出站及进路信号机使用。

(3)驼峰复示信号机的作用

在有峰前到达场的编组站，当驼峰辅助信号机的显示距离不能满足推峰作业要求时，根据需要可在到达场每股道上再装设一架驼峰复示信号机，以辅助推峰作业的调车司机瞭望信号。

2. 设置

(1)驼峰信号机的设置

驼峰信号机设在峰顶平台与加速坡连接处的峰顶线路最高处。

(2)驼峰辅助信号机的设置

驼峰辅助信号机设于峰前到达场每条到发线靠近驼峰的一端。

(3)驼峰复示信号机的设置

驼峰复示信号机设于峰前到达场每条到发线中间适当地点。

3. 外形及灯位

(1)驼峰信号机的外形及灯位

驼峰信号机一般采用高柱双机构(两个二显示机构)。从上到下灯位依次是绿、红、黄、月白。

(2)驼峰辅助信号机的外形及灯位

驼峰辅助信号机的外形及灯位与驼峰信号机相同。

(3)驼峰复示信号机及驼峰辅助信号机的复示信号机的外形及灯位

驼峰复示信号机及驼峰辅助信号机的复示信号机也采用高柱双机构(两个二显示机构),其灯位排列与驼峰信号机相同,为区别于其他信号机,驼峰复示信号机采用黑色的方形背板,如图3-53所示。

图3-53 驼峰复示信号机无显示

4. 编号

(1)驼峰信号机的编号

在单推驼峰,驼峰信号机编号为T。在双推驼峰,分别编号为T_1、T_2。

(2)驼峰信号机的复示信号机的编号

驼峰信号机的复示信号机的编号以F开头,后跟它所在的驼峰信号机的编号。如FT_1。

(3)驼峰辅助信号机的编号

驼峰辅助信号机的编号为TF,下缀所在线路股道编号,如TF_3。

(4)驼峰辅助信号的复示信号机的编号

驼峰辅助信号的复示信号的编号以F开头,后跟它所在股道的驼峰辅助信号机的编号,如FTF_3。

5. 信号显示及含义

驼峰信号机及其辅助信号机、复示信号机显示下列信号:

(1)一个绿色灯光——准许机车车辆按规定速度向驼峰推进,如图3-54所示。

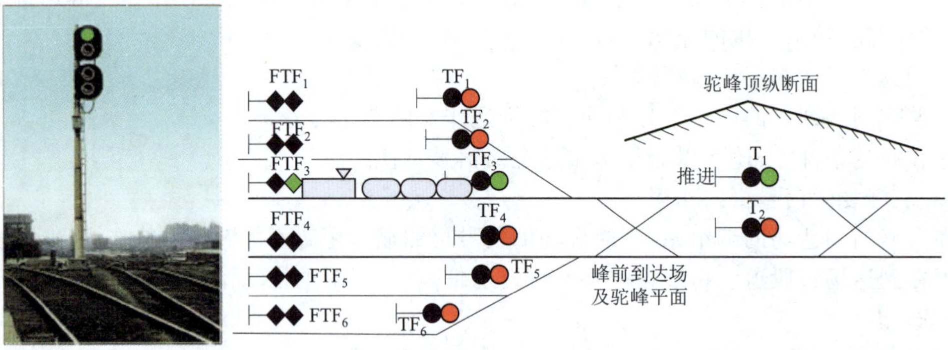

图3-54 驼峰、驼峰辅助、驼峰复示信号机均显示一个绿色灯光

（2）一个绿色闪光灯光——指示机车车辆加速向驼峰推进，如图 3-55 所示。

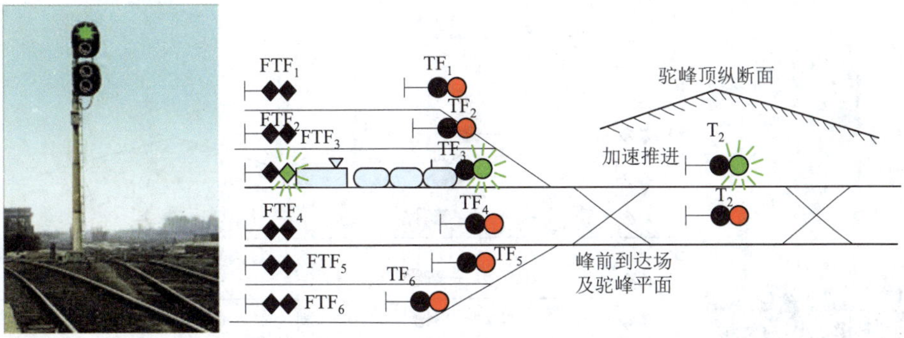

图 3-55　驼峰、驼峰辅助、驼峰复示信号机均显示一个绿色闪光灯

（3）一个黄色闪光灯光——指示机车车辆减速向驼峰推进，如图 3-56 所示。

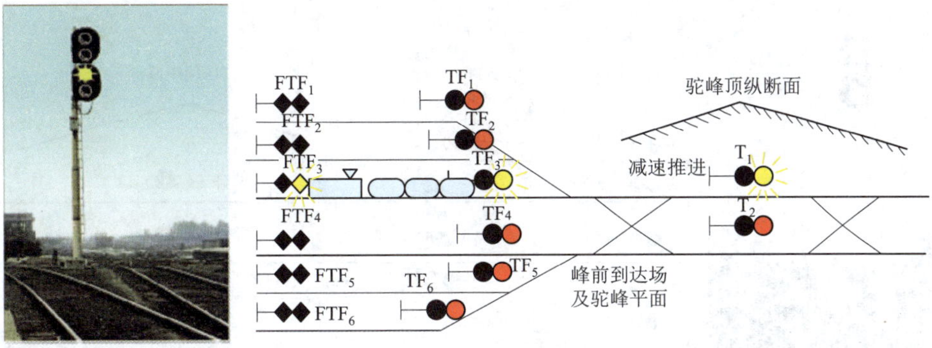

图 3-56　驼峰、驼峰辅助、驼峰复示信号机均显示一个黄色闪光灯

（4）一个红色灯光——不准机车车辆越过该信号机或指示机车车辆停止作业，如图 3-57 所示。

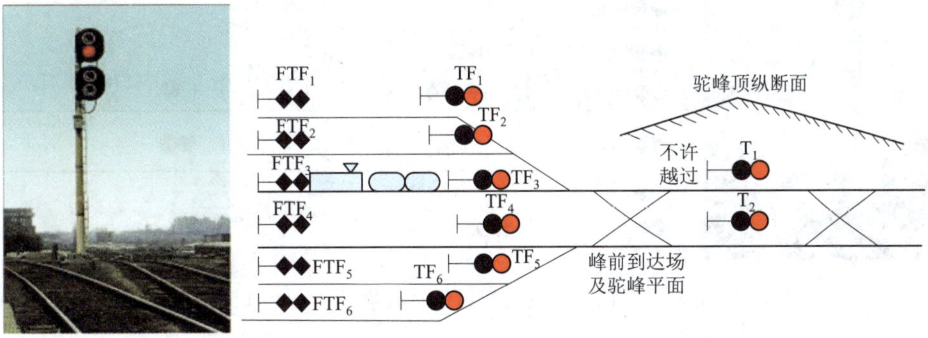

图 3-57　驼峰、驼峰辅助信号机均显示一个红色灯光

（5）一个红色闪光灯光——指示机车车辆自驼峰退回，如图 3-58 所示。

（6）一个月白色灯光——指示机车到峰下，如图 3-59 所示。

（7）一个月白色闪光灯光——指示机车车辆去禁溜线或迂回线，如图 3-60 所示。

驼峰信号机的复示信号机平时无显示。驼峰辅助信号机平时显示红色灯光，对进入峰前到达场的列车起停车信号作用。

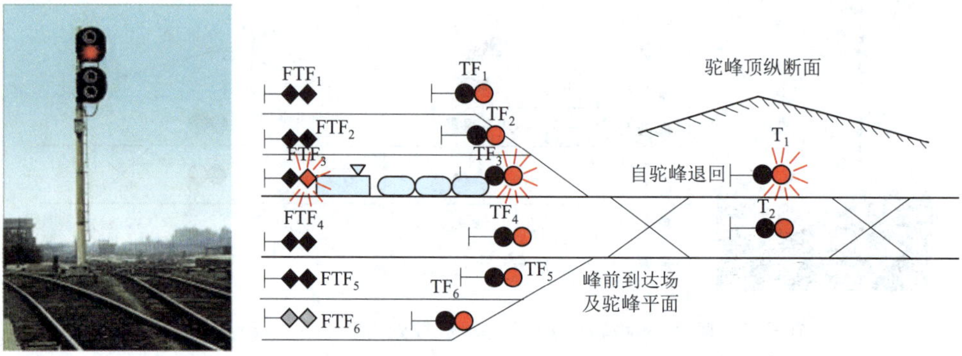

图 3-58　驼峰、驼峰辅助、驼峰复示信号机均显示一个红色闪光灯

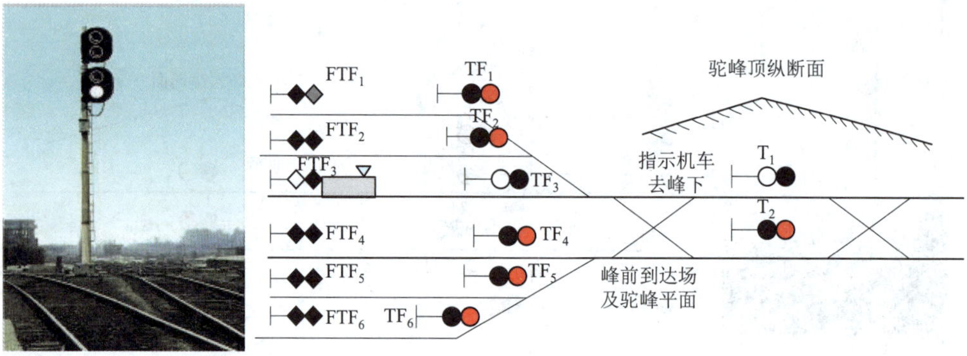

图 3-59　驼峰、驼峰辅助、驼峰复示信号机均显示一个月白色灯光

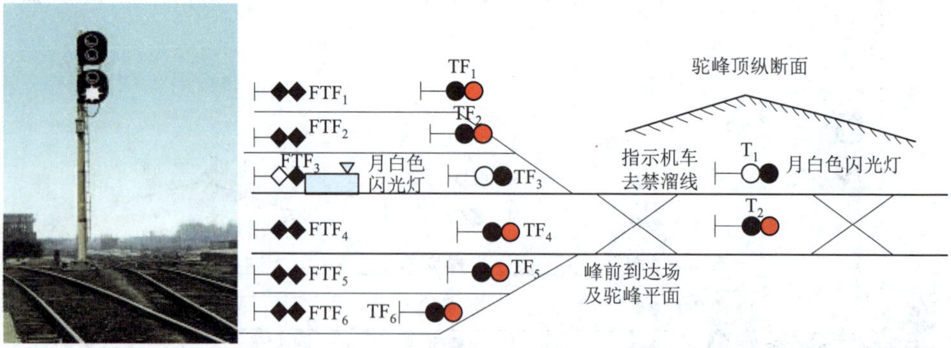

图 3-60　驼峰、驼峰辅助、驼峰复示信号机均显示一个月白色闪光灯

当办理了驼峰推送进路后，驼峰辅助信号机、驼峰复示信号机灯光显示均与驼峰信号机显示相同。

驼峰辅助信号机及其复示信号机显示一个黄色灯光——指示机车车辆向驼峰预先推送；当办理驼峰推送进路后，其灯光显示均与驼峰信号机显示相同。

十一、复示信号机

1. 复示信号机的作用

复示主体信号机的显示。

2. 复示信号机的设置

进站、出站、进路、调车信号机因受地形、地物影响达不到规定的显示距离时，应在主体信号机显示能达到的最远处设置复示信号机，以保证信号的连续显示。在极特殊的情况下，进站信号机及其复示信号机显示距离之和仍不足 200 m 时，可装设第二架复示信号机。

3. 复示信号机的外形及灯位

进站、出站、进路、驼峰及调车复示信号机均采用方形背板，以区别于一般信号机。

(1)进站复示信号机为灯列式结构，一个机构内有三个呈等边三角形的三个月白灯，一般采用高柱信号机。

(2)出站、进路复示信号机为单显示机构，绿灯。

(3)调车复示信号机为单显示机构，月白灯。

4. 复示信号机的编号

复示信号机的编号，第一个字母是 F，后缀以主体信号机的编号，如进站复示信号机 FX，出站复示信号机 FS_{II}，调车复示信号机 FD_{103}。

5. 复示信号机的显示及含义

(1)进站、接车进路、接发车进路信号机的复示信号机的显示及含义。

①两个月白色灯光与水平线构成 60°角显示——表示主体信号机显示经道岔直向位置向正线接车的信号，如图 3-61(a)所示。

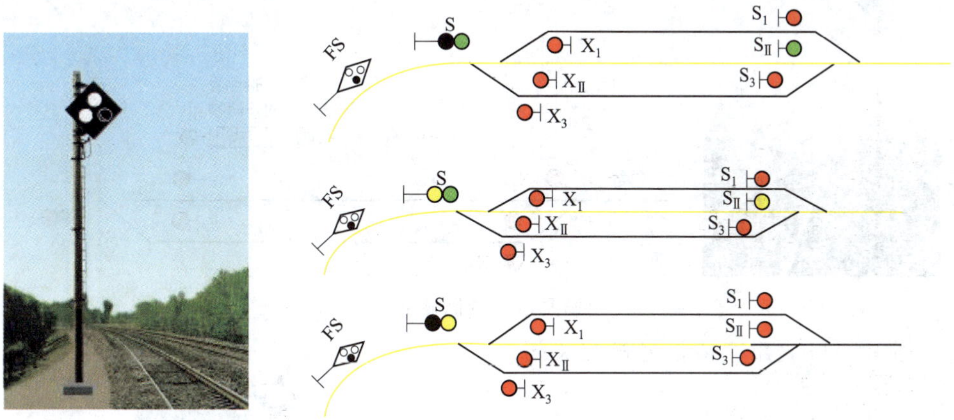

图 3-61(a)　进站复示信号机两个月白色灯光与水平线构成 60°角显示

②两个月白色灯光水平位置显示——表示主体信号机显示经道岔侧向位置接车的信号，如图 3-61(b)所示。

③无显示——表示主体信号机在关闭状态，如图 3-61(c)所示。

(2)出站及发车进路信号机的复示信号机的显示及含义。

①一个绿色灯光——表示主体信号机在开放状态，如图 3-62 所示。

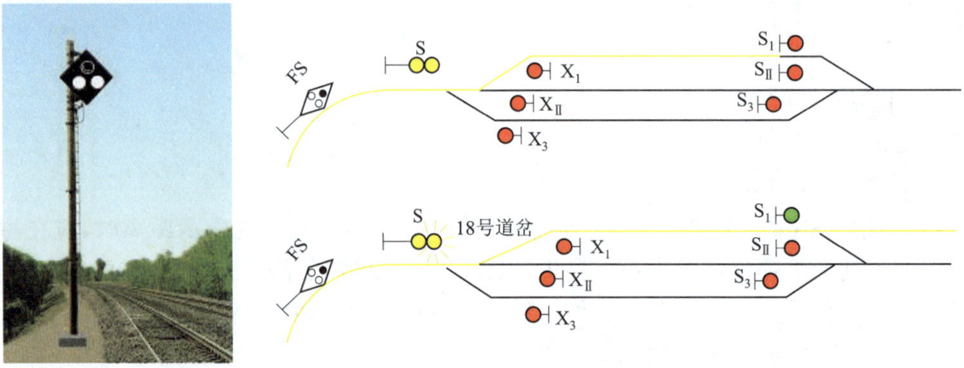

图 3-61(b)　进站复示信号机两个月白色灯光水平位置显示

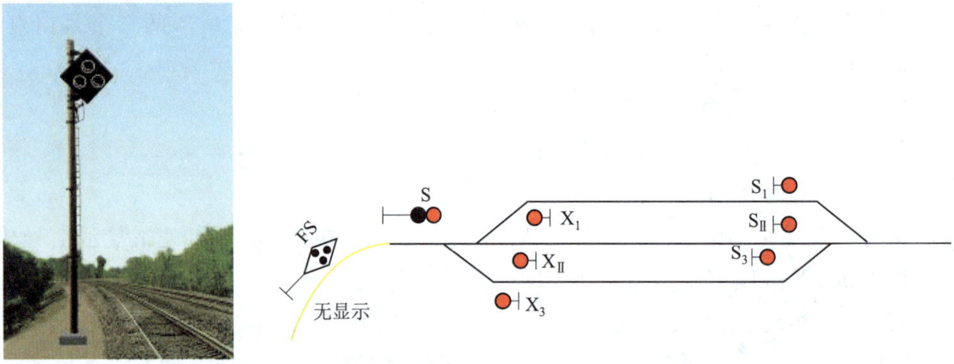

图 3-61(c)　进站复示信号机无显示

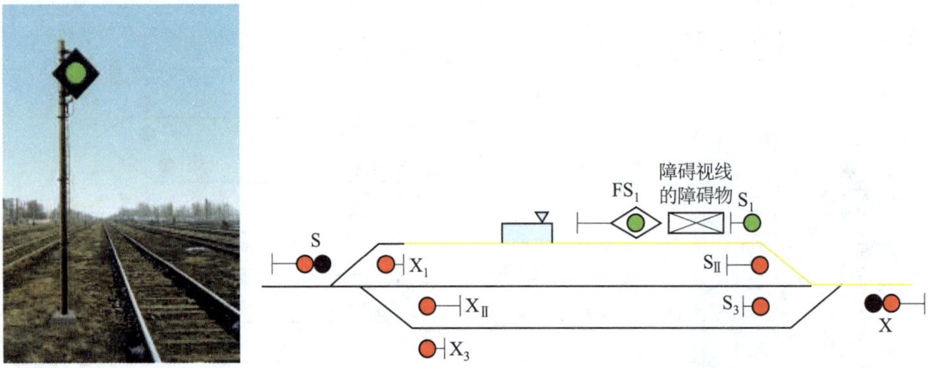

图 3-62　出站复示信号机显示一个绿色灯光

②无显示——表示主体信号机在关闭状态。

(3)调车复示信号机的显示及含义。

①一个月白色灯光——表示调车信号机在开放状态,如图 3-63 所示。

②无显示——表示调车信号机在关闭状态。

图 3-63　调车复示信号机显示一个月白色灯光

单元三　机车信号

学习目标

(1)掌握机车信号的作用、设置位置、外形及灯位;
(2)掌握机车信号的分类;
(3)掌握机车信号与 LKJ 结合使用的功能;
(4)掌握机车信号的显示方式及含义。

基础知识

由于风、雪、雨、雾等气候条件以及隧道、曲线等不良地形条件,司机往往不能在规定的距离内确认信号显示,有冒进信号的危险。尤其在运量大、列车速度高和载重量大的区段,要求制动距离长,发生冒进信号事故的可能性会更大。因此,需设置一种能避免受自然条件的影响,提高司机瞭望信号准确度的信号设备,即机车信号。

一、机车信号的作用及分类

机车信号设置在机车司机室内,其作用是复示列车运行前方地面信号的显示,使机车乘务员更清楚、更准确地掌握行车条件,提高列车运行速度以及改善机车乘务员的劳动条件。

机车信号机采用八显示机构,灯位自上而下依次是绿、半绿半黄、黄、黄 2、半黄半红、双半黄、红、月白。

机车信号分为连续式和接近连续式。

机车信号系统由车载设备和地面设备共同构成。车载设备主要由机车信号接收线圈、信号接收主机、信号显示器组成。地面设备主要是指向车载设备发送信号的轨道电路。

连续式机车信号是机车接收线圈通过地面轨道电路连续地获得机车信号信息。接近连续式机车信号是地面发送信号的轨道电路,只设在接近区段,当机车进入接近区段时才能获得机车信号信息。

自动闭塞区段的区间和车站均设有轨道电路,实现向车上连续发送信息,供连续式机车信号工作。

半自动闭塞区段,区间一般不设轨道电路,只能在车站的接近区段或站内接车进路设轨道电路。自动站间闭塞区段,目前采用的计轴自动站间闭塞还不具备机车信号。因此,半自动闭塞和自动站间闭塞区段,有可靠交流电源时应采用接近连续式机车信号。

车站正线、到发线应实现电码化或采用与区间同制式轨道电路。

二、机车信号设备与列车运行监控装置(LKJ)结合使用

列车运行监控装置(LKJ)具有监控、记录、显示及报警等功能。LKJ 软件、基础数据和控制模式设定的管理,按国铁集团有关规定执行。各机车、动车组运用区段车载数据文件的编制和控制模式的设定和调整,应由铁路局集团公司专业机构实施,由铁路局集团公司实行集中统一管理。

装备在机车上的 LKJ 设备应按高于线路允许速度 2 km/h 报警、3 km/h 卸载、5 km/h 常用制动、8 km/h 紧急制动设置模式曲线。LKJ 产生的列车运行记录数据是行车安全分析的重要依据，任何单位和人员不得更改。电务维修机构应妥善保存 LKJ 列车运行记录数据。

随着机车信号可靠性的提高，机车信号已开始从辅助信号转为主体信号。高速铁路上，列车速度超过 200 km/h，司机确认地面信号存在障碍，只能凭机车信号行车。

三、机车信号的显示及含义

1. 三显示自动闭塞区段的连续式机车信号机

(1)一个绿色灯光——准许列车按规定速度运行，表示列车接近的地面信号机显示绿色灯光，如图 3-64 所示。

(2)一个半绿半黄色灯光——准许列车按规定速度注意运行，表示列车接近的地面信号机显示一个绿色灯光和一个黄色灯光，如图 3-65 所示。

图 3-64　一个绿色灯光

图 3-65　一个半绿半黄色灯光

(3)一个带“2”字的黄色闪光——要求列车注意运行，表示列车接近的地面信号机显示一个黄色灯光，并预告次一架地面信号机开放经 18 号及以上道岔侧向位置的进路，且列车运行前方第三架信号机开通直向进路或开放经 18 号及以上道岔侧向位置的进路，如图 3-66 所示。

(4)一个带“2”字的黄色灯光——要求列车注意运行，表示列车接近的地面信号机显示一个黄色灯光，并预告次一架地面信号机开放经道岔侧向位置的进路[但不满足上述第(3)项条件]，如图 3-67 所示。

图 3-66　一个带“2”字的黄色闪光

图 3-67　一个带“2”字的黄色灯光

(5)一个黄色灯光——要求列车注意运行，表示列车接近的地面信号机显示一个黄色灯光，并预告次一架地面信号机处于关闭状态，如图 3-68 所示。

(6)一个双半黄色闪光——要求列车限速运行，表示列车接近的地面信号机开放经 18 号及以上道岔侧向位置的进路，且次一架信号机开通直向进路或开放经 18 号及以上道岔侧向位置的进路；或表示列车接近设有分歧道岔线路所的地面信号机开放经 18 号及以上道岔侧向位置的进路、显示一个黄色闪光和一个黄色灯光，如图 3-69 所示。

图 3-68　一个黄色灯光

图 3-69　一个双半黄闪光

(7)一个双半黄色灯光——要求列车限速运行，表示列车接近的地面信号机开放经道岔侧向位置的进路[但不满足上述第(6)项条件]、显示两个黄色灯光或其他相应显示，如图 3-70 所示。

(8)一个半黄半红色灯光——要求及时采取停车措施，表示列车接近的地面信号机显示红色灯光，如图 3-71 所示。

图 3-70　一个双半黄色灯光

图 3-71　一个半黄半红色灯光

(9)一个半黄半红色闪光——表示列车接近的进站、接车进路或接发车进路信号机显示引导信号或通过信号机显示容许信号，如图 3-72 所示。

图 3-72　一个半黄半红色闪光

(10)一个红色灯光——表示列车已越过地面上显示红色灯光的信号机，如图 3-73 所示。

(11)一个白色灯光——不复示地面上的信号显示，机车乘务人员应按地面信号机的显示运行，如图 3-74 所示。

图 3-73　一个红色灯光

图 3-74　一个白色灯光

(12)无显示时，表示机车信号机在停止工作状态。

2.四显示自动闭塞区段的连续式机车信号机

(1)一个绿色灯光——准许列车按规定速度运行，表示列车接近的地面信号机显示绿色灯光，如图 3-75 所示。

(2)一个半绿半黄色灯光——准许列车按规定速度注意运行，表示列车接近的地面信号机显示一个绿色灯光和一个黄色灯光，如图 3-76 所示。

图 3-75　一个绿色灯光

图 3-76　一个半绿半黄色灯光

(3)一个带“2”字的黄色闪光——要求列车减速到规定的速度等级越过接近的显示一个黄色灯光的地面信号机，并预告次一架地面信号机开放经 18 号及以上道岔侧向位置的进路，且列车运行前方第三架信号机开通直向进路或开放经 18 号及以上道岔侧向位置的进路，如图 3-77 所示。

(4)一个带“2”字的黄色灯光——要求列车减速到规定的速度等级越过接近的显示一个黄色灯光的地面信号机，并预告次一架地面信号机开放经道岔侧向位置的进路[但不满足上述第(3)项条件]，如图 3-78 所示。

图 3-77　一个带“2”字的黄色闪光

图 3-78　一个带“2”字的黄色灯光

(5)一个黄色灯光——要求列车减速到规定的速度等级越过接近的显示一个黄色灯光的地面信号机,并预告次一架地面信号机处于关闭状态,如图 3-79 所示。

(6)一个双半黄色闪光——要求列车限速运行,表示列车接近的地面信号机开放经 18 号及以上道岔侧向位置的进路,且次一架信号机开通直向进路或开放经 18 号及以上道岔侧向位置的进路;或表示列车接近设有分歧道岔线路所的地面信号机开放经 18 号及以上道岔侧向位置的进路、显示一个黄色闪光和一个黄色灯光,如图 3-80 所示。

图 3-79　一个黄色闪光

图 3-80　一个双半黄色闪光

(7)一个双半黄色灯光——要求列车限速运行,表示列车接近的地面信号机开放经道岔侧向位置的进路[但不满足上述第(6)项条件]、显示两个黄色灯光或其他相应显示,如图 3-81 所示。

(8)一个半黄半红色灯光——要求及时采取停车措施,表示列车接近的地面信号机显示红色灯光,如图 3-82 所示。

图 3-81　一个双半黄色灯光

图 3-82　一个半黄半红色灯光

(9)一个半黄半红色闪光——表示列车接近的进站、接车进路或接发车进路信号机显示引导信号或通过信号机显示容许信号,如图 3-83 所示。

图 3-83　一个半黄半红色闪光

(10)一个红色灯光——表示列车已越过地面上显示红色灯光的信号机,如图 3-84 所示。

(11)一个白色灯光——不复示地面上的信号显示,机车乘务人员应按地面信号机的显示运行,如图 3-85 所示。

图 3-84　一个红色灯光

图 3-85　一个白色灯光

3. 接近连续式机车信号机

接近连续式机车信号机的显示方式与连续式机车信号机相同。

4. LKJ 屏幕显示器的机车信号

LKT 屏幕显示器的机车信号显示应与机车信号机的显示含义相同。

单元四　移动信号

学习目标

(1)掌握移动停车信号的作用、设置位置及显示方式;

(2)掌握移动减速信号的作用、设置位置及显示方式;

(3)掌握减速防护地段终端信号的作用、设置位置及显示方式;

(4)掌握带有脱轨器的检修车辆防护信号的作用、设置位置及显示方式;

(5)掌握响墩信号的作用、含义、设置、使用方法及列车压响墩停车后的处理方法;

(6)掌握火炬信号的作用、含义、设置、使用方法及列车遇火炬信号停车后的处理方法;

(7)掌握无线调车灯显信号的作用、设置、灯位、显示方式及含义。

基础知识

移动信号是指临时设置的可以移动的信号。移动信号用于线路故障、站内或区间施工时临时性禁止列车驶入或要求慢行的地段,以及对事故地段的防护。

移动信号有两类,一类是用于线路故障或施工及站内进行列车检查或车辆修理时,临时性禁止列车驶入或要求慢行的地段而设置的信号,包括停车信号、减速信号、减速防护地段终端信号;另一类是用于防护线路(包括桥梁、隧道)遇到灾害、发生故障或列车在区间发生事故、被迫停车等情况时,为防止与前方或后方开来的列车发生冲突或脱轨事故而临时设置的紧急停车信号,包括响墩信号及火炬信号。

一、移动停车信号

1. 移动停车信号的作用

用于线路故障或区间施工时,临时性禁止列车驶入的防护地段。

2. 移动停车信号的设置

设置在故障或线路施工地点前后，距防护地段至少 20 m 处。

3. 移动停车信号的显示

昼间——表面有反光材料的红色方牌；夜间——柱上红色灯光（图 3-86）。

图 3-86　移动停车信号

二、移动减速信号

1. 移动减速信号的作用

用于线路故障排除后或施工中以及施工前、后，线路状态低于正常运行速度，要求列车临时性慢行地段。

2. 移动减速信号的设置

设置在故障或线路施工地点前后列车运行方向左侧，距减速地段不少于 800 m 处。

3. 移动减速信号的显示

(1)表面有反光材料的黄底黑字圆牌，标明列车限制速度，如图 3-87 所示。

(2)施工及其限速区段，在减速信号牌外方增设的特殊减速信号牌为表面有反光材料的黄底黑“T”字圆牌，如图 3-88 所示。

图 3-87　减速信号牌

图 3-88　特殊减速信号牌

三、减速防护地段终端信号

1. 减速防护地段终端信号的作用

告知司机列车尾部已越过减速地段，指示列车恢复正常运行速度。

2. 减速防护地段终端信号设置

距减速地段不少于 800 m 处，与减速信号在同一圆牌上，一面为黄色，另一面为绿色，夜间分别显示黄、绿色灯光，以适应对不同方向列车的要求。该信号的设置位置，双线区段为减速地点标的同侧；单线区段为列车前进方向的右侧。

3. 减速防护地段终端信号的显示

表面有反光材料的绿色圆牌（图 3-89）。在单线区段，司机应看线路右侧减速信号牌背面的绿色圆牌。

在有 1 万 t 或 2 万 t（含 1.5 万 t）货物列车运行的线路增设的 1 万 t、2 万 t（含 1.5 万 t）减速防护地段终端信号牌为表面有反光材料的绿底黑“W”字（1 万 t）或黑“L”字（1.5 万 t 和 2 万 t）圆牌，如图 3-90 所示。

图 3-89　减速防护地段终端信号牌

图 3-90　1 万 t、2 万 t（含 1.5 万 t）货运列车减速防护地段终端信号牌

四、带有脱轨器的检修车辆防护信号

1. 检修车辆防护信号的作用

保证在站内线路上检查、修理、整备车辆或进行装卸作业的检修人员的人身安全。

2. 检修车辆防护信号的设置

在两端来车方向的左侧钢轨设置带有脱轨器的固定或移动信号牌（灯）进行防护，前后两端的防护距离均应不少于 20 m；不足 20 m 时，应将道岔锁闭在不能通往该线的位置。

3. 检修车辆防护信号的显示

昼间——红色方牌；夜间——柱上红色灯光（图 3-91）。

旅客列车在到发线上进行车辆技术作业时，用红色信号旗（灯）进行防护，可不设脱轨器。红色信号旗（灯）的设置：

（1）机车摘挂相关作业时，在机次一位客车非站台侧设置。

（2）技术检查作业时，在机次一位客车前端非站台侧和尾部客车后端站台侧设置。车辆乘务员单班单人值乘列车，在无客列检车站进行站折技术检查作业时，仅在来车端一位客车前端站台侧设置。

图 3-91　带有脱轨器的检修车辆防护信号

(3)处理车辆故障时，在故障车辆站台侧设置。

五、响墩信号

1. 响墩信号的作用

线路(包括桥梁、隧道)因遇到灾害、发生故障或列车在区间内发生事故以及其他原因被迫停车时，为防止与前方或后方开来的列车发生列车冲突或列车脱轨等事故而设置的临时紧急停车信号。

2. 响墩信号的含义

响墩是一种紧急铁路信号装置，通过列车碾爆产生巨响。要求司机听到响墩的爆炸声后，立即采取紧急停车措施，使列车停车。

3. 响墩信号的设置

使用响墩信号时，每 3 个为一组，在距防护对象(指停车列车、妨碍行车地点、故障地点、线路施工地点等)的规定距离处，来车方向左侧钢轨放置一个，然后向远离防护对象方向间隔 20 m处钢轨右侧放置一个，再向远离防护对象方向间隔 20 m 处钢轨左侧放置一个，响墩放置完后，派防护人员在距防护对象最近的响墩内方 20 m 处手持红色信号旗进行防护，如图 3-92 所示。

图 3-92　响墩信号

应尽量避免将响墩放置在道岔、钢轨接头处、隧道内。

4. 响墩的使用方法

响墩为内装炸药的薄铁扁圆盒，使用时置于钢轨顶面。用其外壳上的铁片紧扣在钢轨头部下颏,防止脱落。携带时装在特制原盒或布袋中,避免相互撞击发生爆炸。规定响墩每年做一次检定实验,不合格时及时更换。

5. 停车后的处理

听到响墩的爆炸声,采取紧急停车措施停车后,机车乘务员应根据防护人员的介绍做进一步的处理。如无防护人员,机车乘务员应立即检查前方线路,如无异状,列车以在瞭望距离内能随时停车的速度继续运行,但最高不得超过 20 km/h。在自动闭塞区间,运行至前方第一架通过信号机前,如无异状,即可按该信号机显示的要求执行;在半自动闭塞或自动站间闭塞区间,经过 1 km 后,如无异状,可恢复正常速度运行。

六、火炬信号

1. 火炬信号的作用

火炬信号的作用同响墩信号。

2. 火炬信号的含义

要求司机看到前方本线路上有火炬的火光后,立即采取紧急停车措施,使列车停车。

3. 火炬信号的设置

将火炬点燃,置于路心,如图 3-93 所示。

图 3-93　火炬信号

4. 火炬的点燃方法

(1)剥去塑料帽,露出发火药头。

(2)剥去塑料帽上的塑料盖,露出擦火帽。

(3)用擦火帽燃发火药头,待出现红光后与地面成 90°角放置。

(4)火炬必须安装牢固,擦燃火炬时,不准对向面部。

5. 停车后的处理

停车后的处理参照轨上响墩停车后的处理方法。

七、无线调车灯显信号

1. 无线调车灯显信号的作用

无线调车灯显信号是利用无线通信技术传递传统的调车手信号的灯光显示信号。调车作业情况复杂多变,司机瞭望调车手信号不便。无线调车灯显信号通过色灯灯光和语音,准确地将调车员的调车意图传递给司机,提高了调车作业的可靠性,改善了司机和调车员的劳动强度。

2. 无线调车灯显信号的设置

无线调车灯显信号为手提移动式，在调车作业时，放置于机车司机驾驶室。

3. 无线调车灯显信号的灯位

无线调车灯显信号的灯位如图 3-94 所示。

图 3-94　无线调车灯显信号

4. 无线调车灯显信号的显示及含义

(1)一个红灯——停车信号。

(2)一个绿灯——推进信号。

(3)绿灯闪数次后熄灭——起动信号。

(4)绿、红灯交替后绿灯长亮——连结信号。

(5)绿、黄灯交替后绿灯长亮——溜放信号。

(6)黄灯闪后绿灯长亮——减速信号。

(7)黄灯长亮——十、五、三车距离信号。

①十车距离信号(加辅助语音提示)。

②五车距离信号(加辅助语音提示)。

③三车距离信号(加辅助语音提示)。

(8)两个红灯——紧急停车信号。

(9)先两个红灯后熄灭一个红灯——解锁信号。

单元五　手信号

学习目标

(1)掌握手信号的作用和分类；

(2)掌握使用手信号的注意事项；

(3)掌握各种指示列车运行的手信号的显示方式和使用时机；

(4)掌握各种指示调车作业的手信号的显示方式和含义。

基础知识

手信号是铁路运输工作中广泛采用的一种视觉信号，是指用手拿信号旗、手信号灯或直接用手臂显示的信号。

一、手信号的作用

根据行车工作的要求，手信号可以机动地指挥列车运行和调车作业，也可作为联系和传达行车有关事项的旗(灯)语。

二、手信号的分类

手信号按用途可分为：

(1)指示列车运行条件的手信号。

(2)指示调车作用的手信号。

(3)联系用的手信号。

(4)指示列车制动机试验的手信号。

(5)指示临时升降弓的手信号。

三、使用手信号的注意事项

手信号是一种特定的旗(灯)语,为避免显示不规范带来的行车事故,在显示手信号时应做到:

(1)在显示手信号时,必须严肃、认真,应做到横平、竖直、灯正、圈圆。

(2)显示手信号时,左手持红旗(扳道员右手持黄旗)。不显示时应将信号旗拢起。但遇有必须一只手攀扶机车车辆把手时可一手持旗。

(3)司机看到手信号并辨认清楚后,应以相应的鸣笛给以回示。

(4)手信号显示的停车、减速、通过、引导信号与固定信号机显示的相应信号,具有同等作用,行车有关人员必须认真按其显示执行。

四、手信号的显示及使用时机

(一)指示列车运行条件的手信号

1. 停车手信号:要求列车停车

(1)停车手信号的显示方式

昼间——展开的红色信号旗;夜间——红色灯光(图 3-95)。

昼间无红色信号旗时,两臂高举头上向两侧急剧摇动;夜间无红色灯光时,用白色灯光上下急剧摇动(图 3-96)。

图 3-95　停车手信号

图 3-96　无红色旗(灯)时显示的停车手信号

(2)停车手信号的使用时机及执行要求

有关人员遇紧急情况必须使列车停车时应显示停车手信号,司机确认停车信号后须立即停车。显示停车信号时,列车应在其前方停车不得越过。

2. 减速手信号:要求列车降低到要求的速度

(1)减速手信号的显示方式

昼间——展开的黄色信号旗;夜间——黄色灯光(图 3-97)。

昼间无黄色信号旗时,用绿色信号旗下压数次;夜间无黄色灯光时,用白色或绿色灯光下压数次(图 3-98)。

图 3-97　减速手信号

图 3-98　无黄色信号旗(灯)时显示的减速手信号

(2)减速手信号的使用时机及执行要求

要求列车临时限速时须显示减速手信号,司机确认减速手信号后须操纵列车降至要求的速度。

3. 发车手信号:要求司机发车

(1)发车手信号的显示方式

昼间——展开的绿色信号旗上弧线向列车方面作圆形转动;夜间——绿色灯光上弧线向列车方面作圆形转动(图 3-99)。

在设有发车表示器的车站,按发车表示器显示发车。

(2)发车手信号的使用时机及执行要求

站内到发线上停留的列车具备发车的充分条件后(出站信号机开放、旅客列车乘客乘降完毕、货物列车整备好了等),车站发车人员应向列车显示发车手信号,指示列车发车。

显示发车手信号时应做上弧线向着本方面列车的圆形转动,以防止邻线列车司机误认。并须待司机确认并鸣笛后方可收回。

4. 通过手信号:准许列车由车站(场)通过

(1)通过手信号的显示方式

昼间——展开的绿色信号旗;夜间——绿色灯光(图 3-100)。

图 3-99　发车手信号

图 3-100　通过手信号

(2)通过手信号的使用时机

通过手信号指示列车在车站(场)不停车通过。

5.引导手信号:准许列车进入车场或车站

(1)引导手信号的显示方式

昼间——展开的黄色信号旗高举头上左右摇动;夜间——黄色灯光高举头上左右摇动(图 3-101)。

图 3-101 引导手信号

(2)引导手信号的使用时机及执行要求

引导手信号是在进站信号机(接车进路信号机、接发车进路信号机)故障情况下,用来引导列车进站(进入接车进路)。引导手信号须待列车头部越过显示地点后方可收回。

6.特定引导手信号:准许列车以不超过 60 km/h 的速度进站或通过接车进路

(1)特定引导手信号的显示方式

昼间——展开绿色信号旗高举头上左右摇动;夜间——绿色灯光高举头上左右摇动(图 3-102)。

(2)特定引导手信号的使用时机及执行要求

特定引导手信号是在车站采用"施工特定行车"办法时引导接车并正线通过时引导接车的信号。与引导手信号的区别是在使用绿色手信号旗(信号灯)显示,车站可不向司机递交行车凭证,列车通过车站的速度提高。显示通过、引导、特定引导手信号时,列车头部越过显示地点后即可收回。

图 3-102 特定引导手信号

(二)指示调车作业用的手信号

调车手信号仅在调车工作中指挥调车作业时使用。调车指挥人通过调车手信号的不同显示，指挥调车机车的运行方向、起动、停车及加速、减速等。为保证调车作业的安全，调车指挥人应正确及时地显示信号，司机也应该正确及时地执行手信号的要求。做到密切配合、协同动作。

1. 停车信号

昼间——展开的红色信号旗；夜间——红色灯光(显示方式参照图 3-95 所示)。

2. 减速信号

昼间——展开的绿色信号旗下压数次；夜间——绿色灯光下压数次(显示方式参照图 3-98 所示)。

3. 指挥机车向显示人方向来的信号

昼间——展开的绿色信号旗在下部左右摇动；夜间——绿色灯光在下部左右摇动(图 3-103)。

4. 指挥机车向显示人方向稍行移动的信号

昼间——拢起的红色信号旗直立平举，再用展开的绿色信号旗左右小动；夜间——绿色灯光下压数次后，再左右小动(图 3-104)。

图 3-103　指挥机车向显示人方向来的信号

图3-104　指挥机车向显示人方向稍行移动的信号

5. 指挥机车向显示人反方向去的信号

昼间——展开的绿色信号旗上下摇动；夜间——绿色灯光上下摇动(图 3-105)。

6. 指挥机车向显示人反方向稍行移动的信号

昼间——拢起的红色信号旗直立平举，再用展开的绿色信号旗上下小动；夜间——绿色灯光上下小动(图 3-106)。

图 3-105　指挥机车向显示人反方向去的信号

图3-106　指挥机车向显示人反方向稍行移动的信号

对显示调车作业用手信号中第2、3、4、5、6款中转信号时，昼间可用单臂，夜间可用白色灯光依式中转。

(三)联系用手信号

为了解决办理列车运行和调车作业中行车有关人员不能口头或用通信设备彼此联系的事项，规定了联系用的手信号。联系用的手信号种类多、使用面广，作为一种传递调车意图信息的手段，在铁路行车作业中发挥着重要作用。

1. 道岔开通信号：表示进路道岔准备妥当

昼间——拢起的黄色信号旗高举头上左右摇动；夜间——白色灯光高举头上(图3-107)。

图3-107　道岔开通信号

机车出入段进路道岔准备妥当后，显示如下道岔开通信号：

昼间——展开的黄色信号旗高举头上左右摇动；夜间——黄色灯光高举头上左右摇动(图3-108)。

图3-108　道岔开通信号(出入段)

2. 股道号码信号：要道或回示股道开通号码

一道：昼间——两臂左右平伸；夜间——白色灯光左右摇动(图3-109)。

二道：昼间——右臂向上直伸，左臂下垂；夜间——白色灯光左右摇动后，从左下方向右上方高举(图3-110)。

三道：昼间——两臂向上直伸；夜间——白色灯光上下摇动(图3-111)。

四道：昼间——右臂向右上方，左臂向左下方各斜伸45°角；夜间——白色灯光高举头上左右小动(图3-112)。

图 3-109　股道号码信号(一道)

图 3-110　股道号码信号(二道)

图 3-111　股道号码信号(三道)

图 3-112　股道号码信号(四道)

五道:昼间——两臂交叉于头上;夜间——白色灯光作圆形转动(图 3-113)。

六道:昼间——左臂向左下方,右臂向右下方各斜伸 45°角;夜间——白色灯光作圆形转动后,再左右摇动(图 3-114)。

图 3-113　股道号码信号(五道)

图 3-114　股道号码信号(六道)

七道:昼间——右臂向上直伸,左臂向左平伸;夜间——白色灯光作圆形转动后,左右摇动,然后再从左下方向右上方高举(图 3-115)。

八道:昼间——右臂向右平伸,左臂下垂;夜间——白色灯光作圆形转动后,再上下摇动(图 3-116)。

图 3-115　股道号码信号(七道)

图 3-116　股道号码信号(八道)

九道:昼间——右臂向右平伸,左臂向右下斜 45°角;夜间——白色灯光作圆形转动后,再高举头上左右小动(图 3-117)。

十道:昼间——左臂向左上方,右臂向右上方各斜伸 45°角;夜间——白色灯光左右摇动后,再上下摇动作成十字形(图 3-118)。

图 3-117　股道号码信号(九道)

图 3-118　股道号码信号(十道)

十一至十九道,须先显示十道股道号码,再显示所要股道号码的个位数信号。

二十道及其以上的股道号码,各站根据需要自行规定,并纳入《站细》。

3. 连结信号:表示连挂作业

昼间——两臂高举头上,使拢起的手信号旗杆成水平末端相接;夜间——红、绿色灯光(无绿色灯光的人员,用白色灯光)交互显示数次(图 3-119)。

图 3-119　连结信号

4. 溜放信号:表示溜放作业

昼间——拢起的手信号旗两臂高举头上交叉后,急向左右摇动数次;夜间——红色灯光作圆形转动(图 3-120)。

5. 停留车位置信号:表示车辆停留地点

夜间——白色灯光左右小摇动(图 3-121)。

6. 十、五、三车距离信号:表示推进车辆的前端距被连挂车辆的距离

昼间——展开的绿色信号旗单臂平伸,夜间——绿色灯光,在距离停留车十车(约 110 m)

时连续下压三次，五车(约 55 m)时连续下压两次，三车(约 33 m)时下压一次(图 3-122)。

图 3-120　溜放信号

图 3-121　停留车位置信号

7.取消信号：通知将前发信号取消

昼间——拢起的手信号旗，两臂于前下方交叉后，急向左右摇动数次；夜间——红色灯光作圆形转动后，上下摇动(图 3-123)。

图 3-122　十、五、三车距离信号

图 3-123　取消信号

8.要求再度显示信号：前发信号不明，要求重新显示

昼间——拢起的手信号旗右臂向右方上下摇动；夜间——红色灯光上下摇动(图 3-124)。

9.告知显示错误的信号：告知对方信号显示错误

昼间——拢起的手信号旗两臂左右平伸同时上下摇动数次；夜间——红色灯光左右摇动(图 3-125)。

图 3-124　要求再度显示信号

图 3-125　告知显示错误的信号

(四)试验列车自动制动机的手信号

为了保证列车自动制动机作用良好,于列车到达后或始发前,必须按规定的制动机试验项目和要求进行列车制动机性能试验。因列检人员不配备手信号旗和绿色手信号灯,所以规定昼间使用检查锤、夜间使用白色灯光,作为制动试验的指挥用具。车站值班员(助理值班员)、调车人员在按规定进行列车(调车)自动制动机性能试验时,昼间可用拢起的信号旗显示。

司机应注意瞭望试验信号,并按规定鸣笛回答。

如列车制动主管未达到规定压力,试验人员要求司机继续充风时,按照缓解的信号同样显示。

1. 制动

昼间——用检查锤高举头上;夜间——白色灯光高举(图 3-126)。

图 3-126　制动信号

2. 缓解

昼间——用检查锤在下部左右摇动;夜间——白色灯光在下部左右摇动(图 3-127)。

3. 试验结束

昼间——用检查锤作圆形转动;夜间——白色灯光作圆形转动(图 3-128)。

图 3-127　缓解信号

图 3-128　试验结束信号

(五)要求机车临时升降弓时用的手信号

1. 降弓手信号

昼间——左臂垂直高举,右臂前伸并左右水平重复摇动;夜间——白色灯光上下左右重复摇动(图 3-129)。

降弓手信号是临时发现接触网故障,电力机车(或动车组)不能正常通过时,为防止受电弓脱网,发现故障的铁路工作人员显示的信号。显示降弓信号人员与故障地点的距离(此距离应由机务部门提供)应能保证机车(或动车组)及时在故障点前降下受电弓。

2. 升弓手信号

昼间——左臂垂直高举,右臂前伸并上下重复摇动;夜间——白色灯光作圆形转动(图 3-130)。

图 3-129　降弓手信号

图 3-130　升弓手信号

升弓手信号是在列车通过接触网故障地点到达正常供电地点后，有关人员应显示的信号，使列车恢复正常运行。

单元六　信号表示器及信号标志

学习目标

(1)掌握信号表示器的分类、各种信号表示器的用途、设置位置、显示方式和含义；

(2)掌握线路标志的种类、各种线路标志的用途、设置位置；

(3)掌握信号标志的种类、各种信号标志的用途、设置位置；

(4)掌握列车标志的概念、作用及列车在不同运行状况下的列车标志的显示方式。

基础知识

一、信号表示器

信号表示器是对行车人员传达行车或调车意图的，或对信号进行某些补充说明所用的器具，没有防护意义。

信号表示器包括道岔表示器、脱轨表示器、进路表示器、发车线路表示器、发车表示器、调车表示器和车挡表示器等。

(一)道岔表示器

1.道岔表示器的用途

道岔表示器是表示道岔位置(开通直向或侧向)，不论昼间或夜间均连续不断地显示，以便有关行车人员能随时确认进路。道岔表示器仅表示道岔的位置，不作为指示列车或调车机车运行条件的根据。

2.道岔表示器的装设位置

非集中操纵的接发车进路上的道岔应装设道岔表示器，集中操纵的道岔、调车场及峰下咽喉的道岔不装设道岔表示器，其他道岔根据需要装设道岔表示器。

集中联锁调车区进行连续溜放作业的分歧道岔设道岔表示器。

3. 道岔表示器的显示方式及含义

(1)昼间无显示;夜间为紫色灯光——表示道岔位置开通直向(图 3-131)。

图 3-131　道岔开通直向

(2)昼间为中央划有一条鱼尾形黑线的黄色鱼尾形牌;夜间为黄色灯光——表示道岔位置开通侧向(图 3-132)。

图 3-132　道岔开通侧向

(3)在调车区为集中联锁时,进行连续溜放作业的分歧道岔应有道岔表示器,平时无显示,当进行溜放作业时,其显示方式如下:

①紫色灯光——表示道岔开通直向[图 3-133(a)]。

②黄色灯光——表示道岔开通侧向[图 3-133(b)]。

(a)　(b)

图 3-133　道岔表示器(溜放作业)

(二)脱轨表示器

1. 脱轨表示器的用途

脱轨表示器表示线路开通或遮断的状态。当线路在遮断的状态时,脱轨表示器向列车或机车车辆显示禁止信号(停车信号),表示线路在遮断状态,禁止越过脱轨表示器。

2. 脱轨表示器的装设位置

脱轨表示器设于集中联锁以外的脱轨器、脱轨道岔及引向安全线或避难线的道岔上。

3. 脱轨表示器的显示方式及含义

(1)带白边的红色长方牌及红色灯光——表示线路在遮断状态(图 3-134)。

(2)带白边的绿色圆牌及月白色灯光——表示线路在开通状态(图 3-135)。

图 3-134 脱轨表示器(遮断状态)

图 3-135 脱轨表示器(开通状态)

(三)进路表示器

1. 进路表示器的用途

进路表示器在其主体信号机开放时点亮,用于区别进路开通方向或双线区段反方向发车,不能独立构成信号显示。

2. 进路表示器的装设位置

出站信号机有两个及以上的运行方向,而信号显示不能分别表示进路方向时,应在信号机上装设进路表示器。

发车进路兼出站信号机,根据需要可装设进路表示器区分进路方向。双线自动闭塞区段,有反方向运行条件时,出站信号机设进路表示器。

3. 进路表示器的显示方式及含义

(1)两个发车方向,当信号机在开放的条件下,分别按左、右两个白色灯光,区别进路开通方向,如图 3-136 所示。

(2)三个发车方向,其显示方式如下:

①信号机在开放状态及表示器左方显示一个白色灯光——表示进路开通,准许列车向左侧线路发车[图 3-137(a)]。

②信号机在开放状态及表示器中间显示一个白色灯光——表示进路开通,准许列车向中间线路发车[图 3-137(b)]。

③信号机在开放状态及表示器右方显示一个白色灯光——表示进路开通,准许列车向右侧线路发车[图 3-137(c)]。

图 3-136 进路表示器(两个方向)

(a)　　(b)　　(c)

图 3-137　进路表示器(三个方向)

(3)四个发车方向(由左至右 A、B、C、D 方向,如图 3-138 所示)显示方式如下:

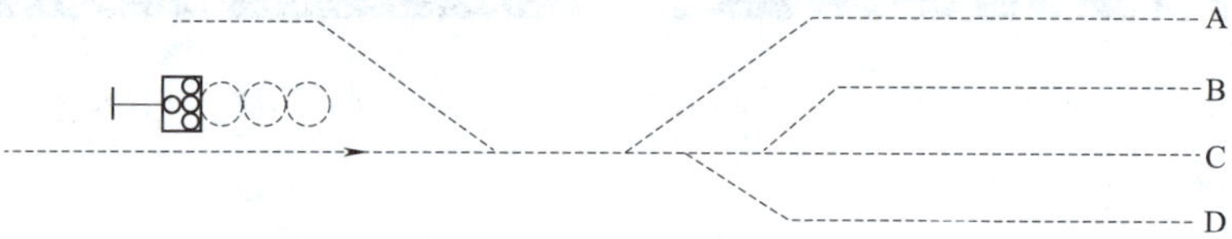

图 3-138　进路表示器(四个方向)显示方式示意

①信号机在开放状态及表示器左方横向显示两个白色灯光——表示进路开通,准许列车向左侧 A 方向线路发车[图 3-139(a)]。

②信号机在开放状态及表示器左方斜向显示两个白色灯光——表示进路开通,准许列车向左侧 B 方向线路发车[图 3-139(b)]。

③信号机在开放状态及表示器右方斜向显示两个白色灯光——表示进路开通,准许列车向右侧 C 方向线路发车[图 3-139(c)]。

④信号机在开放状态及表示器右方横向显示两个白色灯光——表示进路开通,准许列车向右侧 D 方向线路发车[如图 3-139(d)]。

(a)　　(b)　　(c)　　(d)

图 3-139　进路表示器(四个方向)

(4)五个发车方向(由左至右 A、B、C、D、E 方向)显示方式如下:

①同四个发车方向的第①项——表示进路开通，准许列车向左侧 A 方向线路发车［图 3-139(a)］。

②同四个发车方向的第②项——表示进路开通，准许列车向左侧 B 方向线路发车［图 3-139(b)］。

③信号机在开放状态及表示器中间竖向显示两个白色灯光——表示进路开通，准许列车向中间 C 方向线路发车［图 3-140］。

图 3-140　进路表示器
（五个发车方向中 c 方向）

④同四个发车方向的第③项——表示进路开通，准许列车向右侧 D 方向线路发车［图 3-139(c)］。

⑤同四个发车方向的第④项——表示进路开通，准许列车向右侧 E 方向线路发车［图 3-139(d)］。

(5)六个发车方向(由左至右 A、B、C、D、E、F 方向)显示方式如下：

①信号机在开放状态及表示器左方竖向显示两个白色灯光——表示进路开通，准许列车向左侧 A 方向线路发车［图 3-141(a)］。

②信号机在开放状态及表示器左方横向显示两个白色灯光——表示进路开通，准许列车向左侧 B 方向线路发车［图 3-141(b)］。

③信号机在开放状态及表示器左方斜向显示两个白色灯光——表示进路开通，准许列车向左侧 C 方向线路发车［图 3-141(c)］。

④信号机在开放状态及表示器右方斜向显示两个白色灯光——表示进路开通，准许列车向右侧 D 方向线路发车［图 3-141(d)］。

⑤信号机在开放状态及表示器右方横向显示两个白色灯光——表示进路开通，准许列车向右侧 E 方向线路发车［图 3-141(e)］。

⑥信号机在开放状态及表示器右方竖向显示两个白色灯光——表示进路开通，准许列车向右侧 F 方向线路发车［图 3-141(f)］。

(6)七个发车方向(由左至右 A、B、C、D、E、F、G 方向)显示方式如下：

①同六个发车方向的第①项——表示进路开通，准许列车向左侧 A 方向线路发车［图 3-141(a)］。

②同六个发车方向的第②项——表示进路开通，准许列车向左侧 B 方向线路发车［图 3-141(b)］。

③同六个发车方向的第③项——表示进路开通，准许列车向左侧 C 方向线路发车［图 3-141(c)］。

④信号机在开放状态及表示器中间竖向显示两个白色灯光——表示进路开通，准许列车向中间 D 方向线路发车［图 3-142］。

⑤同六个发车方向的第④项——表示进路开通，准许列车向右侧 E 方向线路发车［图 3-141(d)］。

⑥同六个发车方向的第⑤项——表示进路开通，准许列车向右侧 F 方向线路发车［图 3-141(e)］。

⑦同六个发车方向的第⑥项——表示进路开通，准许列车向右侧 G 方向线路发车［图 3-141(f)］。

(a)　(b)　(c)　(d)　(e)　(f)

图 3-141　进路表示器(六个方向)

(7)在双线区段仅用于区分反方向发车时,其显示方式如下:

①信号机在开放状态且表示器不点亮——准许列车正方向发车(图 3-143)。

②信号机在开放状态且表示器显示一个白色灯光——准许列车反方向发车(图 3-144)。

图 3-142　进路表示器(七个方向中 D 方向)

图 3-143　信号机在开放状态且表示器不点亮

图 3-144　信号机在开放状态且表示器显示一个白色灯光

(四)发车线路表示器

1.发车线路表示器的用途

发车场几条线路共用一架线群出站信号机时,当线群出站信号机开放后,发车线路表示器只准某一线路上的列车出发,防止邻线上的列车误认信号。

2. 发车线路表示器的装设位置

设有线群出站信号机时，在线群每一条发车线路的警冲标内方适当地点装设发车线路表示器。

3. 发车线路表示器的显示方式及含义

发车线路表示器在线群出站信号机开放后显示一个白色灯光——准许该线路上的列车发车(图 3-145)。

不许发车的线路，所属该线路的发车线路表示器不能点亮。

发车线路表示器可用于驼峰调车场，作为调车线路表示器，显示一个白色灯光——准许调车。

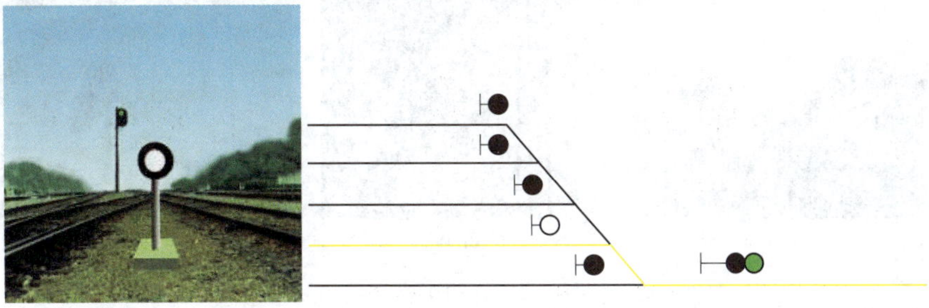

图 3-145　发车线路表示器

(五)发车表示器

1. 发车表示器的用途

发车信号辨认困难的车站，在便于司机瞭望的地点可装设发车表示器。

在出站信号机已经开放、车站值班员已通知发车的情况下，由发车人员开放发车表示器，指示列车出发。

2. 发车表示器的装设位置

因车站设在曲线上或站台设施影响及旅客乘降等因素，确认发车信号困难，而中转信号又延长站停时间的车站，在便于司机瞭望的地点装设发车表示器。

3. 发车表示器的显示方式及含义

发车表示器常态不显示；显示一个白色灯光——表示车站人员准许发车(图 3-146)。

图 3-146　发车表示器

(六)调车表示器

1. 调车表示器的用途

由调车表示器代替调车指挥人员的手信号。调车表示器向前、后两方均能单独显示，一方向着调车区，一方向着牵出线。只准许调车指挥人员使用，以保证调车作业安全。

2. 调车表示器的装设位置

在作业繁忙的调车场上，因受地形、地物影响，调车机车司机看不清调车指挥人的手信号时设调车表示器。

3. 调车表示器的显示方式及含义

(1)向调车区方向显示一个白色灯光——准许机车车辆自调车区向牵出线运行[图 3-147(a)]。

(2)向牵出线方向显示一个白色灯光——准许机车车辆自牵出线向调车区运行[图 3-147(b)]。

(3)向牵出线方向显示两个白色灯光——准许机车车辆自牵出线向调车区溜放[图 3-147(c)]。

(a)　　(b)　　(c)

图 3-147　调车表示器

(七)车挡表示器

1. 车挡表示器的用途

为了便于司机和调车指挥人员瞭望车挡位置,防止列车或机车车辆与车挡相撞造成脱轨事故。

2. 车挡表示器的装设位置

车挡表示器设在尽头线终端的车挡上(安全线及避难线可不设车挡表示器),用于表示线路的终端。

3. 车挡表示器的显示方式及含义

昼间一个红色方牌;夜间显示一个红色灯光(图 3-148)。

二、线路标志

1. 线路标志的用途

线路标志用来表示铁路线路里程及铁路建筑物的设备状态和位置,以及铁路各级管理机构管界范围等。

2. 线路标志的设置

(1)线路标志,按计算公里方向设在线路左侧。双线区段须另设线路标志时,应设在列车运行方向左侧。

(2)线路标志内侧应设在距线路中心不少于 3.1 m 处(警冲标除外)。

3. 线路标志的种类

线路标志包括:公里标、半公里标、曲线标、圆曲线和缓和曲线的始终点标、桥梁标、隧道(明洞)标、坡度标及铁路局集团公司、工务段、线路车间、线路工区和供电段的界标。

(1)公里标、半公里标,设在一条线路自起点计算每一整公里、半公里处,如图 3-149 所示。

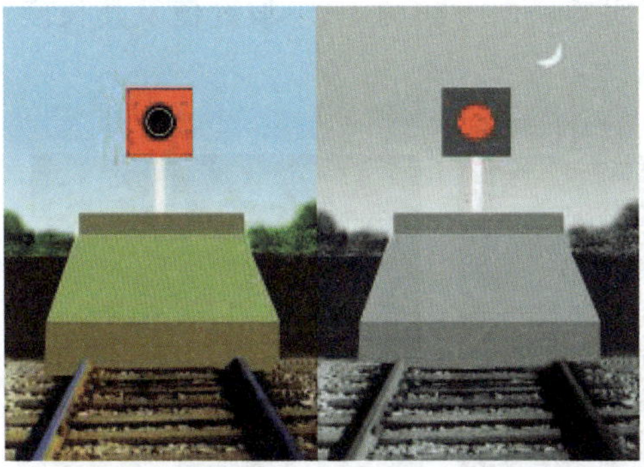

图 3-148　车挡表示器

图 3-149　公里标、半公里标

（2）曲线标，设在曲线中点处，标明曲线中心里程、半径大小、曲线和缓和曲线长度，如图 3-150 所示。

（3）圆曲线和缓和曲线的始终点标，设在直缓、缓圆、圆缓、缓直各点处，标明所向方向为直线、圆曲线或缓和曲线，如图 3-151 所示。

图 3-150　曲线标

图 3-151　圆曲线和缓和曲线始终点标

（4）桥梁标，设在桥梁两端桥头处，标明桥梁编号、中心里程和长度，如图 3-152 所示。

（5）隧道（明洞）标，直接标注在隧道（明洞）两端洞门端墙上，标明隧道号或名称，中心里程和长度，如图 3-153 所示。

图 3-152　桥梁标

图 3-153　隧道（明洞）标

(6)坡度标，设在线路坡度的变坡点处，两侧各标明其所向方向的上、下坡度值及其长度，如图 3-154 所示。

图 3-154　坡道标

(7)铁路局集团公司、工务段、线路车间、线路工区和供电段的界标，设在各该单位管辖地段的分界点处，两侧标明所向的单位名称，如图 3-155 所示。

图 3-155　管界标

三、信号标志

1. 信号标志的用途

信号标志表示所在地点的某种情况或状态，引起司机(包括有关行车人员)的注意和警觉，并采取必要的措施确保行车安全。

2. 信号标志的设置

信号标志设在列车运行方向左侧(警冲标除外)。双线区段的轨道电路调谐区标志设在线路外侧。

3. 信号标志的种类

信号标志包括：警冲标，站界标，预告标，引导员接车地点标，司机鸣笛标，电气化区段的电力机车禁停标，断电标、合电标，接触网终点标，准备降下受电弓标、降下受电弓标、升起受电弓标，作业标，减速地点标，补机终止推进标、机车停车位置标，四显示机车信号接通标，四显示机车信号断开标，轨道电路调谐区标志，级间转换标，通信模式转换标，以及除雪机用的临时信号标志等。

(1)警冲标，设在两会合线路线间距离为 4 m 的中间。线间距离不足 4 m 时，设在两线路中心线最大间距的起点处，如图 3-156 所示。在线路曲线部分所设道岔附近的警冲标与线路中心线间的距离应按限界的加宽增加。

(2)站界标，设在双线区间列车运行方向左侧最外方顺向道岔(对向出站道岔的警冲标)外不少于 50 m 处，或邻线进站信号机相对处，如图 3-157 所示。

(3)预告标，设在进站信号机及线路所通过信号机外方 900 m、1 000 m 及 1 100 m 处，如图 3-158 所示，但在设有预告或接近信号机及自动闭塞的区段，均不设预告标。

在双线区间，退行的列车看不见邻线的预告标时，在距站界外 1 100 m 处特设一个预告标，如图 3-159 所示。

图 3-156　警冲标

图 3-157　站界标

图 3-158　预告标

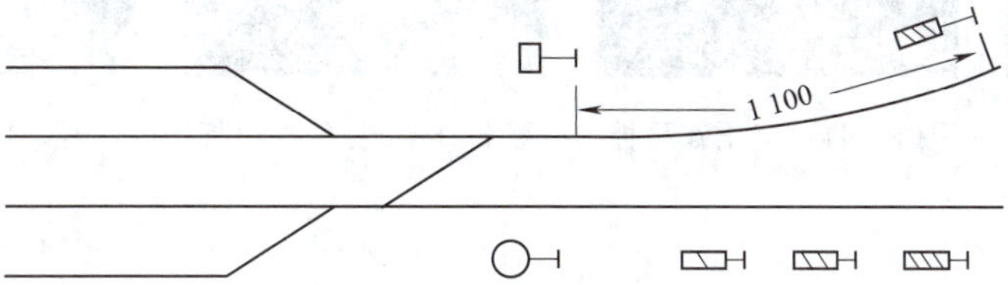

图 3-159　预告标设置

(4)引导员接车地点标，列车在距站界 200 m 以外，不能看见引导人员在进站信号机或站界标处显示的手信号时，须在列车距站界 200 m 外能清晰地看见引导人员手信号的地点设置，如图 3-160 所示。

(5)司机鸣笛标，设在道口、大桥、隧道及视线不良地点的前方 500～1 000 m 处，如图 3-161 所示。在非限鸣区域，司机见此标志须长声鸣笛；在限鸣区域内，司机见此标志应开启灯显示警设备，除遇危及行车安全等情况外，限制鸣笛。

(6)电力机车禁停标，设在站场、区间接触网锚段关节式电分段两端，电力机车(动车组)在该标志提示的禁停区域内不得停留，如图 3-162 所示。

图 3-160　引导接车地点标

图 3-161　司机鸣笛标

图 3-162　电力机车(动车组)禁停标

(7)在电气化区段接触网电分相前方，分别设断电标(图 3-163)、禁止双弓标(图 3-164)。对于最高运行速度大于 120 km/h 的旅客列车、特快货物班列及最高运行速度为 120 km/h 的货物列车、快速货物班列运行的线路，在断电标的前方增设特殊断电标，如图 3-165 所示。

在接触网电分相后方设合电标（图 3-166），设置位置如图 3-167 所示。在双线电气化区段，在“合”“断”电标背面，可分别加装“断”“合”字标，作为反方向行车的“断”“合”电标使用。

图 3-163　断电标

图 3-164　禁止双弓标

图 3-165　特殊断电标

图 3-166　合电标

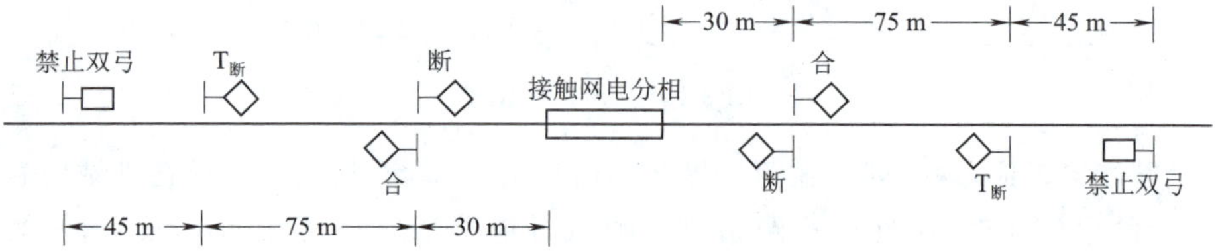

图 3-167　合电标设置位置

（8）接触网终点标，设在接触网边界，如图 3-168 所示，警告司机不准越过该标，防止机车脱弓。

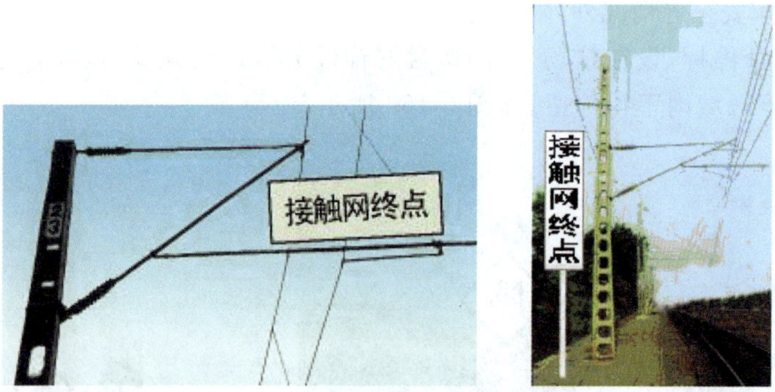

图 3-168　接触网终点标

（9）在电气化线路接触网故障降弓地段前方，分别设准备降下受电弓标（图 3-169）、降下受电弓标（图 3-170）；对于最高运行速度大于 120 km/h 的旅客列车、特快货物班列及最高运行速度为 120 km/h 的货物列车、快速货物班列运行的线路，在降下受电弓标的前方增设特殊降弓标，如图 3-171 所示。在降弓地段后方，设升起受电弓标（图 3-172），设置位置如图 3-173 所示。

图 3-169　准备降弓标

图 3-170　降弓标

图 3-171　特殊降弓标

图 3-172　升弓标

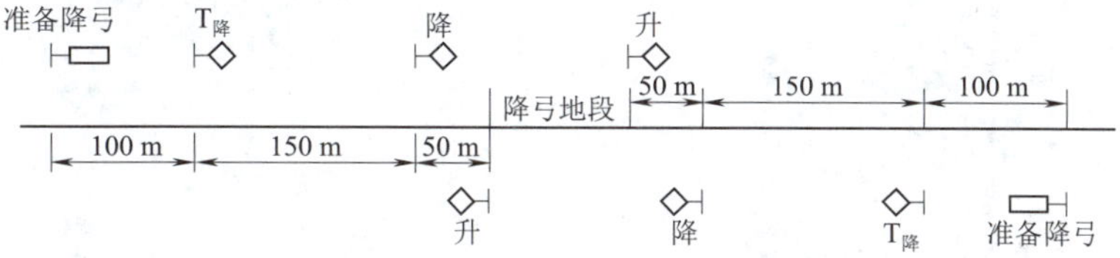

图 3-173　开弓标设置位置

(10)作业标，设在施工线路及其邻线距施工地点两端 500～1 000 m 处，如图 3-174 所示。司机见此标志须长声鸣笛，注意瞭望。

(11)减速地点标，设在需要减速地点的两端各 20 m 处。正面表示列车应按规定限速通过地段的始点，背面表示列车应按规定限速通过地段的终点，如图 3-175 所示。

图 3-174　作业标

图 3-175　减速地点标

(12)补机终止推进标(图 3-176)、机车停车位置标(图 3-177)，设置位置由铁路局集团公司规定。

(13)四显示机车信号接通标(机车信号接通标)：涂有白底色、黑竖线、黑框的反光菱形板及黑白相间的立柱标志，如图 3-178 所示。

(14)四显示机车信号断开标：涂有白底色、中间断开的黑横线、黑框的反光菱形板及黑白相间的立柱标志，如图 3-179 所示。

图 3-176　补机终止推进标

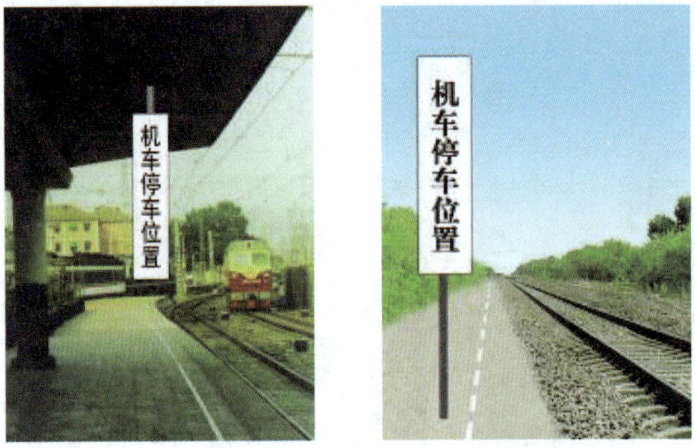

图 3-177　机车停车位置标

图 3-178　四显示机车信号接通标

图 3-179　四显示机车信号断开标

（15）轨道电路调谐区标志：

Ⅰ型为反方向区间停车位置标，涂有白底色、黑框、黑“停”字、斜红道，标明调谐区长度的反光菱形板标志，如图 3-180 所示。

Ⅱ型为反方向行车困难区段的容许信号标，涂有黄底色、黑框、黑“停”字、斜红道，标明调谐区长度的反光菱形板标志，如图 3-181 所示。

Ⅲ型用于反方向运行合并轨道区段之间的调谐区或因轨道电路超过允许长度而设立分隔点的调谐区，为涂有蓝底色、白“停”字、斜红道，标明调谐区长度的反光菱形板标志，如图 3-182 所示。

图 3-180　Ⅰ型轨道电路调谐区

图 3-181　Ⅱ型轨道电路调谐区

图 3-182　Ⅲ型轨道电路调谐区

以上三种调谐区标志均使用黑白相间的立柱。

(16)级间转换标：在CTCS-0/CTCS-2级转换边界一定距离前方的级间转换应答器组对应的线路左侧设级间转换标志。该标志采用涂有白底色、黑框、写有黑“C0”“C2”标记的反光菱形板及黑白相间的立柱，如图3-183所示。

(17)通信模式转换标：在始发站列车停车标内方或需要转换通信模式的相应地点设机车综合无线通信设备通信模式转换提示标志，标志牌顶边距轨面2.5 m。该标志标面采用涂有白底色、黑框、写有黑“通信转换”字样的方形板，如图3-184所示。

(a)　(b)

图3-183　级间转换标

(a)　(b)

图3-184　通信模式转换标

(18)通知操纵除雪机人员的临时信号标志如下：

①除雪机工作阻碍标——表示前面有道口、道岔、桥梁等建(构)筑物，妨碍除雪机在工作状态下通过。

②除雪机工作阻碍解除标——表示已通过阻碍地点。

上述标志的设置如图3-185所示。

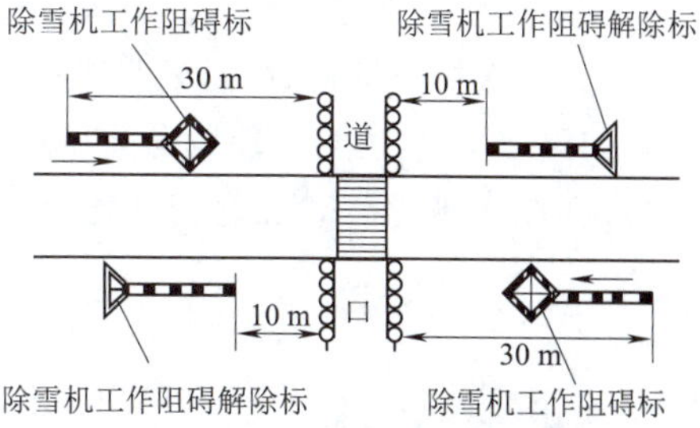

图3-185　除雪机工作标志

四、列车标志

1.列车标志的概念

列车应在头部和尾部分别显示不同的列车标志。列车标志是列车在线路上运行时的显示，分别向运行前、后方显示不同位置和颜色的灯光，表示列车在不同的线路上，以不同的方式运行。

2.列车标志的作用

列车头部标志主要区别列车、机车正向、逆向、推进运行的不同方式和在单线、双线上运行的方向。列车尾部标志除起防护列车的作用外，可使接发列车、维修施工、巡道、道口等行车人员，在一定的距离内，根据列车标志确认列车的运行状态和列车的完整，据此办理有关工作，保证列车运行的安全。

3. 列车标志的显示

列车标志的显示方式，昼间与夜间相同，但昼间不点灯，主要是考虑昼间瞭望条件好，有关接发列车及维修施工、巡道、道口人员等可以确认列车运行情况。但遇天气不良如雾雨雪及沙尘影响时，有关人员确认列车困难时，列车标志于昼间均应点灯，以保证列车运行及有关行车作业人员的安全。

(1)列车牵引运行时，机车前端一个头灯及中部两侧各一个白色灯光(图 3-186)。列车尾部两个侧灯，向后显示红色灯光，向前显示白色灯光；挂有货物列车列尾装置时，为列尾装置向后显示红白相间的反射标志和一个红色闪光灯光(图 3-187)。动车组以外的旅客列车尾部加挂客车时，侧灯位置不作调整，最后一辆客车的制动软管、总风软管须吊起。

图 3-186　列车牵引运行时机车前部标志

图 3-187　列车牵引运行时列车尾部标志

(2)列车推进运行时，列车前端两个侧灯，向前显示红色灯光，向后显示白色灯光；挂有货物列车列尾装置时，为列尾装置向前显示红白相间的反射标志和一个红色闪光灯光(图 3-188)。机车后端中部两侧各一个红色灯光(图 3-189)。

图 3-188　列车推进运行时列车尾部标志

图 3-189　列车推进运行时机车前部标志

(3)列车后端挂有补机时，机车后端标志与第(2)项同。

(4)单机运行时，机车前端标志与第(1)项同；后端标志与第(2)项同。

(5)调车机车及机车出入段时，机车前端标志与第(1)项同；机车后端标志与第(2)项同。

(6)轨道车运行时，前端一个白色灯光(图 3-190)；后端一个红色灯光(图 3-191)。

图3-190　轨道车运行时前部标志

图3-191　轨道车运行时后部标志

单元七　听觉信号

学习目标

(1)掌握听觉信号的使用时机和使用要求；

(2)掌握各种不同的听觉信号的鸣示方式。

基础知识

听觉信号是以口笛、号角、机车、动车组和自轮运转特种设备发出的鸣笛，形成长短不同、组合方式不同的声响，以表示不同的含义的信号。

一、使用时机

由于铁路行车工种是由多工种联合作业，互相配合完成的，工种间有许多工作需要进行联系，在天气不良、视觉信号不能使用以及通信设备不能使用等情况下，都需要使用听觉信号。

机车乘务员在牵引列车运行、调车作业，以及在区间被迫停车后需提示注意、相互联系等应使用通信设备方式。遇联系不通或危及行车人身安全时应采用鸣笛方式。

二、使用要求

听觉信号，长声为 3 s，短声为 1 s，音响间隔为 1 s。重复鸣示时，须间隔 5 s 以上。

三、听觉信号的鸣示方式

1. 机车、自轮运转特种设备鸣笛鸣示方式(表 3-1)

表 3-1　机车、自轮运转特种设备鸣笛鸣示方式

名称	鸣示方式	使　用　时　机
起动注意信号	一长声 —	1. 列车起动或机车车辆前进时(双机牵引或使用补机时，本务机车鸣笛后，补机应回答，本务机车再鸣笛一长声后起动) 2. 接近鸣笛标、道口、桥梁、隧道、行人、施工地点或天气不良时 3. 电力机车、自轮运转特种设备在检修及整备中，准备降下或升起受电弓时

续上表

名称	鸣示方式	使用时机
退行信号	二长声 — —	列车、机车车辆、单机开始退行时
召集信号	三长声 — — —	要求防护人员撤回时
牵引信号	一长一短声 — ·	途中本务机车要求补机牵引运行时(补机应以同样信号回答)
惰行信号	一长二短声— · ·	本务机车要求补机惰力推进或要求补机断开主断路器时(补机应以同样信号回答)
途中降弓信号	一短一长声 · —	1. 电力机车双机牵引中,本务机车司机要求补机降下受电弓时(补机须以同样信号回答) 2. 电力机车司机在途中发现降弓手信号时,应鸣此信号回示
途中升弓信号	一短二长声 · — —	1. 电力机车双机牵引中,本务机车司机要求补机升起受电弓时(补机须以同样信号回答) 2. 电力机车司机在途中发现升弓手信号时,应鸣此信号回示
呼唤信号	二短一长声 · · —	1. 机车要求出入段时 2. 在车站要求显示信号时
警报信号	一长三短声 — · · ·	发现线路有危及行车安全的不良处所时
试验自动制动机及复示信号	一短声 ·	1. 试验制动机开始减压时 2. 接到试验制动结束的手信号,回答试风人员时 3. 调车作业中,表示已接受调车长所发出的手信号时
缓解及溜放信号	二短声 · ·	1. 试验制动机缓解时 2. 要求列车乘务组缓解人力制动机时 3. 复示溜放调车信号时
拧紧人力制动机信号	三短声 · · ·	1. 要求列车乘务组拧紧人力制动机时 2. 要求就地制动时
紧急停车信号	连续短声 · · · · · · · ·	司机发现(或接到通知)邻线发生障碍,向邻线上运行的列车发出紧急停车信号时。邻线列车司机听到此种信号后,应紧急停车

2. 口笛、号角鸣示方式(表 3-2)

表 3-2　口笛、号角鸣示方式

用途及时机	鸣示方式	
发车、指示机车向显示人反方向移动	一长声	—
指示机车向显示人方向移动	一短一长声	· —
试验制动机减压	一短声	·
试验制动机缓解	二短声	· ·
试验制动机结束及安全信号	一短一长二短声	· — · ·
一道	一短声	·
二道	二短声	· ·

续上表

用途及时机	鸣示方式	
三道	三短声	· · ·
四道	四短声	· · · ·
五道	五短声	· · · · ·
六道	一长一短声	— ·
七道	一长二短声	— · ·
八道	一长三短声	— · · ·
九道	一长四短声	— · · · ·
十道	二长声	— —
二十道	二短二长声	· · — —
十、五、三车距离信号:十车	三短声	· · ·
十、五、三车距离信号:五车	二短声	· ·
十、五、三车距离信号:三车	一短声	·
连结及停留车位置	一长一短一长声	— · —
停车	连续短声	· · · · · ··
要求司机鸣笛	二长三短声	— — · · ·
试拉	一短声	·
减速	连续二短声	· ·　· ·
溜放	三长声	— — —
取消	二长一短声	— — ·
再显示	二长二短声	— — · ·
列车接近通报信号:上行	二长声	— —
列车接近通报信号:下行	一长声	—

学习活页

铁路行车信号知识练习

班级：　　　　姓名：　　　　学号：　　　　时间：

一、学习目标

1. 专业能力目标

(1)能说明进站信号机的作用、设置位置、外形及灯位、编号规则、显示方式及含义,并在机车模拟驾驶器上进行相应的列车操纵;

(2)能说明出站信号机的作用、设置位置、外形及灯位、编号规则、显示方式及含义,并在机车模拟驾驶器上进行相应的列车操纵;

(3)能说明进路信号机的作用、设置位置、外形及灯位、编号规则、显示方式及含义,并在机车模拟驾驶器上进行相应的列车操纵;

(4)能说明通过信号机的作用、设置位置、外形及灯位、编号规则、显示方式及含义,并在机车模拟驾驶器上进行相应的列车操纵;

(5)能说明预告信号机的作用、设置位置、外形及灯位、编号规则、显示方式及含义,并在机车模拟驾驶器上进行相应的列车操纵;

(6)能说明接近信号机的作用、设置位置、外形及灯位、编号规则、显示方式及含义,并在机车模拟驾驶器上进行相应的列车操纵;

(7)能说明容许信号的作用、设置位置、外形及灯位、编号规则、显示方式及含义,并在机车模拟驾驶器上进行相应的列车操纵;

(8)能说明遮断信号机的作用、设置位置、外形及灯位、编号规则、显示方式及含义,并在机车模拟驾驶器上进行相应的列车操纵;

(9)能说明调车信号机的作用、设置位置、外形及灯位、编号规则、显示方式及含义,并在机车模拟驾驶器上进行相应的列车操纵;

(10)能说明驼峰信号机、驼峰辅助信号机、驼峰复示信号机的作用、设置位置、外形及灯位、编号规则、显示方式及含义,并在机车模拟驾驶器上进行相应的列车操纵;

(11)能说明复示信号机的作用、设置位置、外形及灯位、编号规则、显示方式及含义,并在机车模拟驾驶器上进行相应的列车操纵;

(12)能说明机车信号的显示方式及含义,并在机车模拟驾驶器上进行相应的列车操纵;

(13)能辨别各种手信号的显示方式及含义,并在机车模拟驾驶器上进行相应的列车操纵;

(14)能辨别各种信号表示器的显示方式及含义,并在机车模拟驾驶器上进行相应的列车操纵;

(15)能辨别各种信号标志的及含义,并在机车模拟驾驶器上进行相应的列车操纵;

(16)能辨别各种听觉信号的鸣示方式及含义,并在机车模拟驾驶器上进行相应的列车操纵

2.方法能力目标

(1)能综合运用专业知识,通过利用专业书籍、多媒体课件和图片资料获得帮助信息;

(2)能根据实训项目学习任务确定实训方案,从中学会表达及展示活动过程和成果

3.社会能力目标

(1)能在实习训练活动中保持积极向上的学习态度;

(2)能与小组成员和教师就学习中的问题进行交流和沟通;

(3)能与他人共享学习资源,具有较好的合作能力和团队协作精神

二、知识总结

1.简述进站信号机的作用、设置位置、外形及灯位、编号规则、显示方式及含义

2.简述出站信号机的作用、设置位置、外形及灯位、编号规则、显示方式及含义

3. 简述进路信号机的作用、设置位置、外形及灯位、编号规则、显示方式及含义

4. 简述通过信号机的作用、设置位置、外形及灯位、编号规则、显示方式及含义

5. 简述预告信号机的作用、设置位置、外形及灯位、编号规则、显示方式及含义

6. 简述接近信号机的作用、设置位置、外形及灯位、编号规则、显示方式及含义

7. 简述调车信号机的作用、设置位置、外形及灯位、编号规则、显示方式及含义

8. 简述驼峰信号机的作用、设置位置、外形及灯位、编号规则、显示方式及含义

9. 简述复示信号机的作用、设置位置、外形及灯位、编号规则、显示方式及含义

10. 简述机车信号机的作用、设置位置、外形及灯位、编号规则、显示方式及含义

11. 简述各种手信号的显示方式及含义

12. 简述各种信号表示器的显示方式及含义

13. 简述各信号标志的含义

14. 简述各种听觉信号的鸣示方式及含义

三、操作运用

1. 在机车模拟驾驶器上按进站信号机、出站信号机、进路信号机、通过信号机、预告信号机、接近信号机、遮断信号机、复示信号机及机车信号的显示进行正确的列车操纵

2. 在机车模拟驾驶器上按调车信号机的显示进行调车作业

3. 在机车模拟驾驶器上按各种信号表示器的显示进行正确的列车操纵

4. 在机车模拟驾驶器上按各种手信号的显示进行正确的列车操纵

5. 在机车模拟驾驶器上按各种信号标志的显示进行正确的列车操纵

6. 在机车模拟驾驶器上按各种听觉信号的鸣示进行正确的列车操纵

7. 在机车综合实训室用手信号器、手信号灯模拟演示各种手信号

四、学习小结

五、成绩评定

1. 学生评价

评价等级	A—优	B—良	C—中	D—及格	E—不及格
学生自评					
组内互评					
他组互评					

2. 教师评价

评价等级	A—优	B—良	C—中	D—及格	E—不及格
专业能力					
方法能力					
社会能力					

3. 综合评价

评价等级	A—优	B—良	C—中	D—及格	E—不及格
评价结果					

注：按照学生自评占10%、组内互评占10%、他组互评占20%、教师评价60%的比例计分。其中，A—100分，B—85分，C—75分，D—60分，E—50分。

4. 评价量规

等级	行为表现描述
A	能圆满高效地完成实训任务的全部内容
B	能顺利完成实训任务的全部内容
C	能完成实训任务的全部内容，但需要一些帮助和指导
D	自己只能完成实训任务的部分内容，但在现场的指导下，已经能完成任务的全部内容
E	不能完成实训任务的全部内容

小　结

本章对铁路行车信号进行了全面的讲解，主要介绍了铁路固定信号、机车信号、信号表示器的显示方式和含义，移动信号、临时防护信号、列车运行手信号、调车作业手信号、联系手信号的使用时机和显示含义，线路标志及信号标志的含义，听觉信号的鸣示方法和含义等，在铁路运输生产中必须正确而严格地执行铁路行车信号的要求，确保铁路运输安全正点、快捷高效。本章的重点是各种固定信号的设置位置、显示方式及所指示的运行条件，移动信号及手信号的显示方式及指示的运行条件。

模块四　编组列车

列车是完成铁路运输任务的载体。编组列车就是按列车种类、用途和运输性质，根据《技规》、列车编组计划和列车运行图规定的编制条件、车组、重量或长度编组，将车辆或车组选编成车列，并挂上机车和规定的列车标志。

为确保列车的运行安全，提高运输效率，原则上，只有所编列车完全具备条件后，方能向区间正线运行。因此，编组列车应符合保证安全，提高效率，并充分利用铁路通过能力和牵引力这一原则。

单元一　编组列车的一般要求

学习目标

(1)掌握列车的分类；

(2)掌握对列车重量和列车长度的规定；

(3)掌握对禁止编入列车的机车车辆的规定。

基础知识

一、列车的分类

随着铁路运输事业的发展，为满足旅客和货物运输的不同需要，列车按运输性质主要分为以下五种：

1.旅客列车

旅客列车是为运送旅客开行的列车。根据旅客列车的车底及运行速度或旅行速度等，可分为动车组、特快、快速、普通旅客列车等。

2.特快货物班列

特快货物班列是指使用行李车或邮政车等客车车辆，根据需要编组，整列装载行李、包裹和邮件等的列车。

3.军用列车

军用列车是指为运送军队和军用物资开行的列车。

4.货物列车

货物列车是指为运送货物和排送空货车开行的列车，分为快速货物班列、快运、重载、直达、直通、冷藏、自备车、区段、摘挂、超限及小运转列车等。

(1)快速货物班列：最高运行速度 120 km/h，使用专用货车(如 P_{65} 等)或通用棚车编组，在固定发到站间，有固定车次和运行线，明确的开行周期和运行时刻的货物列车。

(2)快运货物列车：采用运行速度 120 km/h 的专用车辆，以高附加值货物为重要运送对象的快速列车。

(3)直达货物列车：通过一个及以上编组站不进行改编作业的列车。在装车站组成的叫始发直达列车；在技术站(编组站和区段站的总称)组成的，叫技术直达列车。

(4)直通货物列车：在技术站组成，通过一个及以上区段站不进行改编作业的列车。

(5)冷藏货物列车：利用机械冷藏车专门运送鲜活、易腐等需要保持特定温度的货物的列车。

(6)自备车列车：全部用企业自备车编组而成的列车。

(7)区段货物列车：在技术站组成，运行一个区段，在本区段内不进行甩挂作业的列车。

(8)摘挂货物列车：在技术站(或中间站)组成，在区段内进行车辆甩挂或零担货物装卸的列车。

(9)超限货物列车：编挂有超限货物车辆的列车。

(10)小运转列车：在区段规定范围内或枢纽地区几个车站间开行的列车。

5.路用列车

路用列车是指不以营业为目的，专为完成铁路本身任务而开行的列车。如试验列车，运送铁路器材、路料的列车，因施工、检修需要开行的轨道车、接触网作业车、大型养路机械车组等。

除上述五种列车外，还有为执行任务而开行的特殊用途列车，如专运、救援列车等。

二、编组列车的基本要求

1.按《技规》规定编组列车

车辆编入列车的技术条件、隔离限制、自动制动机数量、编挂要求、列车尾部挂车条件、编入列车的机车编挂位置、装载危险及易燃货物车辆编入列车的隔离限制等，必须符合《技规》有关“编组列车”的规定。同时，对于编挂装载超限货物车辆和特种车辆，还要执行《铁路超限超重货物运输规则》等规章的规定及有关临时指示。

2.按列车编组计划和列车运行图规定编组列车

列车种类、去向、编组内容、车组和车辆的编挂位置必须符合列车编组计划的规定。列车牵引重量、长度必须符合列车运行图的规定。凡跨及两个及以上区段的直通或直达列车，各区段规定的牵引重量、长度不同时，还应符合列车编组计划规定的基本组的重量和长度。

三、列车重量(牵引定数)的确定

列车重量：是根据机车牵引力、区段内限制坡道等因素，通过计算、试运转和各种类型机车牵引重量的平衡，最后取整而定的。编组列车时，其重量应满足列车运行图规定的各区段牵引定数。

超重列车：实际牵引重量超过列车运行图规定的该区段货物列车牵引重量标准(考虑规定的波动尾数)的货物列车。

积极提高列车重量，能提高铁路运输能力，降低运输成本，并能节省运用机车台数。但如随意开行超重列车，由于受机车性能或司机操纵技术水平限制等，可能造成运缓、区间停车或会让不当打乱运行秩序。为此，编组超重列车时，在编组站、区段站应得到机务段调度的同意；

在中间站应得到司机的同意，并须经列车调度员的准许，以便列车调度员指挥行车时心中有数，保证列车运行有序。

四、列车长度的确定

列车长度：是根据运行区段内各站到发线的有效长度，并预留 30 m 的附加制动距离后确定的。编组列车时，其长度应满足列车运行图规定的换长。

超长列车：实际牵引限度超过列车运行图规定的该区段货物列车计算长度的货物列车。

在行车作业中，列车的长度超过车站到发线的有效长度，不能在车站进行会让等作业时，须按超长列车办理。

各铁路局集团公司制定超长列车运行办法时，要考虑区段内的具体条件，如各站到发线的有效长及数目、接近车站的线路纵断面等情况。在调车线长度不足时，还应确定分部编组与技术检查如何配合及到达甩车的办法等。但编组超长列车，其最大长度不得超过区段内两股最短到发线的有效长度之和。开行超长列车时，列车调度员必须事先有计划地向各有关站、段布置，特别要注意列车会让计划。单线区段要避免对开超长列车，避免给中间站会车带来麻烦。超长列车内不宜挂超限及其他限速车辆。各站应根据铁路局集团公司制定的超长列车运行办法，按本站和机务、列检等具体条件，制定出相应的接发超长列车办法，并纳入《站细》。

五、禁止编入列车的机车车辆

为了保证行车安全，在编组列车时，对其编挂的机车车辆，在技术条件上必须有一定的要求。以下机车车辆禁止编入列车：

1. 插有扣修、倒装色票的及车体倾斜超过规定限度的

插有扣修、倒装色票的车辆多系故障车辆，经检车人员确定，车辆技术状态不良、定检到期或过期需要扣修或重车因技术状态不良需倒装后进行摘车修理。这些车辆不准使用，列检人员应按照规定正确插、撤色票，并及时向车站发出“车辆检修通知书”，车站应迅速送往车辆部门指定地点修理。

车体倾斜超过规定限度的车辆。车体倾斜指车辆一侧或一端倾斜，一般是由于车体结构松弛，弹簧衰弱或装载偏重、集重、超重等所造成。车体倾斜可能使弹簧折断或车辆热轴，在运行中车体左右摇摆，甚至可能发生脱轨，同时车体倾斜超过限度（客车超过 50 mm，货车超过 75 mm）时，也可能侵入限界，与信号设备、建筑物或邻线机车车辆刮碰。

2. 曾经发生冲突、脱轨或曾编入发生特别重大、重大、较大事故列车内以及在自然灾害中损坏，未经检查确认可以运行的

这些机车车辆经过激烈冲撞，其主要零部件，如转向架、轮对、轴箱、车钩及车底架等，可能存在隐患，威胁行车安全，所以未经过列检检查时，禁止编入列车。

3. 装载货物超出机车车辆限界，无挂运命令的

装载超限货物的车辆，在运行上须有特殊的要求，如限制运行速度，禁止通过的线路、桥梁和隧道等，列车调度员均应根据批准装运电报发布挂运命令，否则禁止编入列车。

4. 装载跨装货物（跨及两平车的汽车除外）的平车，无跨装特殊装置的

跨装，系指一件货物的长度或重量不能容纳于一辆车上，须用两辆平车共同负担载重。为

使跨装货物的车辆能灵活地通过曲线，必须在车辆与货物之间使用特殊装置——转向架。同时，为了防止因车钩弹簧压缩、伸张而造成货物的窜动，在货物跨装的车辆与车辆之间，一般应使用车钩缓冲停止器(特殊情况除外)。如无跨装特殊装置，通过小半径曲线或坡道地段则可能产生移动，甚至发生脱轨或颠覆。跨及两车装载的汽车或爬装的汽车，由于有车轮的小距离转动，可以缓解和适应车钩的伸缩，因此，不用使用跨装特殊装置。

5. 平车及敞车装载货物违反装载和加固技术条件的

平车及敞车装载的货物，违反《铁路货物运输规程》等规定的装载加固技术条件时，可能会造成货物窜动或发生货物坠落，危及行车安全。

6. 未关闭侧开门、底开门以及平车未关闭端、侧板的(有特殊规定者除外)

未关闭端、侧板或侧开门的车辆，在运行中侧板或侧开门可能掀动或摇晃，甚至超出机车车辆限界，威胁线路附近设备和人员的安全。一旦端、侧板或侧门脱落，还可能导致列车脱轨，甚至颠覆。底开门不关闭，容易刮坏线路、道岔，甚至脱落。每一底开门为两个扣铁，如只用一个扣铁关闭底开门，经过振动底开门仍可开放，使货物散落而引起车辆脱轨。

7. 由于装载的货物需停止自动制动机的作用，而未停止的

根据装载货物性质(如易燃、易爆等)要求关闭自动制动机，是考虑在列车制动时防止闸瓦与车轮踏面摩擦发热，产生高温或发出火星，特别在长大下坡道上制动时间过长，闸瓦处于高热状态，如不停止自动制动机，对装有爆炸品或怕受高温的货物车辆，有可能引燃或引爆，所以必须停止自动制动机作用。关闭自动制动机是指关闭制动支管的截断塞门，并将副风缸的压缩空气排出，人力制动机置于缓解状态。

8. 企业自备机车、车辆、自轮运转特种设备和城市轨道车辆、进出口机车车辆过轨时，未经铁路机车车辆人员检查确认的

为保证铁路行车安全，企业自备的机车辆、自轮运转特种设备和城市轨道车辆、进出口机车车辆在进入铁路营业线行驶前，须经铁路机车车辆部检查鉴定，确定其各部分的技术状态符合铁路规章及有关规定的要求。

9. 缺少车门的(检修回送车除外)

缺少车门的车辆装货后，容易造成货物窜出或坠落、丢失，不能保证货物的完整和行车安全。

10. 超过定期检修期限的客车车辆(经车辆部门鉴定的回送客车除外)禁止编入旅客列车

由于超期运行，超过了定期检修期限的车辆各部分技术状态可能发生变化。如结构松弛，零部件磨耗、裂纹变形，材质疲劳、老化和制动作用不良等，可能产生不易发现的隐患，直接威胁行车和人身安全。因此，不准编入旅客列车。但为使客车尽早入厂、段施修或随原车底入段，经车辆部门鉴定走行部良好后，在不影响旅客列车的运行和安全的条件下，可编入旅客列车。

单元二　列车中车辆的编挂

学习目标

(1)掌握货物列车编挂的相关规定；

(2)掌握客运列车编挂的相关规定；

(3)掌握列尾装置的摘挂与运用的相关规定。

基础知识

一、货物列车的编挂

1.装载危险货物、易燃货物的车辆的编挂

危险货物是指具有易燃、爆炸、腐蚀、毒害、感染放射性等特性，而且在运输、装卸和储存保管过程中，容易造成人身伤亡、财产损毁和环境污染而需要特别防护的货物。

易燃货物是指遇明火或高温容易引起燃烧和造成火灾的货物。

装载危险、易燃等货物的车辆编入列车的隔离限制，按“铁路车辆编组隔离表”(《技规》附件10)执行。编挂超限货物车辆或特种车辆时，按国家及国铁集团规定或临时指示办理。

由于危险和易燃货物遇高热、摩擦、冲击或与其他物质接触而有剧烈反应，容易引起燃烧、爆炸，侵入人体造成中毒或伤亡等危害。根据这一特性，装有上述货物的车辆编入列车时，要施行必要的隔离，如爆炸品与放射性物品不准编入同一列车等。隔离的作用，一是使易燃、易爆炸品与火源隔离；二是万一发生意外时，能尽量减少或避免扩大损失。

小运转列车的机车及调车机车均装有防火装置，且运行途程较短，所以在保证安全的前提下，小运转及调车作业时隔离规定，由铁路局集团公司自行制定。

2.装载超限货物的车辆或特种车辆的编挂

由于正常的行车组织方法和货物装载都是按照机车车辆限界确定的。如超出这个限界的范围，运行上应有一定的限制，方能保证安全。所以在列车中编挂装载超限货物的车辆时，应按国家及国铁集团的有关规定执行。

特种车辆种类很多，又不是经常挂运，而挂运时每种车辆的任务不同，所以编挂的要求也不同，事先不宜做出统一的规定。因此，遇有挂运特种车辆时，根据情况，按国家或国铁集团的临时指示办理。

机械冷藏车组应尽量挂于货物列车中部或后部。

军用及其他对编挂位置有特殊要求的客车按有关规定办理。

3.关门车的编挂

在列车中，一般要求全列车的自动制动机全部加入进行全列制动。由于货物列车装载的特殊货物要求停止制动作用，或自动制动机临时发生故障，准许关闭制动支管上的截断塞门而本身失去制动力的车辆称为“关门车”。由于关门车的存在，会使全列的制动力相对降低，而无法确保列车正常的制动距离，同时也会给列车的正常运行带来不利影响。所以，货物列车在列检作业场所在站编组始发及旅客列车始发时，不得有制动故障关门车，且对允许编挂关门车的编挂辆数、编挂位置等也有严格的限制。

(1)关门车辆数的规定

货物列车在非列检作业场所在站编组始发时，如遇有因装载的货物规定须停止制动作用或在运行中制动机临时发生故障，一时不能修复时，允许的关门车数，不得超过现车总辆数的6%(尾数不足一辆按四舍五入计算)。

当编入关门车的辆数不超过现车总辆数的6%(尾数不足一辆按四舍五入计算)时，为方便起见，可不计算每100 t列车重量的换算闸瓦压力，不填发制动效能证明书；当超过6%时，须按规定进行闸瓦压力的计算,并填发制动效能证明书交与司机。其中,制动效能证明书的计算和填写,在有列检的车站,由列检人员负责计算,并填发制动效能证明书交与司机。无列检时,由铁路局集团公司指定部门办理。

(2)关门车编挂位置的规定

①关门车不得挂于机车后部3辆车之内

若机车后3辆车内挂有关门车,因关门车制动软管只能通风而本身无制动能力。在列车制动时,势必使列车前部制动力相对削弱而导致前冲力增加,加之风路长,后部车辆制动的延迟,必然会使列车的制动距离延长,易发生危险,在紧急制动时尤甚。

②列车中连续连挂不得超过2辆

若关门车连续编挂辆数过多,当列车制动时,因关门车本身无制动力而无法停轮,各车辆之间将因列车制动产生瞬间的强烈冲挤,严重时会造成脱轨、断钩等事故。

③列车最后一辆不得为关门车

因关门车本身无制动力,若列车最后一辆是关门车,易发生因车钩分离而形成车辆溜逸,将会产生严重后果。

④列车最后第二、三辆不得连续关门

若列车最后第二、三辆为关门车,当列车制动时,可能使尾部车辆因冲挤而脱轨。

对于不适于连挂在列车中部但走行部良好的车辆,经列车调度员准许,可挂于列车尾部,以一辆为限,如该车辆的自动制动机不起作用时,须由车辆人员采取安全措施,保证不致脱钩。

(3)临时关门车的处理

旅客列车、特快货物班列由于运行速度较高,为保证旅客的安全和在规定的制动距离内停车,旅客列车、特快货物班列在始发站不准挂关门车。而在运行途中(包括在站折返),若遇车辆的自动制动机临时故障,且在停车的时间内不能修复时,只准许关闭一辆且不得是列车的最后一辆。120 km/h速度等级及编组小于8辆的140 km/h、160 km/h速度等级列车按规定关门时须限速运行,车辆乘务员须向司机递交限速证明书。

二、客运列车的编挂

动车组以外的旅客列车必须严格按照客车编组表所规定的车种、辆数、编挂位置编组。

1.旅客列车中编入货车

旅客列车运行速度高,安全条件要求比较严,牵引重量比较少,如加挂货车,可能减少客车编组辆数,影响旅客运输;不减挂客车,则可能影响旅客列车的速度。而且货车每轴闸瓦压力比客车小,会使全列车平均制动力减弱,降低规定的运行速度,在列车制动时还会引起冲动。因此规定,旅客列车、回送客车底不准编挂货车。

2.客车编入货物列车

客车编入货物列车回送时,客车编挂辆数不得超过20辆,应挂于列车中部或后部。装有密接式车钩的客车原则上应附挂旅客列车回送。需附挂货物列车回送时,不得超过10辆,其后编挂的其他车辆不得超过1辆。

客车与平车、平集共用车以外的货车连挂时,不得与货车有人力制动机端连挂;客车与平车、平集共用车人力制动机端连挂时,平车、平集共用车的人力制动机不得使用,处于非工作状态。

3. 旅客列车的隔离

旅客列车前部的第一节车厢称为“隔离车”，它是为确保旅客安全而特意编挂的。当列车一旦发生脱轨、撞车等意外情况时，机车和机车后第一节车厢所承受的撞击力最大，人员伤亡的危险性也最大。而距机车越远的车厢，由于车钩的缓冲作用，人员遭受损伤的危险性会明显地减小。历次事故案例表明：第一节车厢伤亡人数往往是其他车厢伤亡人数的数倍以上。因此，铁路规章规定，旅客列车的机车后必须编挂一节隔离车。隔离车一般由行李车、邮政车、发电车等充当。当没有上述车辆时，则应以客车代替，此节车厢不准乘坐旅客。

在装设集中联锁的区段，并设有列车运行监控装置时，因行车安全系数较高，故可不挂隔离车。局管内旅客列车经铁路局集团公司总经理批准时，管内车可以不加隔离车。

三、列尾装置的摘挂及运用

1. 列尾装置的作用

因货物列车尾部无人员防护，为保证货物列车的运行安全，规定货物列车尾部须挂列尾装置。列尾装置即列车尾部安全防护装置，该设备可以使机车乘务员准确掌握列车尾部制动管（列车管）压力，确认列车完整，当制动管（列车管）因漏泄等原因致使风压不足时，可直接向司机报警；当车辆折角塞门被意外关闭时，司机可直接操纵列尾装置使其强行排风，使列车制动停车；该装置还可以起到列车尾部标志作用，为接发列车人员确认列车完整提供条件。

2. 列尾装置的运用

动车组以外的旅客列车尾部应安装列尾装置。特殊情况下无法安装或使用列尾装置时，按有关规定执行。

半自动闭塞区段货物列车尾部须挂列尾装置，其他区段货物列车尾部宜挂列尾装置。货物列车尾部未挂列尾装置时应以吊起尾部车辆软管代替尾部标志。尾部车辆软管的吊起，有列检作业的列车由列检人员负责，无列检作业的列车由车务人员负责。

旅客列车列尾装置尾部主机的安装与摘解、风管及电源的连结与摘解，由车辆部门负责。

货物列车列尾装置尾部主机的安装与摘解，由车务人员负责。软管连结，有列检作业的列车，由列检人员负责；无列检作业的列车，由车务人员负责。特殊情况，由铁路局集团公司规定。

列尾装置在使用前，必须按规定进行检测，合格后方可投入运用。

单元三　列车中机车的编挂

学习目标

(1)掌握工作机车编挂的相关规定；

(2)掌握机车车辆摘挂的相关规定；

(3)掌握列车制动机试验的相关规定；

(4)掌握单机挂车的相关规定；

(5)掌握回送机车编挂的相关规定。

基础知识

一、工作机车的编挂

工作机车应挂于列车头部，正向运行（牵引小运转、路用、救援列车的机车除外）；无转向设备的，可逆向运行。因为机车在设计和制造时，其技术性能和作业条件主要是按正向运行考虑的。这便于乘务员瞭望，又能充分发挥机车的最大牵引效能。但无转向设备或担当小运转、救援及路用列车的机车，因客观条件限制及工作性质的需要，允许逆向运行。

双机或多机牵引时，为了保证运行安全，由第一位机车担当本务机车，负责操纵列车；第二位以后的机车应根据本务机车的要求进行操纵。

补机原则上挂于本务机车的前位或次位，主要是便于彼此联系、配合，保证安全，防止发生挤坏车辆或断钩事故。如补机挂于列车头部，所属补机也应该执行本务机车的职务。这样有利于司机瞭望和操纵列车，对列车平稳运行，防止事故均有好处。在特殊区段或补机需途中返回时，经铁路局集团公司批准，可将补机挂于列车后部，但应接通软管，加强相互间的联系与配合，做到同步操作以及列车平稳运行，保证列车安全。对需要途中返回的补机（包括越过一个区间），可不连结软管，以避免区间停车摘管造成列车起动困难或降低通过能力。此项行车办法和安全措施由铁路局集团公司规定。

二、列车中机车车辆的摘挂

1.机车车辆连挂状态的确认

列车在编组直至发车之前，有关人员必须密切配合，认真检查确认机车与车辆及车辆与车辆之间车钩的连挂状态，这一点对于确保行车安全具有特别重要的意义，应予以高度重视。

动车组以外的列车中相互连挂的车钩中心水平线的高度差不得超过75 mm。如果车钩高度差超过规定的范围，当列车运行至道岔、路基松软地段时，车辆上下颠簸，尤其在陡坡线路上，容易发生脱钩而造成列车分离，并且高度差过大时，使车钩钩舌牵引面变小，局部钩舌的拉力承受不了牵引力，易发生断钩事故。

所以，必须查明原因进行调整，若无法调整或仍达不到所规定的高度差时，应将该车摘下。

2.机车车辆摘挂的分工

机车车辆的摘挂包括车钩、制动软管、暖气软管、电气控制连线、电灯及电话线等的连接和摘解，同时也包括折角塞门开闭情况及车钩摘挂技术状态的检查、确认等内容，对新型车辆还包括双管供风、电空联合制动线及机车供电线等的摘挂内容。

机车车辆及动车组的摘挂具体分工为：

(1)列车中车辆的连挂，由调车作业人员负责。软管的连结，有列检作业的始发列车由列检人员负责；无列检作业的，由调车作业人员负责。

(2)动车组采用机车调车作业时，随车机械师或动车段（所）胜任人员负责过渡车钩和专用风管的安装与拆卸、电气连接线的连结与摘解并打开车门，调车人员负责车钩连接与摘解、软管摘结。

动车组无动力回送或被救援时，过渡车钩、专用风管的安装与拆卸由随车机械师负责，司机配合。

(3)列车机车与第一辆车的连挂,由机车乘务员负责。单司机单班值乘的由列检人员负责;无列检作业的列车,由车辆乘务员负责;无车辆乘务员的列车由车站人员负责。

(4)列车机车与第一辆车的车钩摘解、软管摘结,由列检人员负责。无列检作业的列车,车钩摘解、软管摘结由机车乘务员(单司机单班值乘的由车辆乘务员)负责,软管连接由车辆乘务员负责;无车辆乘务员的列车由机车乘务员(单司机单班值乘的由车站人员)负责。

(5)列车机车与第一辆车电气连接线的连接与摘解由客列检作业人员负责,无客列检作业人员时,由车辆乘务员负责。

(6)货物列车本务机车在车站调车作业时,无论单机或挂有车辆,与本列的车辆摘挂和软管摘结,均由调车作业人员负责。

(7)旅客列车在途中摘挂车辆时,车辆的摘挂和软管摘结,由调车作业人员负责,密封风挡和电气连接线的连结与摘解由车辆乘务员负责,其他由列检作业人员负责;无列检作业人员时,由车辆乘务员负责,必要时打开车门,以便于调车作业。装有密接式车钩的客车车辆摘挂时,过渡车钩的安装与拆卸由列检人员负责;无列检人员时由车辆乘务员负责。

列车机车与动车组过渡车钩的连结与摘解、软管摘结、电气连结线的连结与摘解,由随车机械师负责。

(8)两列动车组重联或解编时,由动车组机械师负责引导,司机确认。动车组重联时,被控动车组应退出占用,主控动车组使用调车模式与被控动车组连接。解编操作时,主控动车组转换为调车模式后,必须一次移动 5 m 以上方可停车。

三、列车制动机试验

1.动车组以外的列车制动机试验

动车组以外的列车自动制动机应按下列规定进行试验:

(1)全部试验

①货车列检对解体列车到达后施行一次到达全部试验,对编组列车始发前施行一次始发全部试验,对有调车作业中转列车到达后首先施行到达全部试验,发车前只施行始发全部试验中的漏泄试验。

②货车特级列检和安全保证距离在 500 km 左右的一级列检对无调车作业中转列车始发前施行一次始发全部试验。

③无列检作业场车站始发的列车,在途经第一个列检作业场进行无调车中转技术检查作业时施行一次始发全部试验。

④列检作业场对运行途中自动制动机发生故障的到达列车。

⑤旅客列车库内检修作业。

⑥在有客列检作业的车站折返的旅客列车。

站内设有试风装置时,应使用列车试验器试验,连挂机车后只做简略试验。对装有空气弹簧等装置的旅客列车应同时检查辅助用风系统的泄漏。

(2)简略试验

①货车列检对始发列车、中转作业列车连挂机车后。

②客列检作业后和旅客列车始发前。

③更换机车或更换机车乘务组时。

④无列检作业的始发列车发车前。

⑤列车软管有分离情况时。

⑥列车停留超过 20 min 时。

⑦列车摘挂补机，或第一机车的自动制动机损坏交由第二机车操纵时。

⑧机车改变司机室操纵时。

⑨单机附挂车辆时。

⑩列车进行摘、挂作业开车前。

在站简略试验：有列检作业的由列检人员负责，无列检作业的由车辆乘务员负责，无车辆乘务员的由车站人员负责。挂有列尾装置的列车由司机负责(挂有列尾装置的旅客列车，始发前、摘挂作业开车前及在途中换挂机车站、客列检作业站，有列检作业的由列检人员负责，无列检作业的由车辆乘务员负责)。

(3)持续一定时间的全部试验

有列检作业场的车站发出的货物列车运行前方途经长大下坡道区间的，在始发、中转作业时应进行持续一定时间的全部试验，列检应填发制动效能证明书交给司机；在有列检作业场车站至长大下坡道区间的各站始发或进行摘挂作业的列车，是否进行持续一定时间的全部试验并填发制动效能证明书交给司机，由铁路局集团公司规定。具体试验和凉闸的地点、办法，由铁路局集团公司规定。

旅客列车出库前应进行持续一定时间的全部试验，在接近长大下坡道区间的车站，是否进行持续一定时间的全部试验，由铁路局集团公司规定。

长大下坡道为：线路坡度超过 6‰，长度为 8 km 及以上；线路坡度超过 12‰，长度为 5 km 及以上；线路坡度超过 20‰，长度为 2 km 及以上。

2. 动车组制动试验

(1)动车组在出段(所)前或折返地点停留出发前需要进行全部制动试验，一级检修作业后的动车组在出发前不再进行全部制动试验。

(2)动车组列车在始发前需在操纵端进行简略制动试验。

(3)动车组列车更换动车组司机(同向换乘除外)或操纵端后，需进行简略制动试验。

(4)动车组列车在途中重联或解编后，开车前需在操纵端进行简略制动试验。

(5)动车组列车使用紧急制动停车后，开车前需进行简略制动试验。

(6)动车组在采用机车救援、无动力回送连挂机车或回送过渡车时，按动车组无动力回送作业办法进行制动性能确认。

四、单机挂车

单机挂车是为了充分利用机车牵引力，加速车辆周转的一种“捎带”运输。考虑到机车乘务组监护附挂车辆的条件限制，单机挂车不宜过多。在机车实际牵引区段的线路坡度不超过 12‰时，由于运行条件较好，以 10 辆为限；线路坡度超过 12‰时，考虑到具体坡度、牵引动力、牵引定数不同，单机挂车辆数不宜全路统一规定，故由铁路局集团公司自行规定。

单机挂车时，应遵守以下规定：

(1)所挂车辆的自动制动机作用必须良好，发车前列检(无列检时由车站发车人员)按规定进行制动试验。

(2)连挂前按规定彻底检查货物装载状态,并将编组顺序表和货运单据交与司机。

(3)在区间被迫停车后的防护工作由机车乘务组负责,开车前应确认附挂辆数和制动主管贯通状态是否良好。

(4)列车调度员应严格掌握,不得影响机车固定交路和乘务员劳动时间。

(5)不准挂装载爆炸品、超限货物的车辆。

单机挂车时因所挂车辆较少,且开行单机车次,因此,规定单机挂车时,可不挂列尾装置。在这种情况下,车站接发列车时,应有确认完整到达的办法,并于发车后通知邻站,以确保运行安全。

五、回送机车的编挂

铁路局集团公司所属机车因配属、局间调拨或入厂、段检修,以及检修完毕后返回本段的机车称为回送机车。

为了充分利用区间通过能力,铁路局集团公司所属的内燃机车回送时,原则上采用有动力方式;电力机车跨交路区段回送时,原则上采用无动力方式。

铁路局集团公司所属的机车附挂回送时,原则上附挂货物列车;走行部和制动装置良好的客运机车(出入厂、段的修程机车除外)需附挂旅客列车跨铁路局集团公司回送时,按国铁集团调度命令办理)。

当回送机车在乘务交路区段以外单机运行时,由于乘务员不熟悉该区段线路的坡道、曲线及有关行车设备情况,故须由担任该区段机车运用的机务段派出带道人员添乘,以确保列车安全、正点。

回送机车应采取挂于本务机车次位的方式(重联机车牵引时为重联机车次位)。因为机车重量大,如挂于列车中部或后部,在列车制动时,容易加剧冲动。遇列车紧急制动时,还可能将其前位的车辆挤坏,所以应挂于本务机车(重联机车)次位。

受机车制动条件限制,20‰及其以上坡度的区段禁止办理机车专列回送。

回送铁路救援起重机,应挂于列车后部。为了确保铁路救援起重机回送安全,对常见的铁路救援起重机规定了回送的限制速度(见《技规》第 14 表),铁路救援起重机所规定的不同回送速度,主要是考虑到起重机本身走行部分的弱点和其中心偏高,以及起重臂的横向摆动大等因素。《技规》未明确规定回送限制速度的按设计文件要求速度回送。

学习活页

编组列车知识练习

班级:　　　　姓名:　　　　学号:　　　　时间:

一、学习目标

1. 专业能力目标

(1)能说明列车的分类;对列车重量和列车长度的规定以及对禁止编入列车的机车车辆的规定;

(2)能说明货物列车编挂的相关规定;

(3)能说明客运列车编挂的相关规定;

(4)能说明列尾装置摘挂的相关规定；
(5)能说明工作机车编挂的相关规定,并在模拟驾驶器上进行相应的列车操纵；
(6)能说明机车车辆摘挂的相关规定,并在模拟驾驶器上进行相应的列车操纵；
(7)能按标准在模拟驾驶器上进行列车制动机试验；
(8)能说明单机挂车的相关规定,并在模拟驾驶器上进行相应的列车操纵；
(9)能说明回送机车编挂的相关规定

2.方法能力目标

(1)能综合运用专业知识,通过利用专业书籍、多媒体课件和图片资料获得帮助信息；
(2)能根据实训项目学习任务确定实训方案,从中学会表达及展示活动过程和成果

3.社会能力目标

(1)能在实习训练活动中保持积极向上的学习态度；
(2)能与小组成员和教师就学习中的问题进行交流和沟通；
(3)能与他人共享学习资源,具有较好的合作能力和团队协作精神

二、知识总结

1.简述列车的分类

2.简述禁止编入列车的机车车辆的相关规定

3.简述货物列车编挂的相关规定

4.简述客运列车编挂的相关规定

5.简述列尾装置摘挂与运用的相关规定

6.简述工作机车编挂的相关规定

7. 简述机车车辆摘挂的相关规定

8. 简述列车制动机试验的步骤

9. 简述单机挂车的相关规定

10. 简述回送机车编挂的相关规定

三、操作运用

1. 在机车模拟驾驶器上进行机车编挂的操作

2. 在机车模拟驾驶器上进行制动机试验

四、学习小结

五、成绩评定

1. 学生评价

评价等级	A—优	B—良	C—中	D—及格	E—不及格
学生自评					
组内互评					
他组互评					

2. 教师评价

评价等级	A—优	B—良	C—中	D—及格	E—不及格
专业能力					
方法能力					
社会能力					

3. 综合评价

评价等级	A—优	B—良	C—中	D—及格	E—不及格
评价结果					

注：按照学生自评占10%、组内互评占10%、他组互评占20%、教师评价60%的比例计分。其中，A—100分，B—85分，C—75分，D—60分，E—50分。

4. 评价量规

等级	行为表现描述
A	能圆满高效地完成实训任务的全部内容
B	能顺利完成实训任务的全部内容
C	能完成实训任务的全部内容，但需要一些帮助和指导
D	自己只能完成实训任务的部分内容，但在现场的指导下，已经能完成任务的全部内容
E	不能完成实训任务的全部内容

小　结

本章通过对编组列车的一般要求、列车中车辆的编挂、列车中机车的编挂等相关规定的系统学习，希望能进一步加强对《技规》中有关编组列车的理解和认识。本章的重点是禁止编入列车的机车车辆的规定、关门车编挂的规定及列车制动机试验的规定。

模块五　列车运行

列车运行是行车组织的一项主要内容，是完成铁路运输的重要环节，它由铁路运输系统中各部门、各工种相互协调配合，正确合理使用铁路技术设备来完成。列车安全运行关系着人民财产的安全和铁路运输效率。为此，有关行车人员必须严格执行各项规章制度，确保列车运行安全。

单元一　列车运行的基本要求

学习目标

(1)掌握行车组织原则；

(2)掌握列车运行中对司机的要求；

(3)掌握列车运行的限速规定。

基础知识

一、行车组织原则与行车指挥

1. 行车组织原则

铁路行车组织工作，必须贯彻安全生产的方针，坚持高度集中、统一领导的原则。运输、机务、车辆、工务、电务、供电、信息、房建等部门要发扬协作精神，主动配合，紧密联系，协同动作，组织均衡生产，不断提高效率，挖掘运输潜力，完成和超额完成铁路运输任务。

行车工作必须坚持集中领导、统一指挥、逐级负责的原则。

局与局间由国铁集团，局管内各区段间由铁路局集团公司，一个调度区段内由本区段列车调度员统一指挥。

车站由车站值班员，线路所由线路所的车站值班员统一指挥。凡划分车场的车站，各车场由该车场的车站值班员统一指挥；车场间接发列车进路互有关联的行车事项，由指定的车站值班员统一指挥。

列车和单机由司机负责指挥。列车或单机在车站时，所有乘务人员应按车站值班员的指挥进行工作。

在调度集中区段，调度集中控制车站有关行车工作由该区段列车调度员直接指挥；但转为车站控制时，由车站值班员指挥。

普速铁路行车组织工作，应根据《技规》规定办理。铁路局集团公司应根据《技规》规定，结合管内具体条件，制定《行车组织规则》(以下简称《行规》)。

2. 行车指挥

有关行车人员必须执行列车调度员命令，服从调度指挥。

列车调度员应负责组织实现列车运行图、编组计划、运输方案，为此必须：

(1)检查各站执行列车运行图和编组计划的情况，及时发布有关行车命令和口头指示。

(2)严格按列车运行图指挥行车，遇列车发生晚点时，应积极采取措施，组织有关人员恢复正点。

(3)注意列车在车站到发及区间内的运行情况，正确、及时地处理临时发生的问题。

指挥列车运行的命令(运行揭示调度命令除外)和口头指示，只能由列车调度员发布。列车调度员在发布命令之前，应详细了解现场情况，并听取有关人员意见。

遇表 5-1 所列情况，须发布调度命令。

表 5-1　行车调度命令项目表

顺序	命令项目	受令者	
		司机	车站值班员
1	封锁、开通区间		○
2	向封锁区间开行救援列车、路用列车	○	○
3	临时变更或恢复原行车闭塞法	○	○
4	双线反方向行车、由双线改为单线或恢复双线行车	○	○
5	变更列车径路	○	○
6	发出在区间内停车或由区间返回的列车	○	○
7	开往区间内岔线的列车	○	○
8	发出临时由区间内返回后部补机的列车	○	○
9	列车需临时降弓运行	○	○
10	因行车设备故障、灾害或施工，以及列车中挂有限速的机车车辆等，需要使列车临时限速运行(纳入运行揭示调度命令或本务机车、动车组自身设备原因限速时除外)	○	○
11	动车组列车空调失效需打开部分车门限速运行	○	○
12	车站使用故障按钮、总辅助按钮		○
13	超长列车或列车挂有装载超限货物的车辆	○	○
14	单机附挂车辆	○	○
15	半自动闭塞区间，超长列车头部越过出站信号机(未压上出站方面的轨道电路)发车	○	○
16	在非到发线上接发列车	○	○
17	调度日(班)计划以外，临时加开或停运列车(单机除外)	○	○
18	双线区间在区间内进行跨线装卸作业时，对开入其邻线的列车	○	○
19	双线区间在区间内有除雪机、起重机工作时，对开入其邻线的列车	○	○
20	双线区间在区间内发生冲突、脱轨、火灾、爆炸事故，对开入其邻线的列车	○	○
21	列尾装置故障(丢失)的货物列车继续运行	○	○
22	改按天气恶劣难以辨认信号的办法行车或恢复正常行车	○	○
23	动车组列车转入或退出隔离模式(被救援时除外)	○	○
24	动车组列车在列控车载设备控车和列车运行监控装置控车之间人工转换	○	○
25	临时利用本务机车调车作业	○	○

续上表

顺序	命令项目	受令者	
		司机	车站值班员
26	利用天窗施工、维修作业		○
27	施工、维修作业较指定时间延迟结束		○
28	运行揭示调度命令与实际限速、行车方式或设备不符时	○	○
29	正线、到发线接触网停电或送电(接触网倒闸、跳闸后试送电、向中性区送电或弓网故障排查除外)		○
30	正线、到发线接触网停电后准许登顶作业	○	○
31	双管供风旅客列车运行途中改为单管供风	○	○
32	列车调度员认为有必要记录的上述以外的命令	有关人员	

注:1.划○者为受令人员。

2.天窗维修作业在指定的时间内完成并销记后,列车调度员不再发布维修作业结束恢复行车的调度命令。

3.动车组列车改按列车运行监控装置方式运行需将列控车载设备隔离时,列车调度员仅发布改按列车运行监控装置方式行车的调度命令。

4.因调车作业动车组控车模式转换,不发布调度命令。自动站间闭塞法行车转为半自动闭塞法行车及转回的调度命令,可不发给司机。

列车调度员向司机发布调度命令时,应在列车进入关系区间(车站)前向司机发布或指定车站向司机交付,如来不及时应使列车停车进行发布或交付。

对于需向司机发布的调度命令,列车调度员可使用调度命令无线传送系统或按规定使用语音记录装置良好的列车无线调度通信设备向司机发布。由车站交付的调度命令,车站值班员可使用调度命令无线传送系统或按规定使用语音记录装置良好的列车无线调度通信设备向司机转达。

对跨局的列车,接车铁路局集团公司列车调度员可委托发车铁路局集团公司列车调度员发布调度命令。更换机车或变更限速条件时,应由有关铁路局集团公司列车调度员重新发给相关调度命令。途中乘务人员换班时,应将调度命令内容交接清楚。

有计划的施工,涉及限速、行车方式发生变化或设备变化时应发布运行揭示调度命令,司机按运行揭示调度命令执行。因施工提前、延迟或其他原因造成运行揭示调度命令与实际限速、行车方式或设备不符时,列车调度员应取消前发运行揭示调度命令,向有关车站值班员、司机、施工负责人重新发布全部内容的调度命令。

二、列车运行时对司机的要求

驾驶机车、动车组、自轮运转特种设备(铁路救援起重机除外)的人员,必须持有国家铁路局颁发的驾驶证。变更驾驶机(车)型前,必须经过相应的技术培训并考试合格。实习和学习驾驶机车、动车组、自轮运转特种设备和操纵信号或重要机械、设备及办理行车作业的人员,必须在正式值乘、值班人员的亲自指导和负责下,方准操作。行车有关人员在执行职务时,必须坚守岗位,穿着规定的服装,佩戴易于识别的证章或携带相应证件,讲普通话。

列车运行中,各有关作业人员应按规定执行车机联控。

动车组以外的列车司机在列车运行中,应做到:

(1)列车在出发前输入监控装置有关数据;按规定对列车自动制动机进行试验,在制动保压状态下列车制动主管的压力 1 min 内漏泄不得超过 20 kPa，确认列尾装置作用良好。

装备机车综合无线通信设备的机车，开车前司机要选定机车综合无线通信设备通信模式和运行线路。在 GSM-R 区段运行时，机车综合无线通信设备、GSM-R 手持终端按规定注册列车车次，并确认正确。

(2)遵守列车运行图规定的运行时刻和各项允许及限制速度。彻底瞭望，确认信号，执行呼唤应答制度，严格按信号显示要求行车，确保列车安全正点。遇有信号显示不明或危及行车和人身安全时，应立即采取减速或停车措施。

(3)机车信号、列车无线调度通信设备、列车运行监控装置(轨道车运行控制设备)和列尾装置必须全程运转，严禁擅自关机。

运行途中，遇列尾装置、机车信号、列车运行监控装置(轨道车运行控制设备)发生故障时，司机应立即使用列车无线调度通信设备报告车站值班员或列车调度员，并根据实际情况掌握速度运行；遇机车信号、列车运行监控装置(轨道车运行控制设备)发生故障时，司机应控制列车运行至前方站停车处理或请求更换机车，在自动闭塞区间，列车运行速度不超过 20 km/h；遇列车无线调度通信设备发生故障时，司机应在前方站停车报告。

(4)起动稳，加速快，精心操纵，停车准确，按规定鸣笛，防止列车冲动和断钩。

(5)随时检查机车总风缸、制动主管的压力。检查内燃机车柴油机的润滑油压力、冷却水的温度及其转数等情况。注意电力机车的各种仪表的显示及接触网状态。

(6)在区间内列车停车进行防护、分部运行、装卸作业或使用紧急制动阀停车后再开车时，司机必须检查试验列车制动主管的贯通状态，确认列车完整，具备开车条件后，方可起动列车。

(7)单机、自轮运转特种设备在自动闭塞区间紧急制动停车或被迫停在调谐区内时，司机须立即通知后续列车司机、向两端站车站值班员(列车调度员)报告停车位置(具备移动条件时司机须先将机车移动不少于 15 m)，并在轨道电路调谐区外使用短路铜线短接轨道电路。

(8)等会列车时，不准关闭空气压缩机，并应按规定显示列车标志。

(9)负责货运票据的交接与保管。

(10)将列车运行中发生的问题及使用紧急制动阀的情况，及时报告列车调度员。

三、列车运行时限制速度规定

列车运行限制速度规定见表 5-2。

表 5-2　列车运行限制速度表

项　　目	速度/($km \cdot h^{-1}$)
四显示自动闭塞区段通过显示绿黄色灯光的信号机	在前方第三架信号机前能停车的速度
通过显示黄色灯光的信号机及位于定位的预告信号机	在次一架信号机前能停车的速度
通过显示一个黄色闪光灯光和一个黄色灯光的信号机	该信号机防护进路上道岔侧向的允许通过速度
通过减速地点标	标明的速度，未标明时为 25
推进	30
退行	15
接入站内尽头线，自进入该线起	30

单元二　列车在区间被迫停车后的处理

学习目标

(1)掌握列车在区间被迫停车后的处理方法;

(2)掌握列车在区间被迫停车后的防护方法。

基础知识

一、列车在区间被迫停车的处理

(1)列车在区间被迫停车不能继续运行时,司机应立即使用列车无线调度通信设备通知两端站(列车调度员)及车辆乘务员(随车机械师),报告停车原因和停车位置,根据需要迅速请求救援。需要防护时,列车前方由司机负责,列车后方由车辆乘务员(随车机械师)负责,无车辆乘务员(随车机械师)为列车乘务员负责。配备列车防护报警装置的列车应首先使用列车防护报警装置进行防护。单班单司机值乘的列车防护作业办法由铁路局集团公司规定。

如遇自动制动机故障,动车组以外的旅客列车司机应通知车辆乘务员立即组织列车乘务人员拧紧全列人力制动机,以保证就地制动;其他列车司机应立即采取安全措施,并向车站值班员(列车调度员)报告,请求救援。

对已请求救援的列车,不得再行移动,并按规定对列车进行防护。

车站值班员(列车调度员)接到司机通知后,应将区间内列车运行情况通知司机,并立即使用列车无线调度通信设备转告区间内有关列车。在停车原因消除前不得再放行追踪、续行列车。

需组织旅客疏散时,车站值班员得到列车调度员准许后,扣停邻线列车并通知司机,司机通知有关作业人员办理。

(2)列车被迫停车可能妨碍邻线时,司机应立即用列车无线调度通信设备通知邻线上运行的列车和两端站(列车调度员),并与车辆乘务员(随车机械师)分别在列车的头部和尾部附近邻线上点燃火炬;在自动闭塞区间,还应对邻线来车方向短路轨道电路。配备列车防护报警装置的列车应首先使用列车防护报警装置进行防护。司机应亲自或指派人员沿邻线一侧对列车进行检查,发现妨碍邻线时,应立即派人按规定防护。如发现邻线有列车开来时,应鸣示紧急停车信号。

单班单司机值乘的列车防护作业办法由铁路局集团公司规定。

车站值班员(列车调度员)接到列车被迫停车可能妨碍邻线的通知后,应立即通知邻线有关列车停车,在原因消除前不得向邻线放行列车。

二、列车在区间被迫停车的防护

列车在区间被迫停车后,根据下列规定放置响墩防护:

(1)已请求救援时,从救援列车开来方面(不明时,从列车前后两方面),距离列车不小于300 m处防护,如图5-1、图5-2所示。

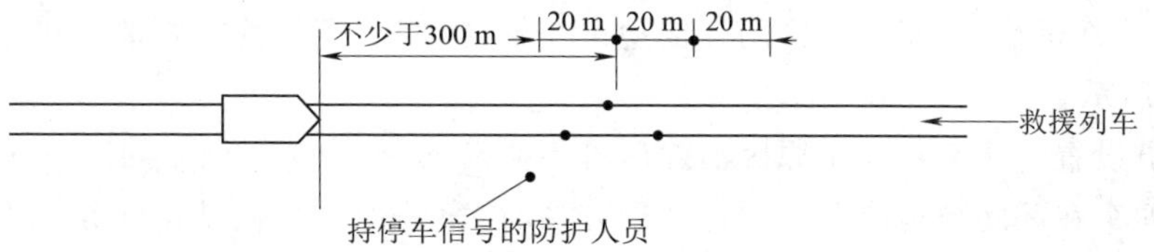

图 5-1　已请求救援列车的防护(来车方向)

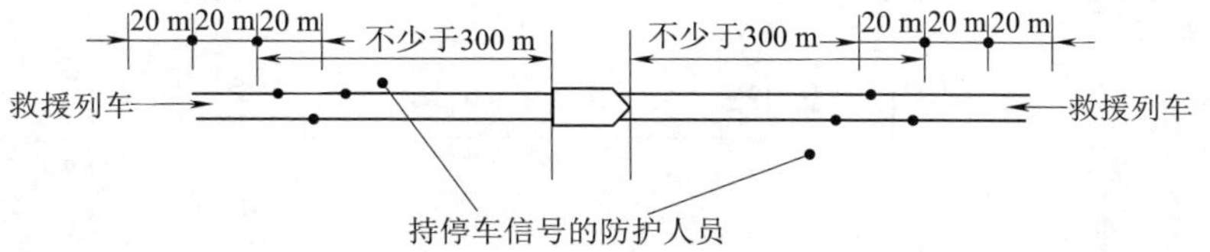

图 5-2　已请求救援列车的防护(来车方向不明)

(2)一切电话中断后发出的列车(持有《技规》附件 3 通知书 1 的列车除外),应于停车后,立即从列车后方按线路最大速度等级规定的列车紧急制动距离位置处防护,如图 5-3 所示。

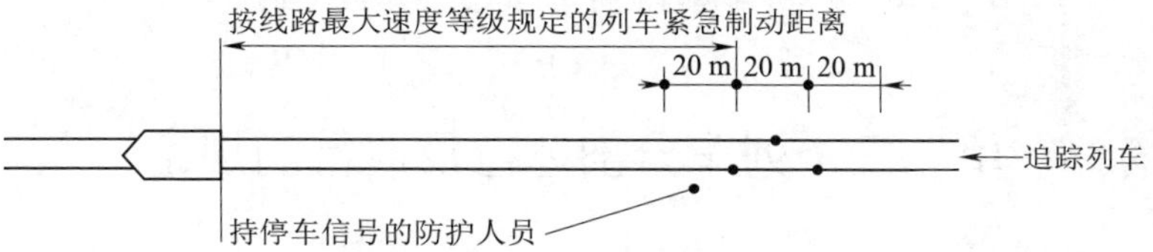

图 5-3　有追踪列车的防护

(3)对于邻线上妨碍行车地点,应从两方面按线路最大速度等级规定的列车紧急制动距离位置处防护,如确知列车开来方向时,仅对来车方面防护,如图 5-4、图 5-5 所示。

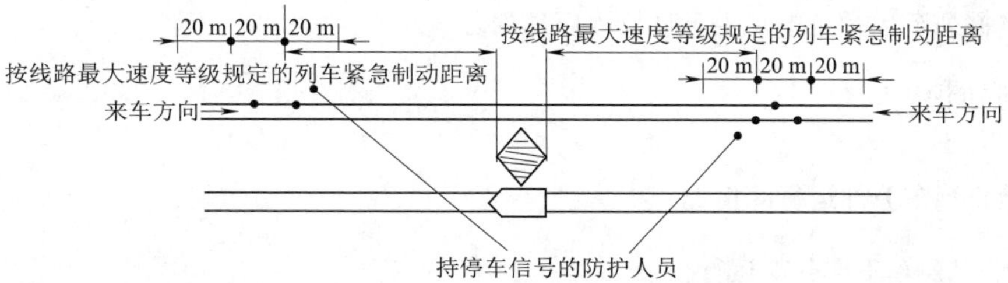

图 5-4　妨碍邻线行车地点两方向的防护

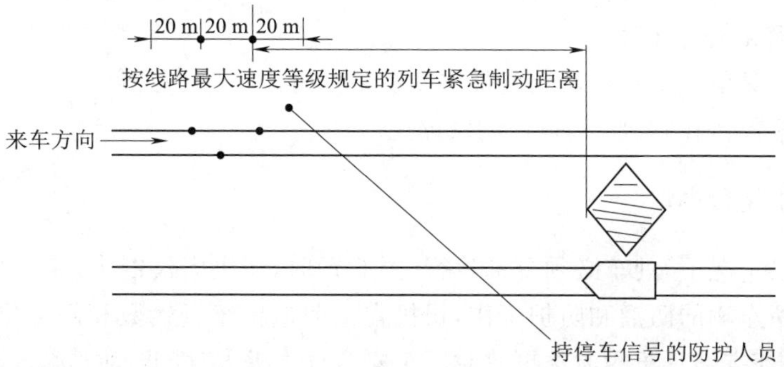

图 5-5　妨碍邻线来车方向的防护

(4)列车分部运行，机车进入区间挂取遗留车辆时，应从车列前方距离不小于 300 m 处防护，如图 5-6 所示。

防护人员设置的响墩待停车原因消除后可不撤除(运行动车组列车的区段除外)。

动车组列车在区间被迫停车后须返回后方站时，车站值班员确认动车组列车至后方站间已空闲后，经列车调度员同意，通知司机返回。司机根据车站值班员的通知，在动车组列车运行方向(折返)前端操作，运行速度不得超过 40 km/h，按进站信号机显示进站。

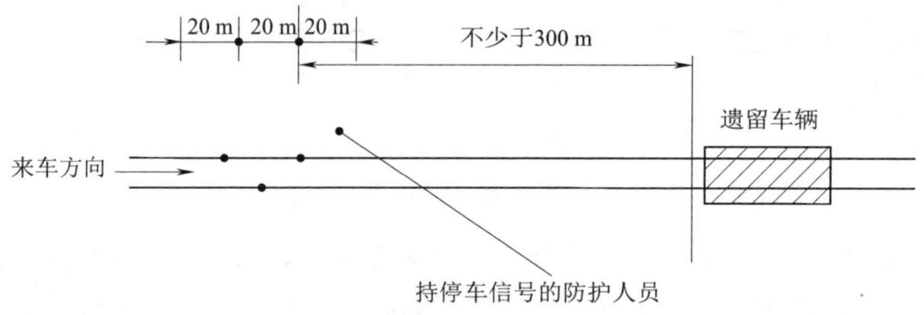

图 5-6　分部运行时机车挂取遗留车辆的防护

单元三　列车分部运行及退行的规定

学习目标

(1)掌握列车分部运行的相关规定；

(2)掌握列车退行的相关规定；

(3)掌握列车运行途中发生车辆故障应急处理。

基础知识

一、禁止列车分部运行的情况

下列情况列车不准分部运行：

(1)采取措施后可整列运行时。

(2)对遗留车辆未采取防护、防溜措施时。

(3)遗留车辆无人看守时。

(4)司机与车站值班员及列车调度员均联系不上时。

(5)遗留车辆停留在超过 6‰坡度的线路上时。

二、列车分部运行办法

(1)在不得已情况下，列车必须分部运行(图 5-7)时，司机应报告前方站(列车调度员)。

(2)做好遗留车辆的防溜和防护工作，司机在记明遗留车辆辆数和停留位置后，方可牵引前部车辆运行至前方站。车辆溜逸事故对行车安全危害极大，因此，对遗留车辆必须采取可靠制动措施，拧紧两端车辆的手制动机，以铁鞋牢靠固定，并按规定对遗留车辆进行防护。

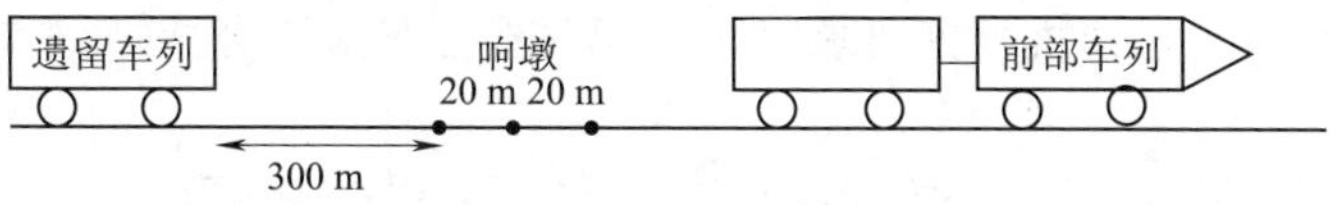

图 5-7　列车分部运行示意

(3)在运行中仍按信号机的显示进行,但在半自动闭塞区间或按电话闭塞法行车时,该列车必须在进站信号机外停车(司机已报告前方站或列车调度员列车为分部运行时除外),将情况通知车站值班员后再进站。

(4)车站值班员应立即报告列车调度员封锁区间,待将遗留车辆拉回车站,确认区间空闲后,方可开通区间。

三、禁止列车退行的情况

下列情况列车不准退行:

(1)按自动闭塞法运行时(列车调度员或后方站车站值班员确认该列车至后方站间无列车,并准许时除外)。

(2)在降雾、暴风雨雪及其他不良条件下,难以辨认信号时。

(3)一切电话中断后发出的列车(持有《技规》附件 3 通知书 1 的列车除外)。

挂有后部补机的列车,除上述情况外,是否准许退行,由铁路局集团公司规定。

四、列车退行运行办法

(1)在不得已情况下,列车必须退行时,车辆乘务员或随车机械师(无车辆乘务员或随车机械师时为指派的胜任人员)应站在列车尾部注视运行前方,发现危及行车或人身安全时,应立即使用紧急制动阀(紧急制动装置)或使用列车无线调度通信设备通知司机,使列车停车。

(2)列车退行速度,不得超过 15 km/h。

(3)未得到后方站(线路所)车站值班员准许,不得退行到车站的最外方预告标或预告信号机(双线区间为邻线预告标或特设的预告标)的内方。

(4)车站接到列车退行的报告后,除立即报告列车调度员外,根据线路占用情况,可开放进站信号机或按引导办法将列车接入站内。

五、列车运行途中发生车辆故障应急处理

列车(动车组列车除外)运行途中发生车辆故障应急处理:

(1)发现客车车辆轮轴故障、车体下沉(倾斜)、车辆剧烈振动等危及行车安全的情况时,须立即采取停车措施。由车辆乘务员检查,对抱闸车辆应关闭截断塞门,排除工作风缸和副风缸中的余风,确认安全无误后,方可继续运行;如车轮踏面损坏超过限度或车辆故障不能继续运行时,应甩车处理。

(2)列车调度员接到热轴报告后,应按热轴预报等级要求果断处理。必要时,立即安排停车检查(司机应采用常用制动,列车停车后由车辆乘务员负责检查,无车辆乘务员的由司机确认能否继续安全运行)或就近站甩车处理。

(3)遇客车安全监控系统报警或其他故障需要列车限速运行时,车辆乘务员应使用列车无

线调度通信设备通知司机，司机根据要求限速运行并报告车站值班员（列车调度员）。

单元四　救援列车及路用列车的开行

学习目标

(1)掌握救援列车开行的条件；

(2)掌握救援列车进入封锁区间的行车凭证；

(3)掌握救援列车进入封锁区间后的运行方式；

(4)掌握路用列车开行的有关规定。

基础知识

一、救援列车

当线路上发生事故或有大的障碍物时，前去抢修事故的列车称为救援列车。救援列车是用以及时起复机车车辆脱轨、颠覆等事故而设置的专用列车。它由起重吊车、修理车、工具车、宿营车及工程材料车等组成，并配备有一定数量的救援人员，停放于指定车站，发生事故时，可随时主动进行抢修。为了保证发生事故后救援列车能迅速出动，救援列车应停放在固定线路上，要求两端均能开入区间。救援列车的编组中应有：轨道起重机，装载钢轨、枕木、拖拉机的平车，发电车，工具车，炊事车，宿营车，器材车，水罐车等。动车组运行区段，救援列车应配备与动车组相适应的救援设备。救援列车依调度员发布的救援列车的出动命令出动，一般规定救援列车在接到救援列车的出动命令后 30 min 内出动，开往事故现场。

1. 救援列车的请求与派遣

(1)请求：一般由司机或工务、电务、供电等人员通过车站值班员或直接向列车调度员请求。

(2)派遣：车站值班员接到的救援请求后，应立即报告列车调度员。需封锁区间派出救援列车时，列车调度员应向有关车站发布命令封锁区间，并派出救援列车。

2. 开行救援列车的凭证

向封锁区间发出救援列车时，不办理行车闭塞手续，以列车调度员的命令，作为进入封锁区间的许可。

当列车调度电话不通时，应由接到救援请求的车站值班员根据救援请求办理，救援列车以车站值班员的命令，作为进入封锁区间的许可。

救援列车的出发或返回，均应通知列车调度员及对方站。如事故现场设有临时线路所时，车站值班员应于发车前，商得线路所值班员的同意。

3. 对救援列车乘务员的要求

(1)司机接到救援命令后，必须认真确认。命令不清、停车位置不明确时，不准动车。

(2)救援列车进入封锁区间后，在接近被救援列车或车列 2 km 时，要严格控制速度，同时，使用列车无线调度通信设备与请求救援的机车司机进行联系，或以在瞭望距离内能够随时停车的速度运行，最高不得超过 20 km/h，在防护人员处或压上响墩后停车，联系确认，并按要求进行作业。

二、路用列车

1. 行车凭证

向非封锁区间开行路用列车时，按该区间的行车闭塞法运行。

向施工封锁区间开行路用列车时，列车进入封锁区间的行车凭证为调度命令。

2. 开行路用列车的有关规定

(1)向施工封锁区间开行路用列车时，列车进入封锁区间的行车凭证为调度命令。该命令中应包括列车车次、停车地点、到达车站的时刻等有关事项，需限速运行时在命令中一并注明。

(2)向施工封锁区间开行路用列车，原则上每端只准进入一列，如超过时，其安全措施及运行办法由铁路局集团公司规定。

(3)路用列车应由施工单位指派胜任人员携带列车无线调度通信设备值乘，并在区间协助司机作业。路用列车或施工机械进入施工地段时，应在施工防护人员显示的停车手信号前停车，根据施工负责人的要求，按调车办法，进入指定地点。

3. 路用列车在区间装卸车的要求

由于铁路施工或其他需要，列车必须在区间装卸车时，装卸车负责人应根据调度命令的要求，指挥列车停于区间指定地点。装卸车完毕后，其负责人应负责检查装卸货物的装载、堆码状态，确认限界，清好道沿，关好车门，通知司机开车。

学习活页

列车运行知识练习

班级：　　　　姓名：　　　　学号：　　　　时间：

一、学习目标

1. 专业能力目标

(1)能说明列车运行时对司机的要求；

(2)能说明列车运行时的限速规定；

(3)能说明列车在区间被迫停车后如何设置响墩防护，并在现场实地设置；

(4)能说明列车在区间被迫停车后，不能继续运行时司机应如何处理，并在模拟驾驶器上进行相应的模拟操纵；

(5)能说明列车在区间被迫停车可能妨碍邻线时司机应如何处置，并在模拟驾驶器上进行相应的模拟操纵；

(6)能说明列车在区间被迫停车后需要分部运行时，司机应怎样做，什么情况下禁止列车分部运行并在模拟驾驶器上进行相应的列车操纵；

(7)能说明什么情况列车不准退行，退行有何规定，并在模拟驾驶器上进行相应的列车操纵；

(8)说明向区间开行救援列车及路用列车有哪些要求

2. 方法能力目标

(1)能综合运用专业知识,通过利用专业书籍、多媒体课件和图片资料获得帮助信息;

(2)能根据实训项目学习任务确定实训方案,从中学会表达及展示活动过程和成果

3. 社会能力目标

(1)能在实习训练活动中保持积极向上的学习态度;

(2)能与小组成员和教师就学习中的问题进行交流和沟通;

(3)能与他人共享学习资源,具有较好的合作能力和团队协作精神

二、知识总结

1. 简述列车运行时对司机的要求,运行限速有何规定

2. 简述列车在区间被迫停车后,不能继续运行时司机应如何处理

3. 简述列车在区间被迫停车可能妨碍邻线时司机应如何处置

4. 简述列车在区间被迫停车后需要分部运行时,司机应怎样做

5. 简述什么情况下禁止列车分部运行

6. 简述什么情况列车不准退行,退行有何规定

7. 简述区间开行救援列车及路用列车有哪些要求

三、操作运用

1. 在机车综合实训室模拟列车在区间被迫停车后分部运行

2. 在机车综合实训室模拟开行救援列车和路用列车

四、学习小结

五、成绩评定

1. 学生评价

评价等级	A—优	B—良	C—中	D—及格	E—不及格
学生自评					
组内互评					
他组互评					

2. 教师评价

评价等级	A—优	B—良	C—中	D—及格	E—不及格
专业能力					
方法能力					
社会能力					

3. 综合评价

评价等级	A—优	B—良	C—中	D—及格	E—不及格
评价结果					

注：按照学生自评占10%、组内互评占10%、他组互评占20%、教师评价60%的比例计分。其中，A—100分，B—85分，C—75分，D—60分，E—50分。

4.评价量规

等级	行为表现描述
A	能圆满高效地完成实训任务的全部内容
B	能顺利完成实训任务的全部内容
C	能完成实训任务的全部内容,但需要一些帮助和指导
D	自己只能完成实训任务的部分内容,但在现场的指导下,已经能完成任务的全部内容
E	不能完成实训任务的全部内容

小　结

本章对列车运行进行了系统的讲解,主要介绍了列车运行的基本要求、列车在区间被迫停车后的处理、列车分部运行及退行的规定、救援列车及路用列车的开行等。为机车乘务作业打下理论基础。

模块六　调车工作

调车工作是铁路运输生产过程中的基本环节，是车站工作的主要内容之一。它对及时解体、编组列车，取送旅客列车车底和货物装卸作业、检修作业的车辆，按运输需要调动机车车辆，完成列车技术检查、整备作业，保证按运行图行车、安全正点发车，缩短车辆停留时间，加速车辆周转，全面提高服务质量，完成铁路运输的数量与质量指标任务，都有着十分重要的意义。

车站技术作业过程，是在现有技术设备和一定的行车组织方式条件下，有效地利用车站各项技术设备，合理安排作业，组织均衡生产，在参加运输工作的各部门密切协同动作的基础上制定的技术作业标准。调车作业计划规定了每批作业的具体任务、内容、方法、顺序、完成时间及注意事项等，是调车作业的依据和具体行动计划。因此，车站的调车工作必须按车站技术作业过程和调车作业计划进行。

单元一　调车工作的一般要求

学习目标

(1)了解参加车站调车作业人员的基本要求；

(2)掌握调车工作"九固定"的规定；

(3)掌握调车作业中使用无线调车灯显设备的规定。

基础知识

一、参加车站调车作业人员的基本要求

车站的调车工作，应按车站的技术作业过程及调车作业计划进行。参加调车作业的人员应做到：

1. 及时编组、解体列车，保证按列车运行图规定的时刻发车，不影响接车

首先明确接发车与调车的关系，即编组要保证发车、解体要不影响接车。及时编组列车，就是按规定的时间标准完成编组任务，从而保证列车按运行图规定的时刻正点发车。车站的编组列车顺序及每列车编完时间，应按列车运行图规定的各次列车发车时刻去安排。在不妨碍正常接车和解体的条件下，正确安排编组列车计划，完成列车编组任务，合理运用到发线。及时解体列车，就是到达列车完成技术作业后，及时进行解体作业。这样既可减少占用到发线时间，又可保证正常接发其他列车，并为中转车流接续和作业车的送车创造条件。调车作业除从编组解体方面保证列车接发以外，从行车组织的角度，还应严格执行在正线、到发线上作业的有关规定，保证调车作业不影响接发列车。

2.及时取送客货作业和检修的车辆

一是要快速取送旅客列车车体,保证车辆技术检查和客运整备作业所需时间,保证旅客列车安全正点始发;二是及时取送货物装卸和检修的车辆,确保货物装卸及车辆检修作业,缩短车辆停留时间,加速车辆周转。旅客列车始发量较大的车站,应从保证旅客列车正点始发的原则出发,加强与车辆及客运部门的联系,做到车底编组与车底取送兼顾;货物作业量较大、取送地点较多的车站,应从压缩车辆停留时间和加速货物送达的原则出发,合理安排取送车计划,兼顾取送作业与列车编解作业。检修车辆按需要应实行定点、定量、定时取送,以利于检修作业的正常进行。车站与专用线、段管线所属部门应签订取送车协议,明确各自的管理职责,加强专用线、段管线的管理,在《站细》中应明确规定专用线、段管线取送车办法。

3.调车工作应充分运用调车机车及一切技术设备,采取先进的作业方法,用最少的时间完成调车任务

一方面要经济合理地运用调车机车及一切技术设备,采用先进工作方法,周密计划,合理安排,做到快编、快解、快取、快送,尽可能组织平行作业,充分挖掘设备潜力,压缩各种非生产时间,提高调车效率,最大限度地发挥调车机车和技术设备的效能;另一方面要发挥调车人员的积极性,各工种间密切配合、协同动作,不断提高劳动生产率。这是对调车工作的一项基本要求,也是衡量车站行车组织工作水平的一个重要标志。

4.认真执行作业标准,保证调车有关人员的人身安全及行车安全

调车工作是在动态中进行的,作业组织复杂,多工种联合动作,时常面对恶劣的天气,多变的环境,影响因素诸多,多年来调车事故在行车事故中所占比重最大,所以在调车工作中,必须认真执行规章制度,落实作业标准,遵章守纪,防止一切可能发生的事故,保证调车有关人员的人身安全及行车安全。因此,车站应坚持把安全生产放在最核心、最重要、最突出的位置。

二、调车工作"九固定"的规定

调车工作要固定作业区域、线路使用、调车机车、人员、班次、交接班时间、交接班地点、工具数量及其存放地点。

作固定替换用的调车机车及小运转机车,应符合调车机车的条件(有前后头灯、扶手把、防滑踏板等)。

调车工作的"九固定"是安全、迅速地进行调车作业的行之有效的制度,有助于提高调车工作效率,保证调车安全。固定作业区域、线路使用、调车机车、人员和班次,能够充分合理运用调车设备和调车机车,组织平行作业,提高劳动生产率。由于调车工作的多变性、环境的复杂性,除必须加强计划指挥管理外,还必须从固定调车设备、工具,固定人员制度上加以保证,特别对于调车工作繁忙,有数台调车机、数个调车组同时作业的车站尤为重要。

1.固定调车作业区域

固定调车作业区域,就是在技术站或者调车作业繁忙、配线较多、调车作业种类多的中间站,大多配有两台或多台调车机车,为避免同时作业相互间的干扰,提高调车效率和保证调车作业的安全,把每台调车机的作业范围固定在一定区域之内,按分工进行相对固定的作业,便于调车作业人员掌握设备情况,熟悉本区作业性质,也有利于提高调车效率和保证调车作业的安全。

2. 固定线路使用

固定线路使用，主要是指对调车线按列车编组计划车流组号、车流性质和车流量，以及特殊用途等，结合线路的配置情况，合理安排线路的使用方案，从而有效地使用线路，减少重复作业，缩短调车行程，并有利于提高调车计划质量和保证安全生产。

3. 固定调车机车

为便于调车领导人、调车指挥人和其他调车人员熟悉调车机车性能、特点如换长、功率、制动性能等，科学、合理的编制或执行调车作业计划，调车机车应相对固定。

4. 固定人员和班次

调车作业是由多工种配合进行的，包括调车组人员、机车乘务组人员和扳道人员等，由于单位不同、工种不同，他们长期固定在一起工作（俗称“对班”），有利于各工种间的互相了解，密切配合，协调作业，有利于提高工作效率和保证作业安全。

5. 固定交接班时间和地点

固定交接班时间和地点，可以避免互相等待，有利于压缩非生产时间，便于管理。

6. 固定工具数量及存放地点

调车工具如铁鞋、叉子等，要按需固定数量、固定地点存放，保证能够交接清楚，不仅有利于日常使用和保管，当发生损坏或短少时，也便于及时发现和补充，消除安全隐患，保证正常作业需要。

因为调车机车与本务机车担当的任务不同，机车装备要求也不同，除配备列车运行监控装置、列车无线调度通信设备及防溜、救援、消防等设备外，调车机车应配备无线调车灯显车载设备、具备前后瞭望的条件，有条件的还应装备无线调车机车信号和监控系统，为便于调车组人员上下和站立，前后均应有扶手把和防滑踏板。固定替换的调车机车和小运转机车其装备也应符合调车机车的要求，以利于调车作业。

三、调车作业中使用无线调车灯显设备的规定

使用机车进行调车作业时，应采用无线调车灯显设备（机车摘挂、转线等不进行车辆摘挂的作业，列车在到达线路内拉道口、直接后部摘车除外），并使用规定频率，其显示方式须符合有关要求。无线调车灯显设备应与列车运行监控装置配合使用。

无线调车灯显设备正常使用时停用手信号，对灯显以外的作业指令采用通话方式；无线调车灯显设备发生故障时，改用手信号作业。

无线调车灯显设备、无线调车机车信号和监控系统的使用、维修及管理办法由铁路局集团公司规定。

随着现代电子技术的发展，铁路加快了运输设备的现代化步伐，调车解体作业从简易驼峰、机械化、半自动化驼峰发展到自动化驼峰；通信联络从使用站场扩音广播、站场对讲电话到无线通信联系；调车作业指挥方式从灯旗指挥到无线调车灯显设备，调车作业的现代化程度越来越高，通信联系和作业指挥越来越灵活可靠。随着无线调车灯显设备在全路的广泛应用，实现了“调车作业不使用灯旗指挥”的目标，在调车作业中，消除了确认信号困难、联系不彻底等安全隐患，提高了调车效率。无线调车灯显设备的记录功能为分析事故或问题提供了有效、可靠的依据，能够找到问题的根源，真正的吸取教训，避免类似问题的再次发生。

1. 使用机车进行调车作业时，应采用无线调车灯显设备

对于以机车为动力的调车作业，应采用无线调车灯显设备进行调车作业指令无线传输和

通话联系，不使用灯旗指挥，提高调车效率，消除确认信号困难、联系不彻底等安全隐患。

由于动车组列车是固定编组，日常调车作业基本限于转线或两列动车组重联、分解作业，而且是自走行作业，一般不设调车指挥人和调车人员。自轮运转特种设备主要担当施工、维修及相关配合作业，采用自走行方式，一般不进行车辆摘挂作业，其自身也未配备调车灯显设备机控器接口设备，在此处对其调车作业是否采用无线调车灯显设备不做统一规定。

2. 机车摘挂、转线等不进行车辆摘挂的作业

列车在到达线路内拉道口、直接后部摘车除外。考虑这几类具体调车作业的性质和实际，作业过程简单，没有调车指挥人和调车人员参与，若使用无线调车灯显设备反而需增加设备和作业环节。对于此类不使用无线调车灯显设备即可安全、高效地完成调车任务的情形，不要求采用无线调车灯显设备。

3. 无线调车灯显设备应与列车运行监控装置配合使用

列车运行监控装置实现了对列车运行的监控与记录，无线调车灯显设备与列车运行监控装置配合使用，可以监控和记录调车作业全过程，将无线调车灯显设备的指令纳入列车运行监控装置进行控制，充分体现了科技保安全、设备保安全的理念。

在无线调车灯显设备未与列车运行监控装置配合使用的情况下，在调车作业过程中，由于调车组人员或机车乘务组人员不执行作业标准或无线调车灯显设备发生故障时，列车运行监控装置不能发挥控制调车车列的作用，难以有效防止调车作业事故或问题的发生。为充分发挥设备安全控制作用，所以规定无线调车灯显设备应与列车运行监控装置配合使用。无线调车灯显设备与列车运行监控装置配合使用，就是将无线调车灯显设备的机控器与列车运行监控装置相连，使列车运行监控装置接收无线调车灯显设备发出的指令，并按指令的要求限制调车速度，对调车作业情况进行监控，必要时停车，在调车作业中能够有效地防止调车超速连挂、调车冲突等事故。

无线调车灯显设备的机控器与列车运行监控装置的连接：担任固定调车作业的机车，无线调车灯显设备的机控器应与列车运行监控装置固定连接；由本务机车、小运转机车(含调度机车)担当调车作业时可使用便携机车控制器，作业开始前无线调车灯显设备的机控器临时与运行监控记录装置连接，作业完了由调车人员取回。

4. 无线调车灯显设备正常使用时停用手信号，对灯显以外的作业指令采用通话方式；无线调车灯显设备发生故障时，改用手信号作业

为了避免灯显和手信号同时使用，增加调车作业环节和作业人员负担，形成“双指令”，也给司机带来识别困难，明确规定无线调车灯显设备正常时，调车作业人员应停用手信号，使用该设备指挥调车作业。考虑到目前灯显设备存在部分作业指令和作业联系等无法显示的情况，为了保证作业安全，对此种情况可采用通话方式。无线调车灯显设备发生故障时，应暂时停止作业，更换备用灯显设备后再继续作业。考虑一批或一钩作业过程中，难以中途更换备用灯显设备，以及没有良好的备用灯显设备等情形，应恢复手信号作业，完成作业任务。如调车组人员间电台通话功能良好时，作业中仍可使用电台相互联系，但调车长须改用手信号方式指挥司机。

5. 无线调车机车信号和监控系统(Shunting Train Protection，STP)设备

STP 设备是使用无线传输方式把地面信号及调车作业计划等数据传送到机车上，由车载监控系统对相关信息进行分析利用，实现站场图显示、作业计划显示、站场调车作业安全控制、

作业过程记录等功能，可有效防止冒进信号和超速造成事故，并实时记录相关数据，便于对作业过程和事故原因的分析，提高调车作业安全性。

单元二　调车作业的领导及指挥

学习目标

(1)了解车站调车工作的领导规定；
(2)掌握车站调车作业由调车长单一指挥的规定；
(3)掌握调车作业中对调车长工作要求的规定；
(4)掌握调车作业中对司机工作要求的规定。

基础知识

一、车站调车工作的领导规定

车站的调车工作，由车站调度员(未设车站调度员的由调车区长，未设调车区长的由车站值班员)统一领导。分场(区)时，各场(区)的调车工作，由负责该场(区)的车站调度员或该场(区)的调车区长领导。

动车段(所)调车工作的领导及指挥由铁路局集团公司规定。

调车工作是由调车组人员、扳道(集中操纵)人员、机车乘务人员等共同完成的，多工种在不同的条件和环境下联合作业，为了安全、迅速、准确、协调地完成调车作业任务，必须有统一领导。即在同一时间内对于一个车站或一个调车场(区)的工作，只能由该站的车站调度员(未设车站调度员的由调车区长，未设调车区长的由车站值班员)一人负责领导。所有车站的调车工作，都应根据调车领导人的命令、计划办理；所有与调车工作有关的人员，必须认真执行调车领导人的命令、指示和工作计划。

1. 设有车站调度员、调车区长车站

车站及各调车场(区)互相间关联的工作，由车站调度员的统一领导；各调车场(区)内的调车工作，由负责该场(区)的调车区长领导。

2. 设有车站调度员未设调车区长的车站

调车工作由车站调度员领导，作业计划由其直接布置。设有调车区长未设车站调度员的车站，调车工作由调车区长领导。

3. 未设车站调度员和调车区长的车站

一般为中间站，调车作业量较小，调车工作由车站值班员领导。

动车段(所)设备及管理模式不尽相同，调车工作的领导及指挥与车站有所区别，具体由铁路局集团公司规定。

二、调车长单一指挥的规定

调车作业由调车长单一指挥。利用本务机车进行调车作业时，可由车站值班员或助理值班员担任指挥工作。遇有特殊情况，可由经鉴定、考试合格取得调车长资格的胜任人员代替。

调车作业实行单一指挥的制度，是为了保证调车作业有关人员行动一致，密切配合，在保证安全的基础上，提高效率，更好地完成调车任务。

单一指挥就是对每台担当调车作业的机车在同一时间内只准由调车指挥人一人指挥。所有调车有关人员（调车组、扳道组、机车乘务组）都必须按调车指挥人的指挥进行作业。

调车指挥人的确定，按人员配备与作业要求的不同，有以下几种情况：

(1)调车组均配有调车长，配有调车组的车站，调车作业应由调车长单一指挥。

(2)未设调车组的车站或调车组正在进行其他调车作业，如需利用本务机车进行调车作业时，可由车站值班员或助理值班员担任指挥工作。

(3)如因特殊情况，上述指定人员不能指挥调车作业时，只准许由经鉴定、考试合格取得调车长资格的胜任人员担当调车指挥工作。

三、调车长工作要求

调车长在调车作业前，必须亲自并督促组内人员充分做好准备，认真进行检查。在作业中应做到：

(1)组织调车人员正确及时地完成调车任务。

(2)正确及时地显示信号(发出指令)，指挥调车机车的行动。

(3)负责调车人员的人身安全和行车安全。

在调车作业中，调车长既是组织者又是指挥者，对组织调车人员执行规章制度、落实作业标准，严格按《站细》的规定和调车作业计划进行工作，保证安全，提高效率，全面完成任务，负有重要责任。因此，调车长不仅要做好本身的工作，还要组织、督促并指挥调车人员共同完成调车工作。

调车作业的准备工作，是保证顺利完成调车任务的前提。调车作业准备工作主要包括以下几个方面：

1. 在计划安排方面

要传达核对计划，制定作业方法，进行作业分工，并针对重点工作进行安全预想。

2. 在工具准备方面

要对调车组的每台无线调车灯显设备进行检查试验，特别是须与司机确认无线调车灯显设备作用良好，要准备好铁鞋、叉子、安全带、灯具及防溜器具等。

3. 在了解情况方面

要掌握是否空线、各线车辆停留位置、停留车组间隔、检修及装卸作业是否完成和防护用具是否撤除等。

4. 在需要提前行动方面

摘管、排风、选择人力制动机，对专用线、段管线的线路、道岔、大门、停留车辆、堆放货物距离、有无障碍物等进行检查。

做好准备是调车作业的关键环节之一，也是保证调车作业安全的关键，上述准备工作，有的需调车长亲自进行，有的是督促有关人员去做；有的需接班开始后进行准备，有的则在连续作业中进行准备。有关人员必须认真做好，有关责任必须落实到人。

在调车作业中，调车长首先要组织调车人员正确及时地完成调车任务。“正确”是指按“调车作业通知单”的要求进行作业，做到溜放调车时不混线、不堵门，尽量缩小车组间隔距离；取送客车、作业车和检修车时，要对好位置；编组列车时，要连挂正确，对好列车试风器位置，并要注意重点检查“关门车”、车下不压铁鞋等。“及时”是指按“调车作业通知单”要求的时刻，及时完成列车编组、解体及车辆取送、转线等作业。

调车长显示的调车手信号或使用无线调车灯显设备发出的指令，是对调车作业行动发出的命令，有关人员必须认真执行，所以信号显示或发出的指令必须正确、及时。“正确”是指信号显示方式或发出的指令意义必须符合有关规定，并做到规范化。如手信号显示要横平、竖直、灯正、圈圆等。“及时”是指根据不同作业要求及距离、速度、作业方法等，及时显示信号或发出指令。

保证调车作业中的人身安全和行车安全，是调车长最重要的责任之一。要求调车长要认真学习规章制度，掌握调车作业标准，在作业中认真落实作业标准化，严格要求，并随时地掌握参加作业人员的动态，了解他们执行作业标准情况，确认其所在位置及信号显示，发现情况不明、信号不清及其他特殊情况危及作业安全时，应立即采取停车措施，以确保人身安全和调车作业安全。

四、调车作业中司机的工作要求

司机负责调车机车的操纵，是保证调车安全和完成调车任务的关键环节。因而司机应做到：

(1)接收作业计划，确认调车作业方法与注意事项，并及时传达给本组人员，组织本组人员正确及时地完成调车任务。

(2)接班后，组织本组人员按规定做好机车整备，确保机车质量良好，检查确认列车运行监控装置良好。使用无线调车灯显设备调车作业时，还应与调车长共同确认无线调车灯显设备作用良好。调车作业中负责操纵机车。

(3)调车手信号和无线调车灯显设备发出的指令是对调车作业发出的命令，作业中要认真确认、执行信号显示(作业指令)和调车速度的要求。没有信号或指令不准动车，遇有固定信号、手信号显示不明或不正确和无线调车灯显设备故障、指令不清、错误显示、无信号显示或接到紧急停车指令时，要立即停车，确认信号或指令后再行作业，严禁臆测行车。

(4)确认信号显示(作业指令)，不间断地瞭望，督促本组人员注意瞭望、互控，认真执行呼唤应答制度，发现危及人身或作业安全时，要立即采取措施确保安全。

单元三 调车作业的计划及准备

学习目标

(1)掌握车站调车作业计划编制和布置的要求；

(2)掌握车站调车作业计划变更的规定；

(3)掌握调车作业前准备工作的要求。

基础知识

一、车站调车作业计划编制和布置的要求

调车领导人应正确及时地编制、布置调车作业计划。布置调车作业计划，应使用调车作业

通知单。中间站利用本务机车调车，应使用有示意图的调车作业通知单（示意图可另附）。使用无线调车灯显设备的车站，调车作业计划布置方法，由铁路局集团公司规定。

列车在到达线路内拉道口、对货位、直接后部摘车、本务机车（包括重联机车、补机）摘挂及转线、企业自备机车进入站内交接线整列取送作业，可不使用调车作业通知单。

自轮运转特种设备调车作业是否需要使用调车作业通知单由铁路局集团公司规定。

调车领导人与调车指挥人必须亲自交接计划。由于设备原因，亲自交接计划确有困难以及设有调车作业通知单传输装置的车站，交接办法在《站细》内规定。

调车指挥人应根据调车作业计划制定具体作业方法，连同注意事项，亲自向司机交递和传达；对其他有关人员，应亲自或指派连结员进行传达。具体传达办法，在《站细》内规定。

调车指挥人确认有关人员均已了解调车作业计划后，方可开始作业。

动车段（所）调车工作的计划编制及下达办法由铁路局集团公司规定。

调车作业计划是调车人员的行动依据，调车领导人是通过调车作业计划来实现对调车工作的领导，完成调车工作任务。调车领导人必须根据车站技术作业过程所规定的各项技术作业时间标准和班计划、阶段计划的任务要求，结合站内或有关区域内现在车分布情况和列车到达确报，按始发列车的编组要求、到达列车的编组内容、旅客列车车底、货物作业车和检修车取送安排、接发列车与调车作业的进展情况等，正确及时地编制、布置调车作业计划。

编制调车作业计划，应根据列车到发计划、列车编组计划、车流接续要求和货物作业情况，确定合理的作业顺序；最大可能地实现解体照顾编组，编解与取送、取送与货物作业和检修作业结合，使各项作业均衡衔接；及时取送旅客列车车底，并进行必要的倒调作业，有足够的时间使车辆部门进行检修作业和客运部门进行整备作业，保证旅客列车的正点始发。在保证安全的前提下，调车作业要充分利用线路，合理运用调车机车，做到计划周密、安排详细，正确无误。

编制调车作业计划时，在充分考虑各方面因素的基础上，要努力提高作业效率，用最少的作业钩数，最短的调车行程，占用最少的线路，消耗最少的时间，完成阶段计划所规定的各项调车工作任务。

调车作业计划的编制和布置，要做到及时、正确、完整。这就是在编制计划前要根据列车确报等资料，全面了解列车到达和始发情况，提前做好计划，使调车作业连续衔接，前一批作业为后一批作业打好基础；计划内容要正确，注意事项齐全，避免错漏，要有充分的预见性，减少变更；计划要完整，不仅要有占用股道、摘挂车数，而且要有详细准确的注意事项。如对禁止溜放的情况和限速连挂、禁止过峰、禁止使用铁鞋制动的车辆、空车及易碎易窜货物的车辆等，都必须用易懂易记的符号或标记加以注明，以便作业中执行和引起调车作业人员的注意。

布置调车作业计划是一项十分严肃认真的工作。调车领导人编制的调车作业计划，应以书面形式下达。一般采用“调车作业通知单”布置计划。

在“调车作业通知单”上，应明确调车作业的调车组（只有一个调车组时除外）、编解列车的车次、作业的计划开始与终了时间、使用的线路、摘挂的辆数、应注意的事项及经由的车场线路等。

“调车作业通知单”的填记必须准确、清楚。“注意事项”包括的内容、符号、填记方法，由各站自行规定，填记在记事栏内。编制调车计划的调车领导人应签名（打印姓名）。

由于本务机车通常担当的是列车牵引任务，有时在区段内不固定的车站进行调车作业，考虑到司机对车站线路及站场设备及停留车位置不够熟悉，所以规定中间站利用本务机车进行调车时，不论作业计划或变更计划钩数多少，均使用附有示意图的“调车作业通知单”，使司机熟悉和掌握设备、停留车情况，为作业提供方便条件。

考虑近年来大量采用计算机系统编制、传输调车作业计划，示意图难以植入系统，还有一些中间站站场较大、线路复杂，调车作业通知单上的示意图受页面大小限制看不清，因此示意图可在调车作业通知单外另附。

使用无线调车灯显设备调车时，调车人员之间可以进行通话，为作业布置调车计划提供了方便条件。如何使用无线调车灯显设备布置计划，由铁路局集团公司根据设备情况和作业特点统一规定。

列车在到达线路内拉道口、对货位、直接后部摘车、本务机车（包括重联机车、补机）摘挂及转线、企业自备机车进入站内交接线整列取送作业，作业简单，可不使用调车作业通知单。

自轮运转特种设备主要担当施工、维修及相关配合作业，一般不进行车辆摘挂作业，是否需要使用调车作业通知单由铁路局集团公司规定。

调车领导人和调车指挥人亲自交接计划不仅能够防止误传计划，而且能交换更多的情况，全面了解作业任务及意图，及时准确地掌握各种注意事项，有利于保证安全，提高效率。如确因连续作业，调车指挥人不能离机车时，调车领导人应将计划亲自送到作业场所，当面交与调车指挥人。如因设备和劳动组织的原因，调车领导人与调车指挥人不能亲自交接计划时，交接办法在《站细》内规定。但无论用人工传递、固定设备传递或电话抄收等，都必须保证调车计划能够交接清楚。随着现代化传输设备的应用，调车计划的传达方式越来越先进，自动化驼峰设备可将计划直接传输至自动控制系统，有的还采用调车通知单传输系统（传统机械、有线或无线设备等）、计算机网络传输、电话传真等，但计划接收人均应与计划编制人进行认真的核对，以免计划接收不正确影响作业，具体核对方法应在《站细》内规定。

为正确及时地完成调车作业计划，调车指挥人每次接受调车作业计划后，应根据计划内容和要求，结合设备、车辆停留、人员配备等情况，制定具体的调车作业方法，连同注意事项亲自向司机交递和传达；对其他人员也应亲自传达，使参加调车作业的人员明确作业方法和注意事项，按照计划统一协调行动。线路比较分散、业务量比较大的车站，调车指挥人亲自传达计划有困难时，可指派连结员进行传达，具体传达办法在《站细》内规定。比如由调车领导人将调车作业计划向信号员传达；驼峰作业时，调车领导人向峰顶提钩人员及峰下铁鞋制动长传达；未设调车组的中间站利用本务机车作业时，由车站值班员向扳道员传达等。

调车作业计划的传达，有一个最根本的要求，那就是无论采取何种传达和联系方法，最后都必须由调车指挥人确认有关人员均已正确了解调车作业计划、掌握作业要求及注意事项后，方可开始作业。

动车段（所）设备及管理模式不尽相同，调车内容和调车工作计划的编制及下达办法也与车站有所区别，具体由铁路局集团公司规定。

二、车站调车作业计划变更的规定

一批作业（指一张调车作业通知单）不超过三钩或变更计划不超过三钩时，可用口头方式布置（中间站利用本务机车调车除外），有关人员必须复诵。变更股道时，必须停车传达。仅变更作业方法或辆数时，不受口头传达三钩的限制，但调车指挥人必须向有关人员传达清楚，有关人员必须复诵。

由于调车作业涉及的环节多且现场情况多变，变更调车作业计划在所难免，但是及时了解和准确掌握实际情况，增强预见性，做到不变更或少变更计划，是对调车领导人的一项重要要求。变更调车作业计划，会打乱调车长已经布置的作业方案，而且常常因为传达不彻底，造成调车人员预想不够，失去协调，以至发生错漏，破坏工作秩序，引发混乱，甚至酿成事故。因此，遇变更计划，必须把住传达彻底这一关。

考虑到变更计划多在作业过程中发生，重新填写书面计划影响作业效率，但又考虑到人的记忆能力有限，所以规定一批作业不超过3钩或变更计划不超过3钩时可用口头方式布置，这样即保证了作业安全，又一定程度上提高了作业效率。为了确保作业人员协调一致，传达必须清楚彻底，重点工作和注意事项要布置清楚，接受计划人员必须复诵，对重点工作和注意事项做好预想，做到心中有数。

调车作业线路的有效长、停留车、作业要求各不相同，为此变更股道，牵涉面较广，是调车计划主要内容的变更，因而对调车安全的危害也最大。在执行调车作业计划中，因某种原因，不得不改变原来计划的股道时，为安全起见，调车指挥人必须停止作业，重新传达给有关人员。

仅变更作业方法或辆数时，主要是指溜放与推送方式的变更、摘挂车数的变化，因而不受口头传达三钩的限制，但调车指挥人必须向有关人员传达清楚，推送变更溜放时，有关人员要提前做好车辆制动的准备工作。

驼峰解散车辆，只变更钩数、辆数、股道时，可不通知司机，但调车机车变更为下峰作业或向禁溜线送车前，须通知司机。

驼峰作业，由于司机按信号显示要求推峰，涉及峰下作业只变更钩数、辆数、股道时，对司机操纵影响不大，可不通知司机。但变更为调车机车下峰作业或向禁溜线送车时，涉及调车作业方法的改变，下峰作业或向禁溜线送车时如果速度掌握不好，容易发生问题，对安全危害较大，因此必须向司机传达清楚。

去货物线、专用线调车时，遇现场的实际情况与原计划不符时，准许调车指挥人根据实际情况，自行变更或制定作业计划。但使用无线调车灯显设备能够与调车领导人取得联系时，须取得其同意；同时中间站利用本务机车调车时，也可以采用改写调车作业通知单的方式向司机传达，但作业完了后，必须及时向调车领导人汇报计划变更和车辆停留情况。

三、调车作业前准备工作的要求

提前做好调车作业前的准备工作，搞好安全预想，才能顺利地进行调车作业，安全迅速地完成调车工作任务。调车作业前主要做好下列准备工作：

1. 作业开始前要事先做好排风、摘管工作。

排风，是指由专人拉动待解车列每辆车的缓解阀，将副风缸、制动缸的风排净，防止因副风缸内余风漏泄发生制动，造成车辆作业中抱闸，危及溜放车辆的安全。摘管，是指按调车作业计划的要求，将摘开车组处的车辆软管摘开，方便提钩作业，以免在解散或溜放过程中停车摘管，延长解体时间。

在调车作业开始前，为了使调车人员进一步清楚作业计划和分工，有关人员应进一步核实确认计划，明确各自的作业分工、并做好安全预想。特别是对调车指挥人不能亲自传达布置的人员，更要认真核对计划防止错漏。在填写或抄收、传收“调车作业通知单”的过程中，也要认真核对，防止传错、抄错。

确认进路、检查线路、道岔(集中联锁区除外)和停留车位置等工作，都是确保调车作业安全的重要环节。在集中区调车时，要确认进路上所有调车信号机都处于开放状态；在非集中区调车时，要确认扳道人员的开通信号，无扳道人员时调车组人员要确认道岔开通位置。确认进路，调车人员必须做到钩确认。

在轨道电路分路不良区段进行调车作业时，调车组人员(司机)还应确认调车车列(机车)到达指定地点后，再通知准备进路人员排列进路，防止因轨道电路分路不良造成道岔中途转换，危及调车安全。

要提前检查线路、道岔(集中联锁区除外)、停留车位置，尤其是去货物线、专用线、段管线取送车辆时，应事先派人检查线路、道岔(集中联锁区除外)、车辆、大门、货物堆放距离及安全防护用具使用情况，因路途较远或受人员、设备的限制，可在进入上述线路前检查，具体办法应在《站细》内规定。货物线、专用线、段管线由于作业特点、人员和管理方面的问题，不确定的因素多，作业条件变化大，因此要认真检查确认，不得简化作业过程、臆测作业和盲目图快，同时要有联控制度，以防疏漏，确保安全。

检查停留车辆的防溜措施，主要是指去货物线、专用线、段管线及其他停有采取防溜措施车辆的线路上摘挂车辆时，应先检查停留车是否采取了防溜措施。牵出或推进车列时，要检查车下有无铁鞋、止轮器，人力制动机是否松开，防止因拉鞋、轧止轮器或抱闸造成事故。对摘下需要采取防溜措施的车辆，要检查是否按规定采取了防溜措施，是否牢靠固定、防盗措施齐全。

2. 人力制动机制动时，要事先做好选闸和试闸工作。

在选闸和试闸中，一般要做到“四选四不选”，即选前不选后，选重不选空，选大不选小，选高不选低和“一闸两试”(停车试和走行试)等方法。这样，才能保证溜放的车组有足够的制动力，防止选闸不当制动力不够或未试闸等，致使人力制动机制动力不强或不制动造成事故。

为了保证调车作业人员的人身安全，使用人力制动机制动的人员，必须按规定挂好安全带。

3. 为确保调车作业过程中溜放车组制动和机车车辆停留后防溜需要，作业前应准备良好、足够的制动铁鞋和防溜器具。

铁鞋制动时，包线制动员要根据溜放车组的空重及辆数的多少，提前在上鞋地点备好足够的制动铁鞋。

铁鞋无论用于制动还是防溜，都应该良好，包线制动员必须认真检查，不合格的铁鞋禁止使用，并应及时更换。

铁鞋具有下列之一不良情况者，禁止使用：

(1)支座有裂纹。

(2)没有挡板或挡板损坏。

(3)底板扭曲。

(4)鞋尖与轨面不密贴。

(5)鞋尖破损、压扁或弯曲。

(6)鞋尖宽度超过轨面宽度。

(7)支座或底板的焊接破裂或铆钉松动。

(8)底板边缘损坏、磨耗过甚或弯曲。

(9)铁鞋尺寸与轨型不符。

(10)铁鞋底板有冰雪、油渍或盐碱等润滑物质。

发现不合格的铁鞋,当时不能更换的,应放在线路中间或集中放置在一处,不得与合格的铁鞋混在一起,以免用错造成事故。

4. 无线调车灯显设备作为指挥调车作业的关键设备,调车作业过程中必须时刻保持良好的状态。

作业开始前必须进行试验,主要包括调车组人员间的试验和调车长与司机间的试验,试验其各项功能作用良好、电力充足,以防作业过程中发生故障,影响调车作业的正常进行。

对于固定调车组和调车机车的车站,无线调车灯显设备也是固定使用,一一对应,一般要求调车组人员和机车乘务组人员接班后进行一次试验,确保无线调车灯显设备状态良好,在本班时间内,无须每批作业前进行无线调车灯显设备试验。但遇班中更换无线调车灯显设备或更换机车时,应在更换后对无线调车灯显设备试验良好。对于不固定作业机车的车站,如利用本务机车进行调车作业时,每次作业前均需对无线调车灯显设备试验良好。

单元四　调车作业

学习目标

(1)掌握调车作业中信号的显示及确认规定;
(2)掌握调车作业中进路确认及起动的规定;
(3)掌握调车作业速度及安全距离的规定;
(4)掌握调车作业中禁止溜放的车辆、线路及其他限制;
(5)掌握调车作业中摘车的规定;
(6)掌握调车作业中通过驼峰的规定;
(7)掌握线路两旁堆放货物的安全距离规定;
(8)掌握手推调车的规定;
(9)掌握动车组调车作业的规定。

基础知识

一、调车作业中信号的显示及确认规定

调车作业时,调车人员必须正确及时地显示信号;机车乘务人员要认真确认信号,并回示。调车组、扳道组、信号操纵人员等所有调车作业人员,显示信号或使用无线调车灯显设备发出指令时要正确、及时;机车乘务人员须不间断地确认地面固定信号和调车人员显示的手信号(无线调车灯显设备发出指令),并须及时回示,表示确已了解。

推进连挂车辆时,调车指挥人应根据停留车位置的距离,要显示"十、五、三车"的距离信号或发出相应的指令,没有显示"十、五、三车"的距离信号,不准挂车,没有司机回示,应立即显示停车信号。在调车车列前端距离被连挂车辆十车(约 110 m)时,显示十车信号或发出"十车"指令;距离五车(约 55 m)时,显示五车信号或发出"五车"指令;距离三车(约 33 m)时,显示三车信号或发出"三车"指令。如距离不足十车时,仅显示"五、三车"信号或发出"五、三车"指令;

不足五车时，仅显示“三车”信号或发出“三车”指令；不足三车时，仅显示接近连挂信号或发出相应指令。接近连挂信号比照向显示人稍行移动信号显示。

推进连挂车辆时，司机须时刻注意确认“十、五、三车”距离信号或无线调车灯显设备的指令，并回示。同时，应按信号或指令的要求正确控制速度。为避免司机误认，调车指挥人在距停留车十车以内，不要再显示减速信号。调车指挥人显示“十、五、三车”距离信号或发出指令后，如发现司机未回示或没有按规定减速时，应立即显示停车信号或发出紧急停车指令。调车作业中往往会出现很多意外情况，调车人员除应认真瞭望信号、注意调车车列及周围情况外，处理好紧急情况也是一项重要的要求。以往调车作业中发生过很多因处理突发事件不妥当而发生的调车事故，主要是调车人员执行这一规定不坚决、不果断所致，也有部分人员在紧急情况下，忙中出错，忘记或不知道显示停车信号或发出紧急停车指令。

推进车辆时，要先试拉，以检查车钩连挂状态，防止车钩没有挂好，导致推进中车辆溜走。在同一线路内，连续连挂车辆时，可不停车连挂，但要确认连挂状态，车组间距超过十车以上时，必须顿钩或试拉。一批作业过程中牵出后折返推进时，不需进行试拉。被连挂车辆距警冲标较近时，须采取相应安全措施。列车编组完了最后一钩，应进行试拉。推进车辆运行或连挂其他车辆时，调车指挥人确认前方进路和“十、五、三车”距离有困难时，可指派制动员、连结员在推进车辆的前部进行瞭望确认，有关人员须及时显示信号或发出指令，推进车辆较多时应派中转人员按规定中转信号，调车长应掌握显示信号或发出指令情况，发现盲目推进等情况时，要及时采取减速或停车措施。

单机挂车时，因司机视线不受影响，所以调车指挥人可不显示“十、五、三车”距离信号，使用无线调车灯显设备时可不发出“十、五、三车”指令。

当调车指挥人确认停留车位置有困难时，应派人显示停留车位置信号。遇有天气不良、照明不足或地形地物影响，调车指挥人看不清停留车位置时，应派人在停留车的连结一端显示停留车位置信号。

调车人员不足 2 人，不准进行调车作业。调车作业是一项复杂的工作，涉及进路、信号的确认，停留车及线路的检查，防溜措施的采取与撤除及机车车辆的移动等，一个人很难完成上述工作，同时为保证调车作业安全和人身安全，更好地完成调车任务，参加作业的调车组人员必须达到 2 人及以上时，方准进行调车作业。

二、调车作业中进路确认及起动的规定

在调车作业中，单机运行或牵引车辆运行时，前方进路的确认由司机负责；推进车辆运行时，前方进路的确认由调车指挥人负责，如调车指挥人所在位置确认前方进路有困难时，可指派调车组其他人员确认。调车作业就是将机车车辆有目的进行移动，因此调车进路的正确与否对调车作业的安全与效率有着直接的影响。调车作业中调车人员必须确认调车信号机的显示状态或扳道人员的开通信号。

为了明确司机和调车指挥人确认进路的责任分工，根据作业中他们所处的位置和所具备的瞭望条件，规定单机运行或牵引车辆运行时，前方进路的确认由司机负责；推进车辆运行时，前方进路的确认由调车指挥人负责。在推进车辆运行中，调车指挥人应站在既易于确认前方进路，又能使司机看见其显示信号的位置。如两者不能兼顾时，调车指挥人应站在能使司机看见其显示信号的位置，车列前部再指派其他调车人员确认进路，并及时向调车指挥人显示信号

或使用无线调车灯显设备发出指令。

没有看到调车指挥人的起动信号，不准动车（但单机返岔子或机车出入段时，可根据扳道员显示的道岔开通信号或调车信号机显示的允许运行的信号动车）。无扳道员和调车信号机时，调车指挥人确认道岔开通正确（如为集中操纵的道岔，还须与操纵人员联系）后，向司机显示起动信号。司机须凭调车指挥人显示的信号或无线调车灯显设备的指令动车，以便其他调车作业人员做好各项工作，保证作业安全。遇无扳道员和调车信号机时，调车指挥人确认道岔开通正确（如为集中操纵的道岔，调车指挥人还应与操纵人员联系确认）后，向司机显示起动信号或发出起动指令，司机凭调车指挥人的起动信号或起动指令动车。

非集中区调车作业时，要认真执行要道还道制度。扳道员之间的要道还道办法及集中区与非集中区间的作业办法，在《站细》内规定。连续溜放和驼峰解散车辆时，第一钩应实行要道还道制度（集中联锁设备除外），从第二钩起，按调车作业通知单的要求扳动道岔。为保证调车进路的正确，防止调车作业中挤岔或进入异线等事故的发生，非集中区调车作业时，调车有关人员要认真执行"要道还道"制度。

要道的方法有两种：一是单机或牵引运行时，由司机要道；二是推进车辆运行时，由车列前端的调车人员要道。还道时扳道员必须在确认进路准备正确、道岔尖轨密贴后，方可显示道岔开通信号。为避免误认，扳道员应先显示开通的股道号码，再显示道岔开通信号。当同一个进路由多名扳道员准备时，扳道员间在准备好进路后，先行对道，然后一般由来车方向的第一个扳道员向调车组人员或司机还道。由于设备的不同，扳道员间的要道还道办法应在《站细》内规定。

由集中区到非集中区或由非集中区到集中区的调车作业，应制定要道还道或作业联系办法，由于集中区作业繁忙，涉及接发列车等多项作业，由非集中区到集中区，必须提前做好联系，合理安排，减少作业等待及其他不安全因素。根据各站设备的不同，具体的要道还道办法和非集中区与集中区间的联系办法应在《站细》内规定。

随着无线调车设备的广泛采用，为保护环境，减少噪声干扰，要道还道可以通过无线调车设备进行，具体办法和用语应在《站细》内规定。

要道还道时，应统一为"出×道要×道""进×道要×道"。考虑到连续溜放和驼峰解散车辆作业的特点，规定连续溜放和驼峰解散车辆时，第一钩应实行要道还道制度，从第二钩起，按"调车作业通知单"的要求扳动道岔。集中联锁的调车区，装设了调车信号机，调车作业按信号机显示的要求进行，因此第一钩可不执行要道还道制度。考虑到半自动化、自动化驼峰的调车进路由驼峰设备自动控制，第一钩可不实行要道还道制度，但驼峰调车长、作业员应监视溜放车辆的进路及走行情况。

三、调车作业速度及安全距离的规定

调车作业要准确掌握速度及安全距离，并遵守下列规定：

1. 在空线上牵引运行时，不准超过 40 km/h；推进运行时，不准超过 30 km/h。

调车作业时，车辆的自动制动机多数情况下不加入机车操纵的制动系统，车列的减速和停车都要靠机车本身的制动力；又因调车机车在作业中经常牵出和推进作业交替进行；再有调车作业所经线路的标准、等级及道岔的辙叉型号等可能比正线、到发线低，因此规定在空线上牵引运行时，不得超过 40 km/h。在空线上推进运行时，除同样受到上述限制外，又因车列在前，

司机不便于瞭望前方的进路和信号，只依靠车列前端负责瞭望的调车人员向调车指挥人显示信号或发出指令，再由调车指挥人显示减速或停车信号（指令），由于中转信号需要时间，一旦发生险情，司机制动的时机将要推迟，容易造成事故，所以从调车速度上加以限制，规定为不得超过 30 km/h。

2. 调动乘坐旅客或装载爆炸品、气体类危险货物、超限货物的车辆时，不准超过 15 km/h。

为了保证旅客的安全和舒适，防止装载爆炸品、气体类危险货物（压缩气体、液化气体等）、超限货物等物品的车辆因制动或制动不及产生冲撞等情况而发生意外，所以规定调动这类车辆时，不准超过 15 km/h。

3. 接近被连挂的车辆时，不准超过 5 km/h。

连挂车辆时，为了避免损坏机车车辆，保证机车车辆的完整和所装载的货物不至于发生窜动、倒塌和损坏，必须严格控制速度。因此规定接近连挂车辆时，不准超过 5 km/h。

4. 推上驼峰解散车辆时的速度和装有加、减速顶的线路上的调车速度，在《站细》内规定。

经过道岔侧向运行的速度，由工务部门根据道岔具体条件规定，并纳入《站细》。我国驼峰设备的峰高、道岔区长短、制动方法等各不相同；同时在调车场（编发场）的线路上还装设有加速顶、减速顶和停车器等设备，由于上述设备的构造不同，限制了机车车辆经过的速度。因此，推峰解散车辆的速度和经过装设有加速顶、减速顶和停车器等设备线路的调车速度，由车站在《站细》内规定。

为了检测车辆是否超载，部分车站在牵出线、走行线、交接线等处所装设了轨道衡等测重设备，为保证机车车辆和轨道衡的完整及测重的准确性，机车车辆接近轨道衡等测重设备时，应限制运行速度，具体限速由车站根据设备的限制在《站细》内规定。

由于调车作业活动于调车场、货物线、段管线和专用线，进路上的道岔型号复杂，各种道岔的结构、尺寸标准、性能等有所不同，所以应由工务部门根据道岔具体条件，规定经过道岔侧向运行的速度，纳入《站细》。

5. 在尽头线上调车时，距线路终端应有 10 m 的安全距离；遇特殊情况，必须近于 10 m 时，要严格控制速度。

尽头线的终端不是车挡就是尽头站台，一旦掌握速度不当，可能造成前端车辆冲上车挡或与尽头站台发生冲突，所以规定距尽头线的终端留 10 m 的安全距离。在尽头式站台上进行装卸作业等特殊情况，必须进入 10 m 安全距离以内时，要严格控制速度，保证安全。

6. 电力机车、动车组在有接触网终点的线路上调车时，应控制速度，距接触网终点标应有 10 m 的安全距离；遇特殊情况，必须近于 10 m 时，要严格控制速度。

在电气化铁路的部分线路上，根据技术条件和作业需要并未完全挂网，为了区分有电区与无电区，接触网的终点均挂有终点标。为了防止担当调车作业的电力机车或动车组越过终点标进入无电区，造成刮弓、塌网或将高压电带入无电区造成损害等事故，电力机车或动车组在该线路上调车时，调车人员与司机应严格控制速度，距接触网终点标应有 10 m 的安全距离。

遇特殊情况，必须近于接触网终点标 10 m 进行调车作业时，须严格控制速度，确保不越过终点标。

7. 旅客未上下车完毕，除本务机车、补机摘挂作业外，不得进行旅客列车（车底）的连挂作业。

为防止调车作业中连挂冲撞、超速连挂等影响旅客上下车平稳、安全，提高服务质量，确保安全，规定在旅客上下车期间，除本务机车、补机摘挂作业外，不得进行旅客列车(车底)的连挂作业。

8.遇天气不良等非正常情况，应适当降低速度。

天气不良是不利于调车作业的客观因素，对调车的影响程度很难预先确定，因此调车领导人、调车指挥人和司机可根据气候情况适当降低速度。调车作业中还会遇到很多不正常情况，例如邻线施工或发生事故，人员和机具随时可能侵入本线限界等，此时，亦可依情况适当降低速度。

四、调车作业中禁止溜放的车辆、线路及其他限制

禁止溜放的车辆、线路及其他限制：

(1)装有禁止溜放货物的车辆。

(2)非工作机车、铁路救援起重机、大型养路机械、机械冷藏车、凹型车、落下孔车、客车、动车组和特种用途车。

(3)乘坐旅客的车辆及停有该车辆的线路，停有动车组的线路。

(4)超过2.5‰坡度的线路(为溜放调车而设的驼峰和牵出线除外)。

(5)停有正在进行技术检查、修理、装卸作业车辆及无人看守道口的线路。

(6)停有装载爆炸品、气体类危险货物车辆的线路。

(7)停留车辆距警冲标的长度，容纳不下溜放车辆(应附加安全制动距离)的线路。

(8)中间站正线、到发线及与其衔接而未设隔开设备的线路。

(9)调车组不足3人时，禁止溜放作业。

(10)不准采用牵引溜放法调车。

五、调车作业中摘车的规定

调车作业摘车时，必须停妥，按规定采取好防溜措施，方可摘开车钩；挂车时，没有连挂妥当，不得撤除防溜措施。停留在线路上的车辆，在重力及风力、振动和冲撞等其他外力作用下，静止的车辆有可能溜走，运行中的车辆，在势能和运动惯性的作用下，将加快走行速度，失去控制的车辆将造成可怕后果，因此必须对停留车按规定采取防溜措施。需要摘下车辆时，必须停妥，没有按规定采取好防溜措施，不得摘开机车，防止因坡道或振动等造成车辆溜逸；连挂车辆时，要先检查防溜措施后再连挂，挂好后方可撤除全部防溜措施，防止因先撤除防溜措施或防溜措施不起作用，在机车连挂过程中因坡道或机车车辆的冲撞等造成车辆溜逸。

但影响摘挂车的防溜器具，在其他防溜措施作用良好的情况下，在摘挂车前可先行撤下，如防溜枕木、防溜脱轨器、铁鞋等，此时应派人在现场看护。

防溜器具是指人力制动机、人力制动机紧固器、防溜铁鞋、防溜枕木、防溜脱轨器、止轮器等。

转场或在超过2.5‰坡度的线路上调车时(驼峰作业除外)，10辆及以下是否需要连结软管及连结软管的数量，11辆及以上必须连结软管的数量，以及以解散作业为目的的牵出是否需要连结软管，由车站和机务段根据具体情况共同确定，并纳入《站细》。转场作业运行距离长，需要跨越正线或影响其他调车区作业，所以应加强车列的制动能力，以便遇到特殊情况可以随时停车。在超过2.5‰坡度的线路上(是指线路有效长内的平均坡度，驼峰作业除外)调

车，特别是去坡度较大的专用线取送作业，需要较强的制动力。因此转场或在超过 2.5‰坡度的线路上调车时，11 辆及以上必须连结软管，以保证按要求减速或停车。为了既能保证作业安全，又不至于影响作业效率，兼顾调车作业“提前排风、摘管”的要求，对于 11 辆及以上必须连结软管的数量、10 辆及以下是否需要连结软管及连结软管的数量，以及以解散作业为目的的牵出是否需要连接软管，由车站与机务段根据机车类型、线路坡度、挂车多少、走行速度等情况，研究确定并纳入《站细》。

六、调车作业中通过驼峰的规定

机车（调车机车除外）、铁路救援起重机、客车、动车组、大型养路机械、凹型车、落下孔车、钳夹车及其他涂有禁止上驼峰标记的车辆禁止通过驼峰。装载活鱼（包括鱼苗）、跨装货物的车辆（跨及两平车的汽车除外）等，是否可以通过驼峰，由车站会同车辆段等有关单位做出具体规定，并纳入《站细》。

如因迂回线故障等原因，机械冷藏车必须通过设有车辆减速器（顶）的驼峰时，以不超过 7 km/h的速度推送过峰。不得附挂机械冷藏车溜放其他车辆（推峰除外）。

曲线外轨、调车场以外的线路和外闸瓦车、直径 950 mm 及以上的大轮车，严禁使用铁鞋制动。

七、线路两旁堆放货物的安全距离规定

线路两旁堆放货物，距钢轨头部外侧不得小于 1.5 m。站台上堆放货物，距站台边缘不得小于 1 m。货物应堆放稳固，防止倒塌。站台上堆放货物时，考虑调车人员及其他有关作业人员作业条件，保证人身安全，防止货物倒塌掉在线路上，影响行车安全，所以规定站台上堆放货物，距站台边缘不得少于 1 m。

货运人员要经常检查货物堆放距离，堆放的稳固程度保证距离够，不倒塌。

不足上述规定距离时，不得进行调车作业。

八、手推调车的规定

手推调车（手推调车是通过人力在短距离内移动车辆位置），须取得调车领导人的同意，人力制动机作用必须良好，有胜任人员负责制动。手推调车速度不得超过 3 km/h。

下列情况，禁止手推调车：

（1）在正线、到发线及超过 2.5‰坡度的线路上（确需手推调车时，须经铁路局集团公司批准）。

（2）在停有动车组的线路上。

（3）遇暴风雨雪或夜间无照明时。

（4）接发列车时，与接发列车进路没有隔开设备或脱轨器的线路，向能进入接发列车进路的方向。

（5）装有爆炸品、气体类危险货物的车辆。

（6）电气化区段，接触网未停电的线路上，对棚车、敞车类的车辆。

九、动车组调车作业的规定

动车组调车作业时原则上采用自走行方式，并应执行下列规定：

1. 司机应在动车组运行方向的前端操作，前方进路的确认由动车组司机负责在不得已情况下必须在后端操作时，应指派随车机械师或其他胜任人员站在动车组运行方向的前端指挥，发现危及行车或人身安全时，应立即使用紧急停车按钮（紧急制动装置）或通知司机停车。后端操作时，速度不得超过 15 km/h。

动车组自带动力，基于安全、构造特点、作业方式等原因，一般情况下动车组进行调车作业应采用自走行方式（故障救援、非电化区段调车等必要时才采用动车组无动力调车方式），司机根据调车作业计划和凭地面信号机的显示进行作业。

动车组自走行调车作业时，司机应在动车组运行方向的前端操作，前方进路的确认由动车组司机负责。在不得已情况下必须在后端操作时，应指派随车机械师或其他胜任人员站在动车组运行方向的前端指挥，发现危及行车或人身安全时，应立即使用紧急停车按钮（紧急制动装置）停车或通知司机停车。为保证安全，后端操作时速度不得超过 15 km/h。

2. 禁止连挂其他机车车辆（救援机车、附挂回送过渡车、动车组无动力调车时的调车机车、公铁两用牵引车除外）调车。

动车组是固定编组、单独运用，从其自身构造和安全要求出发，动车组禁止连挂其他机车车辆调车。但是动车组故障时连挂救援机车，动车组连挂附挂回送过渡车以及动车组无动力调车时的调车机、公铁两用牵引车，是特殊情况下的必要方式，不在此禁止之列。

单元五　在正线、到发线上的调车作业

学习目标

（1）了解在正线、到发线上调车的基本规定；

（2）掌握越出站界调车作业的规定；

（3）掌握跟踪出站调车作业的规定；

（4）掌握机车出入段的经路要求。

基础知识

一、在正线、到发线上调车的基本规定

在正线、到发线上调车时，要经过车站值班员的准许。在接发列车时，应按《站细》规定的时间，停止影响列车进路的调车作业。车站的正线、到发线主要办理列车接发、通过、会让。在正线、到发线上调车时，应遵守下列要求：

1. 要经过车站值班员的准许

车站值班员负责掌握正线、到发线的使用，了解列车运行情况，对保证不间断地接发列车负有直接责任。因此，占用或影响正线、到发线的调车，必须经过车站值班员的准许，特别是设有车站调度员的车站更应注意，以免妨碍列车的接发。在调度集中区段，由列车调度员办理接发列车，掌握车站的正线、到发线运用的情况下，在正线、到发线上调车时，必须取得列车调度员的准许。

2. 在接发列车时，车站值班员应掌握调车作业的实际情况，并应按《站细》规定的时间，确认影响列车进路的调车作业已停止，再排列接发车进路，开放信号

占用或穿越列车进路直接影响接发列车的调车活动，以及在接发超限货物列车进路的邻线，线间距离不足 5 000 mm 的线路上调车，或接发非超限列车而在线间距离不足 5 000 mm 的邻线调动有超限货物的车辆等情况，均称为影响列车进路的调车作业。

3. 影响列车进路的调车作业，应在《站细》规定的开放信号时机前停止，严禁抢钩作业

调车指挥人必须严格按照车站值班员所指定的时间进行调车，以免影响接发列车。

接发旅客列车时，与接发列车进路没有隔开设备或脱轨器的线路，不准向能进入接发列车进路的方向调车。本务机车在停留线路内摘挂、列车拉道口时除外。在接发旅客列车时，除遵守正线、到发线调车作业及影响接发列车进路的调车作业等相关规定外，为防止其他调车作业中的机车车辆因溜逸、冒进信号等进入接发列车进路，与正在进出站的旅客列车发生冲突，规定在接发旅客列车时，与接发列车进路没有隔开设备或脱轨器的线路，不准向能进入接发列车进路的方向调车。

为了尽可能地压缩非生产等待时间，并考虑本务机车在停留线路内摘挂、列车拉道口等作业机车车辆移动范围小、目的明确，允许接发旅客列车时，在与接发列车进路没有隔开设备或脱轨器的线路，进行本务机车摘挂、列车拉道口作业，但须严格控制速度，只能在本线路内进行。

有特殊困难的车站，确需调车时，应根据作业特点和设备实际制定相应的安全措施，由铁路局集团公司批准。接发空载动车组有特殊困难的动车段(所)，可比照有特殊困难的车站办理。

二、越出站界调车作业的规定

越出站界调车时，双线区间正方向，必须区间(自动闭塞区间为第一个闭塞分区)空闲；单线自动闭塞区间，闭塞系统必须在发车位置，第一个闭塞分区空闲，经车站值班员口头准许并通知司机后，方可出站调车。

单线半自动闭塞区间和双线反方向出站调车时，须有停止使用基本闭塞法的调度命令，与邻站办理闭塞手续，并发给司机出站调车通知书(《技规》附件 5)。

越出站界调车是受车站调车设备限制，在区间空闲(自动闭塞为第一个闭塞分区空闲)的情况下，越过进站信号机或站界标进入区间调车的一种方法。由于是进入区间，不同一般的站内调车作业，为了保证列车运行和调车作业的安全，应遵守下列要求：

1. 双线区间正方向越出站界调车

(1)当区间为自动闭塞时，必须从监督器上确认第一个闭塞分区空闲，车站值班员口头准许并通知司机，即可出站调车。

(2)当区间为半自动闭塞时，必须区间空闲，车站值班员口头准许并通知司机，即可出站调车。

上述双线(1)、(2)情况，因发车权属于正方向办理越出站界调车的车站，对方站不能发车，所以可不与对方站办理占用区间闭塞手续，只要区间(自动闭塞为第一个闭塞分区)空闲，车站值班员口头准许并通知司机即可。

2. 双线区间反方向越出站界调车

双线区间反方向越出站界调车时，因正常情况下占用区间的权限不属于本站，同时列车运行情况由列车调度员掌握，必须取得占用区间的权限，即停止基本闭塞法改用电话闭塞法（得到列车调度员发布的停止基本闭塞法改用电话闭塞法的调度命令），确认区间空闲后，由车站值班员与邻站办理电话闭塞手续，发给司机出站调车通知书，方可出站调车。

3. 单线区间越出站界调车

（1）当区间为自动闭塞时，闭塞系统必须在发车位置，由办理越出站界调车的车站控制发车权，只要第一个闭塞分区空闲，经车站值班员口头准许并通知司机，即可出站调车。

（2）当区间为半自动闭塞时，区间必须空闲，得到停止基本闭塞法改用电话闭塞法的调度命令，与邻站办理电话闭塞手续取得占用区间的权限，并发给司机出站调车通知书，方可出站调车。

4. 区间已改为电话闭塞法行车的情况下

无论单线或双线，在区间已改为电话闭塞法行车的情况下，越出站界调车时须经列车调度员口头准许，在确认区间空闲，与邻站办理闭塞手续取得占用区间的权限，发给司机出站调车通知书后，方可出站调车。

出站调车通知书由车站值班员填写，当调车机车距行车室较远时，可由扳道员、助理值班员按车站值班员的指示填写，如图 6-1 所示。

出站/跟踪调车通知书

对方站承认的号码第…………号，

准许自/至　时　分起/止…………机车由车站向…………区间出站/跟踪调车。

站（站名印）车站值班（扳道）员（签名）

年　　月　　日填发

注：不用的字句抹消。　　（规格 90 mm×130 mm）

图 6-1　出站/跟踪调车通知书

5. 越出站界调车应在限定的时间内返回站内，以免影响列车运行

待出站调车作业完毕，全部回到站内并不妨碍列车进路后，车站值班员应立即将出站调车通知书收回注销（或按规定通知其他人员注销），停止基本闭塞法改用电话闭塞法的还应与邻站办理区间开通手续。当出站调车车列回站待避列车后，如需继续出站调车时，应重新办理手续。

越出站界调车时，为了防止错办，车站值班员应在控制台上揭挂“出站调车”表示牌（安全帽）。

三、跟踪出站调车作业的规定

跟踪出站调车，只准许在单线区间及双线正方向线路上办理，并须经列车调度员口头准许，取得邻站值班员承认的电话记录号码，发给司机跟踪调车通知书(《技规》附件5)。在先发列车尾部越过预告、接近信号机(或靠近车站的第一个预告标)或《站细》规定的间隔时间后，方可跟踪出站调车，但最远不得越出站界500 m。

遇下列情况，禁止跟踪出站调车：

(1)出站方向区间内有瞭望不良的地形或有长大上坡道(站名表由铁路局集团公司公布)。

(2)先发列车需由区间返回，或挂有由区间返回的后部补机。

(3)一切电话中断。

(4)降雾、暴风雨雪时。

(5)动车组调车作业。

跟踪调车作业完毕，车站值班员确认跟踪调车通知书收回后，向邻站发出电话记录号码。列车虽已到达邻站，但跟踪调车通知书尚未收回时，禁止办理区间开通手续。

跟踪出站调车是指在列车由车站发出后，尚未到达前方站(线路所)，间隔一定的距离或时间，即跟随前行列车，越出站界在规定距离内进行的调车作业。

跟踪出站调车只能在单线区间或双线正方向的线路上办理，并按下列要求进行，以确保安全。

为使跟踪出站调车不影响列车运行，在办理时须经列车调度员口头准许。

为了更好地掌握区间占用情况，防止跟踪出站调车的机车车辆返回车站前，两站错误办理闭塞，办理跟踪出站调车时，须在取得邻站车站值班员的承认的电话记录号码后，方可填写跟踪调车通知书，组织跟踪出站调车。

发给司机的跟踪调车通知书，即《技规》附件5。填写时应将“出站”字样抹掉。跟踪调车通知书允许由扳道员、助理值班员根据车站值班员的指示填发。

办理跟踪出站调车时，为了防止错办，车站值班员应在控制台上揭挂“跟踪调车”表示牌(安全帽)。

跟踪调车作业完毕，车站值班员确认跟踪调车通知书收回后，向邻站发出电话记录号码。列车虽已到达邻站，但跟踪调车通知书尚未收回时，禁止办理区间开通手续。

承认跟踪出站调车及跟踪出站调车完毕发出电话记录号码及发出的时间填写在《行车日志》相应栏内。

跟踪出站调车，因调车与列车运行是平行作业，能够缩短调车等待时间，充分利用通过能力。但由于调车与列车运行先后进入同一区间或闭塞分区，因而存在不安全因素，必须对跟踪出站调车给予严格的限制：

(1)跟踪出站调车只准在单线区间及双线正方向办理，双线反方向线路上不准办理。因为双线反方向行车已是特殊情况行车，再跟踪反方向运行的列车出站调车，增加不安全因素，所以禁止。

(2)为保证跟踪出站调车的车列与前行列车保持一定距离，只有前发列车尾部越过预告、接近信号机或靠近车站的第一个预告标后，方可跟踪出站调车。如受地形地物影响，看不见预告信号机或站界标，确认前发列车位置有困难时，应按《站细》规定的间隔时间进行。跟踪出站调车与前行列车距离，如图6-2所示。

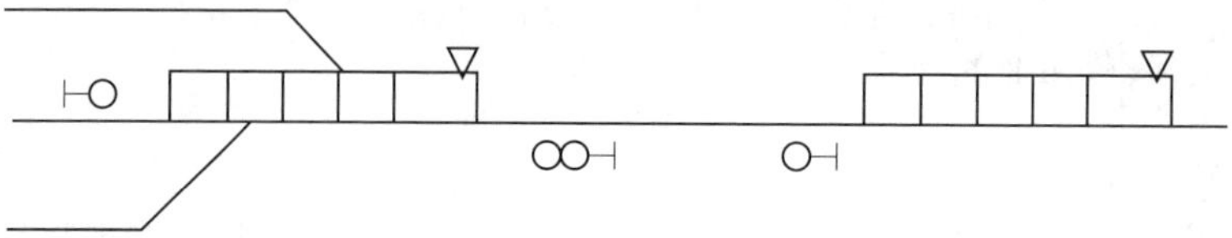

图 6-2　跟踪出站调车示意

(3)跟踪出站调车的机车、车辆最远不得越出站界 500 m,这是考虑前发列车有途中退行的可能。按《技规》规定,退行列车在未得到后方站车站值班员准许时,不得退行到车站的最外方预告标或预告信号机的内方,也就是不能退到距进站信号机 800～1 100 m 以内,这样退行的列车与跟踪调车的机车车辆尚有 300～600 m 的安全间隔距离。

(4)出站方向区间内有瞭望不利的地形或有长大上坡道时,禁止跟踪出站调车。因为出站方向区间内有瞭望不利的地形时,调车作业或由区间退回的列车瞭望困难,一旦出现问题,不能及时停车,容易发生冲突等事故;因为区间有长大上坡道时,一旦前发列车制动失效,即有溜回的可能时,如再跟踪出站调车,就可能发生冲突。区间有长大上坡道禁止跟踪出站调车的站名由铁路局集团公司公布。

(5)前发列车需由区间返回或挂有区间返回的后部补机时,禁止跟踪调车,以防止返回的列车或补机与正在跟踪出站调车的机车车辆发生冲突。

(6)一切电话中断,禁止跟踪调车。这是因为电话中断后行车联络办法比较复杂,不易保证安全。

(7)降雾、暴风雨雪等,因瞭望困难,作业不便,禁止跟踪出站调车。

(8)为确保动车组安全,禁止动车组跟踪出站调车作业。

四、机车出入段的经路要求

车站值班员要认真掌握机车出入段的经路。有固定机车走行线时,出入段机车必须走固定走行线。机车固定走行线上禁止停留机车车辆;没有固定走行线或临时变更走行线时,应通知司机经路(集中联锁的车站除外),司机按固定信号或扳道员显示的允许运行的信号行车。

设有机务(折返)段的车站,机车出入段是一项频繁的调车作业。它不仅关系到加速出入段机车的放行,保证机车按停留时间标准进行作业,而且对到发线、咽喉道岔能力的运用,有着直接的影响。因此,车站值班员必须认真掌握机车出入段的时机和经路。

有固定走行线时,出、入段机车必须走固定走行线。因为设计、确定机车走行线时,对机车走行线的配置已经综合考虑车站技术作业进行了科学划分,使机车出、入段的走行更便利、更合理,最大限度地减少机车出、入段与接发列车的相互干扰,因此必须按固定走行线走行。

为了保证固定走行线的正常运用,禁止在固定走行线上停留机车车辆。因为一旦停留机车车辆,将引起出、入段变更走行线,打乱机车出入段顺序,而且因变更走行线司机对线路不熟,有可能延长出入段时间。

当车站没有机车出入段固定走行线或临时变更走行线时,为保证安全和加速机车出入段工作,应事先通知司机走行经路,司机按固定信号或扳道员显示的允许运行的信号行车。集中联锁的车站,机车出入段时,司机按地面调车信号机的显示运行,故不必通知司机,司机按信号显示运行即可。

单元六　机车车辆的停留

学习目标

(1)掌握机车车辆停留位置的一般规定；

(2)掌握编组站、区段站车辆停留的规定；

(3)掌握动车组无动力停留的规定。

基础知识

一、机车车辆停留位置的一般规定

机车车辆必须停在警冲标内方。调车作业中，车辆临时停在警冲标外方时，一批作业完了后，应立即送入警冲标内方。因特殊情况需在警冲标外方进行装卸作业时，须经车站值班员、调车区长准许，在不影响列车到发及调车作业的情况下方可进行，装卸完了后，应立即送入警冲标内方。

安全线及避难线上，禁止停留机车车辆；在超过6‰坡度的线路上，不得无动力停留机车车辆。

装载爆炸品、气体类危险货物的车辆及救援列车，必须停放在固定的线路上，两端道岔应扳向不能进入该线的位置并加锁；临时停留公务车线路上的道岔也应扳向不能进入该线的位置并加锁。集中操纵的道岔可在控制台上进行单独锁闭。

警冲标是指示机车车辆停留时，满足机车车辆限界、不准向道岔方向或线路交叉点方向越过的限制点。如果越过警冲标，可能侵限妨碍邻线机车车辆的运行，有可能发生侧面冲突，所以规定列车及机车车辆必须停在警冲标内方。

1.遇下列特殊情况，在不影响接发列车和调车作业的条件下，准许临时停在警冲标外方：

(1)因溜放车组速度不当或借线停留等情况，车组未进入警冲标内方，在确认不妨碍其他作业进路时，准许临时停在警冲标外方。这样，可以在保证安全的前提下，提高调车效率。但最迟在该项作业，即一批作业完了后，必须立即将该车组送入警冲标内方，以免遗忘，造成不应有的损失。

(2)特殊情况，确需在警冲标外方装卸作业时，由于与邻线作业相互影响，必须经车站值班员、调车区长确认不影响列车到发及调车作业，或者停止相关调车作业后，方可准许。装卸完了后，应立即取走或送入警冲标内方，并报告车站值班员、调车区长。

2.安全线及避难线是特别用途线，禁止停留机车车辆；在超过6‰坡度的线路上，极易发生机车车辆溜逸，安全风险大，因此禁止无动力停留机车车辆。该处超过6‰坡度是线路的实际坡度，机车车辆无动力停留的地点不得在超过6‰的坡度上。

3.爆炸品、气体类危险货物等危险品，对冲击、火焰敏感，万一发生意外，其后果严重。

对装载这些物品的车辆，必须停放在固定线路上，两端道岔应扳向不能进入该线的位置并加锁，以防其他车辆进入。集中操纵的道岔，应在控制台上将道岔开通邻线，并将道岔单独锁闭。在选择停留这些车辆的固定线时，应尽可能远离房舍、住宅及其他建筑物，并应与列车运行和调车繁忙的线路保持一定间隔。

4. 救援列车必须停放在固定的线路上。

救援列车担负着事故救援的紧急任务，为保证在需要时能及时出动，亦必须停放在固定的线路上。该线路不得停放其他机车车辆，并将两端道岔置于其他机车车辆不能进入该线的位置并加锁。集中操纵的道岔，应在控制台上将道岔开通邻线，并将道岔单独锁闭。

5. 为了保证公务车上有关人员的正常工作和休息，对临时停留公务车的线路，除应将道岔置于不能进入该线的位置并加锁外，一般不准利用该线进行与其无关的调车作业。集中操纵的道岔，应在控制台上将道岔开通邻线，并将道岔单独锁闭。

二、编组站、区段站车辆停留的规定

编组站、区段站在到发线、调车线以外的线路上停留车辆，不进行调车作业时，应连挂在一起，并须拧紧两端车辆的人力制动机，或以铁鞋（止轮器、防溜枕木等）牢靠固定。因装卸车对货位等情况，不能连挂在一起时，应分组做好防溜措施。

中间站停留车辆，无论停留的线路是否有坡道，均应连挂在一起，拧紧两端车辆的人力制动机，并以铁鞋（止轮器、防溜枕木等）牢靠固定。因装卸车对货位等情况，不能连挂在一起时，应分组做好防溜措施。一批调车作业中临时停留的车辆，须拧紧两端车辆的人力制动机或以铁鞋（止轮器）止轮。

编组站和区段站的到发线、调车线是否需要防溜以及作业量较大中间站执行上述规定有困难时，由铁路局集团公司规定。

1. 编组站、区段站的到发线、调车线以外的线路

编组站、区段站的到发线、调车线以外的线路上，在一般情况下车辆停留时间较长，如遇大风天气或邻线行车振动等，容易造成车辆溜逸，特别是我国铁路车辆大多数采用滚动轴承，基本阻力小，更容易溜逸，所以不进行调车作业时，应连挂在一起，并须拧紧两端车辆的人力制动机，或以铁鞋、止轮器、防溜枕木等牢靠固定。这样，既能保证停留车辆安全，缩短占用线路长度，又便于以后取送作业。因装卸车对货位等情况，不能连挂在一起时，应分组做好防溜措施。

2. 中间站

在中间站由于配线较少，基本上所有线路都与正线、到发线相衔接，一旦发生车辆溜逸，将造成站内正线、到发线等设备的损坏，或侵入列车进路危及接发列车安全，严重时可能溜入区间与列车发生冲突等。为此在中间站停留车辆，无论是停在到发线、调车线还是货物线、专用线等线路上，也无论停留的线路是否有坡道，均应连挂在一起，拧紧两端车辆的人力制动机，并以铁鞋（止轮器、防溜枕木等）牢靠固定。因装卸车对货位等情况，不能连挂在一起时，应分组做好防溜措施。在分组采取防溜措施时，除两端车组外侧须至少采取二道防溜措施外，其余车组及两端车组的内侧可拧紧两端车辆的人力制动机，或以铁鞋（止轮器、防溜枕木等）牢靠固定，保证至少一道防溜措施。

考虑到中间站线路较少，为提高中间站调车作业效率，同时也为了保证调车作业的安全，对一批调车作业中临时停留的车辆，可拧紧两端车辆的人力制动机或以铁鞋（止轮器）止轮，采取一道有效的防溜措施。

作业量较大的中间站执行“双防溜”措施有困难时，也可由铁路局集团公司根据实际情况，制定防溜措施。

3.编组站、区段站的到发线、调车线

编组站、区段站的到发线、调车线，由于日常接发列车、调车作业繁忙，车辆无动力停留时间较短，同时大部分的编组站、区段站一般设置在平直或锅底形线路上，满足日常调车作业和停留机车车辆的要求，其设备条件和作业量不同，因此编组站、区段站的到发线、调车线是否需要采取防溜措施、什么时候采取什么防溜措施，由铁路局集团公司规定。

4.电气化区段

电气化区段，部分车辆不能采用人力制动机防溜时，应使用人力制动机紧固器防溜。

人力制动机故障的车辆或车组不能按规定采取防溜措施时，应与人力制动机作用良好的车辆连挂在一起，禁止单独停留。执行“双防溜”措施时，遇最外方车辆人力制动机故障时，可顺延使用下一车辆人力制动机，两端车组仍须按规定采取铁鞋防溜。

5.各类机车车辆的防溜措施，均须确认止轮牢固可靠

使用人力制动机或人力制动机紧固器防溜时，须拧紧制动机；使用铁鞋、止轮器防溜时，鞋尖（止轮器）应紧贴车轮踏面，牢靠固定；使用防溜枕木防溜时，应在距停留车辆不大于5 m处放置。对于近些年开始使用的新型防溜设备，由铁路局集团公司根据技术条件和车站特点制定使用办法。

因车辆进行技术检查或故障处理，列检（维修）人员在撤除车站采取的防溜措施时，应根据检修作业的要求，按规定重新设置防溜措施，技术检查或故障处理完毕，应及时恢复原防溜措施。

三、动车组无动力停留的规定

动车组无动力停留时，有停放制动装置的动车组，由司机负责将动车组处于停放制动状态；动车组无停放制动装置或在坡度为20‰以上的区间无动力停留时，由司机通知随车机械师进行防溜，防溜时使用止轮器牢靠固定。动车段（所）内动车组防溜办法由铁路局集团公司规定。

动车组固定编组，调车作业大多是自走行作业，除使用机车调车作业外不需要车站人员参与，而且动车组大多带有停放制动装置，可保证动车组无动力停留安全。为减少作业环节、消除结合部隐患，统一动车组防溜办法，动车组防溜原则上优先使用停放制动装置，特殊情况时，由动车组随车机械师使用止轮器进行防溜。动车段（所）设备及管理模式不尽相同，动车组停留时防溜措施的设置和撤除办法，由铁路局集团公司规定。

学习活页

调车工作知识练习

班级：　　　姓名：　　　学号：　　　时间：

一、学习目标

1.专业能力目标

（1）能说明调车作业计划中各种符号的代表意义；能看懂简单的调车作业计划单；

（2）能说明调车作业计划编制的基本规定；

（3）能说明调车作业通知单布置传达的规定；

(4)能说明调车作业通知单的具体作业要求；

(5)能说明中间站利用本务机车调车的作业相关规定,并在行车指挥模拟控制台上能准确说明站场示意图中的各种设备情况；

(6)能说明调车作业中计划变更时,各种情况的应对办法规定；

(7)能按标准在无线调车灯显设备上进行连挂、停车等信号的发射及确认；

(8)能说明调车作业前准备工作的主要内容；

(9)能说明调车作业前相关人身安全防范

2.方法能力目标

(1)能综合运用专业知识,通过利用专业书籍、多媒体课件和图片资料获得帮助信息；

(2)能根据实训项目学习任务确定实训方案,从中学会表达及展示活动过程和成果

3.社会能力目标

(1)能在实习训练活动中保持积极向上的学习态度；

(2)能与小组成员和教师就学习中的问题进行交流和沟通；

(3)能与他人共享学习资源,具有较好的合作能力和团队协作精神

二、知识总结

1.简述对参加车站调车工作人员的基本要求

2.简述调车作业“九固定”规定

3.简述无线调车灯显设备使用的相关规定

4.简述调车作业中调车长的工作要求

5.简述调车作业中司机的工作要求

6.简述调车作业计划变更的相关作业规定

7. 简述调车作业信号显示及确认的相关规定

8. 简述调车作业中进路确认及起动的相关规定

9. 简述调车作业速度及安全距离的相关规定

10. 简述越出站界调车的相关规定

三、操作运用

1. 在车站行车指挥模拟控制台上进行调车作业计划编制及布置的操作

2. 在车站行车指挥模拟控制台上进行无线调车灯显设备信号发射及接收确认的试验

四、学习小结

五、成绩评定

1. 学生评价

评价等级	A—优	B—良	C—中	D—及格	E—不及格
学生自评					
组内互评					
他组互评					

2. 教师评价

评价等级	A—优	B—良	C—中	D—及格	E—不及格
专业能力					
方法能力					
社会能力					

3. 综合评价

评价等级	A—优	B—良	C—中	D—及格	E—不及格
评价结果					

注：按照学生自评占 10%、组内互评占 10%、他组互评占 20%、教师评价 60%的比例计分。其中，A—100 分，B—85 分，C—75 分，D—60 分，E—50 分。

4. 评价量规

等级	行为表现描述
A	能圆满高效地完成实训任务的全部内容
B	能顺利完成实训任务的全部内容
C	能完成实训任务的全部内容，但需要一些帮助和指导
D	自己只能完成实训任务的部分内容，但在现场的指导下，已经能完成任务的全部内容
E	不能完成实训任务的全部内容

小 结

本章通过对调车工作的一般要求、领导及指挥、调车作业计划的编制及布置、一般性调车作业、在正线、到发线上的调车作业以及机车车辆的停留等相关规定的系统学习，希望能进一步加强对《技规》中有关调车作业的理解和认识。本章的重点是一般性调车过程的作业规定、在正线、到发线上的调车作业规定、机车车辆停留的规定。

模块七　机车乘务员作业标准

机车乘务员是铁路运输行业中的主要行车工种，肩负着正确操纵机车，安全正点牵引列车运行的重要职责。因此对于其作业标准有严格的要求，标准高于其他所有铁路技术工种，总体说来，机车乘务员一次出乘的标准化作业环节有待乘、出勤接车作业、出库挂车作业、发车开车及途中运行作业、到达入库及退勤作业。

单元一　出勤与接车

学习目标

(1)掌握机车乘务员出勤前的准备工作；
(2)掌握机车乘务员出勤作业规定流程；
(3)掌握机车乘务员出勤中抄写运行揭示的有关规定；
(4)掌握机车乘务员接车作业内容。

基础知识

一、出勤

机车乘务员出勤前按规定整洁穿着时令制服，身体状态良好，精神状态饱满，按规定时间提前到达派班室正点办理出勤。出勤时携带机车乘务员“三证”[铁路机车车辆驾驶证(副司机证)、铁路职工工作证、岗位培训合格证(鉴定期间由机务段出具书面证明)]和列车运行监控装置操作、非正常行车作业、故障应急处理等有关业务资料和行车必备规章及《机车乘务员一次乘务作业指导书》。

到派班室大厅机车调度员(出勤派班员)处报到，司机站左，随乘司机或副司机站右，向派班室机车调度员(出勤派班员)举手行礼；机车调度员(出勤派班员)回礼后，乘务员方可礼毕，立正报告(用语：“××机班，值乘××次出勤”)。向机车调度员(出勤派班员)出示携带的行车有关证件、资料，接受机车调度员(出勤派班员)的检查。接受指纹影像识别、酒精含量测试，乘务员进行测酒后，刷卡(指纹识别)记录乘务员出勤时间，审核关键车次休息是否达到 4 小时，休息时间不足 4 小时或未待乘休息者，不准许出勤。听取机车调度员(出勤派班员)传达安全通报、上级要求，递交 LKJ 专用运行揭示 IC 卡(简称 IC 卡，下同)，领取司机报单(机统-3)、车机联控信息单、司机手册、添乘指导簿、列车时刻表、交付文本揭示、电务车载三项设备检测合格证。

出勤作业中司机负责阅读、抄写运行揭示，随乘司机(副司机)复诵，并严格执行运行揭示

“勾、圈、划”确认要求。慢行揭示只抄写命令号码、慢行地点及坐标、慢行距离、起止时间、限制速度；电务“信、联、闭”施工揭示应全文抄写。领取写入揭示数据的IC卡，在机车调度员（出勤派班员）监督下，出勤机班在验卡设备上查验IC卡交付揭示总条数信息应完整正确，在“派班室IC卡数据录入登记簿”上登记签认。配合机车调度员（出勤派班员）共同审核司机手册及IC卡数据。项目为：机车型号、车次、乘务员姓名、日期时间、运行揭示文本交付信息及IC卡揭示交付信息内容、LKJ数据版本和控制版本号、出勤小组会内容等，发现问题及时纠正。

认真开展班前行车安全预想预防。根据天、时、人、车、运行揭示以及安全通报等，开展安全预想、制订安全措施，并记录于司机手册。对信号、联锁、闭塞停用以及变更列车径路等重要施工，应在阅读并正确理解《施工行车安全明示图》的基础上，熟练掌握行车办法、LKJ操作方法和安全注意事项。学习一条（非正常行车）规章，向机车调度员（出勤派班员）汇报预想预防内容，听取机车调度员（出勤派班员）出乘指导，将填记好的司机手册、核对勾、划后的文本交付揭示交机车调度员（出勤派班员）审核和盖章，相互确认后领回。

机车调度员（出勤派班员）检查出勤机班机车乘务员、添乘人员、带道人员、检修人员的有效证件，按照规定办理完乘务员出勤手续。

二、接车

出勤机班机车乘务员、添乘人员同到地（外）勤，领取机车钥匙、“机车运行日志”，了解机车运用、检修情况，机车停留股道情况等。担当货物列车或单司机单班值乘的须领取（携带）列车无线调度通信设备手持电台。副司机（单司机单班或待值乘司机）领取工具、备品、棉丝等物品，办理燃料、耗电交接手续。按机车司机室定置管理要求摆放物品，保持驾驶室清洁、整齐，提高文明化程度。机班查阅“机车运行日志”交接内容，了解机车技术状态，按分工范围和规定顺序对机车进行检查、试验（见附件），并对机车修理项目进行重点复查。

上机车后开启行车安全装备电源。确认LKJ时钟正确，并将年、月、日、时、分记录于司机手册。值乘本局机车的，核对粘贴在显示器上的数据“版本标签”、LKJ显示的数据版本号、电务车载设备检测合格证记载的数据版本号一致，司机在电务车载设备检测合格证版本确认章“司机确认”栏签字；值乘外局机车的，核对粘贴在显示器上的“版本标签”和LKJ显示的数据版本号一致。

将IC卡内运行揭示数据导入LKJ，拔出IC卡后对可控信息进行查询、核对。正确输入乘务代号、交路号、车站号、车次、列车种类、列车编组等数据参数，正确选择车速等级，确认LKJ“开车”灯亮；并将交路号、车站号、车速等级、LKJ数据版本号等记录在司机手册上。

开启列车无线调度通信设备或机车综合无线通信装置（简称CIR，下同），并进行通话录音和回放试验（用语为：×月×日××、××机班值乘××机车录音试验）；开启列车尾部安全防护装置（简称列尾装置，下同）司机控制盒；开启机车信号电源，机车信号上电显示。

行车安全装备必须全程开机，按规定正确操作使用，严禁擅自关机。并不得使用列车无线调度通信设备进行与行车无关的通话，并应遵守保密的规定。

内燃机车启动柴油机。启机前，司机应确认全员处于安全位置并进行甩车，甩车后关闭示功阀。启机时，副司机（待值乘司机）应站在紧急停车装置处观察柴油机升速情况，发现危及安全时，应立即按压紧急停车装置按钮。

电力机车升弓前，司机需确认全员到岗、到位，车顶、高压室、车底无人，检查确认车顶高压设备绝缘状态良好(无高压检测设备时查看机车感应网压值),受电弓工作风压不低于600 kPa,具备升弓条件后,向司机室外高声呼唤:“升弓”,鸣笛(限鸣区段除外,下同),确认无异常,升起非操作端侧受电弓。升弓时,副司机(待值乘司机)应在司机侧瞭望确认受电弓升弓状态;单司机单班值乘的升弓后确认受电弓升起状态。

启机或升弓后,启动空气压缩机进行泵风,确认总风缸压力不低于600 kPa,将单阀置全制位后,对机车上部进行巡视检查。

值乘司机按规定程序进行制动机试验,确认性能良好。

机班确认机车制动缸压力不低于300 kPa,防窜车措施已实施,由司机进行柴油机转速试验或高压电气试验。对双套冗余设备进行性能试验。机能试验完毕,应将机能试验情况记录在司机手册上。

司机松开手制动机(缓解停放制动装置),并确认在完全缓解状态。单阀置全制位,撤除止轮器,在司机手册上记录止轮器撤除时间。

机班确认线路状况和无碍人身安全后,进行走车和单机制动力试验。首次动车,走车试验速度不得超过5 km/h,使用单阀制动停车,确认机车制动力。

机车乘务机班在继乘站进行接车作业前,出勤作业仍然按上述中的出勤作业流程要求执行,这里就不重复叙述了。继乘机班在继乘站进行接车作业时进出车站应主动出示证件,接受安全检查。在站内须严格按照规定径路行走,确保人身安全。列车到达前10 min在交接地点立岗接车。接车后,交班司机进行LKJ数据转储,接班司机核对粘贴在LKJ显示器上的数据“版本标签”和LKJ显示的数据版本号一致。接班司机待转储结束后,将IC卡内运行揭示数据导入LKJ,拔出IC卡对可控信息进行查询、核对。正确输入乘务员代号、交路号、车站号、车次、列车种类等数据参数,正确选择车速等级,并将交路号、车站号、车速等级、LKJ版本号等记录在司机手册上。认真做好对口交接[调度命令、燃油(电量)、工具箱铅封及机车钥匙、质量情况、电务车载设备检测合格证及货票等],查阅“机车运行日志”,并将交接事项填写在司机手册上,交、接班司机相互签认。按继乘站检查作业范围与标准进行检查。交班机班作业完毕,在站台立岗送车,待列车开车后(作业完毕超过10 min不开车时,交班机班不再立岗送车)按规定走行径路到退勤地点办理退勤。

单元二　出段挂车与发车

学习目标

(1)掌握机车乘务员出段挂车作业内容;

(2)掌握机车乘务员发车作业规定。

基础知识

一、出段作业

机车整备完毕机班全员上车后,要道准备出段。

(1)确认调车信号或股道号码信号、道岔开通信号、道岔表示器显示正确,厉行确认呼唤

(应答),鸣笛动车(限鸣区段除外,下同)。

(2)移动机车前,应确认相关人员处于安全处所,防溜撤除,注意邻线机车、车辆的移动情况。段内走行严守速度规定。

(3)机车到达站、段分界点停车,签认出段时分(单班单司机签点办法由铁路局集团公司规定),了解挂车股道和经路,执行车机联控,按信号显示出段。

二、挂车

进入挂车线后,应严格控制机车速度,执行"十、五、三车"和一度停车规定,确认脱轨器、防护信号及停留车位置。

(1)距脱轨器、防护信号、车列 10 m 前必须停车。

(2)确认脱轨器、防护信号撤除后,显示连挂信号,以不超过 5 km/h 的速度平稳连挂。

(3)连挂时,根据需要适量撒砂,连挂后要试拉。

挂车后,机车保持制动。司机进行换端操作,并关闭(固定重联机车)非操纵端无线调度通信设备、监控装置等。换端后,将(固定重联机车操纵端)无线调度通信设备、机车信号、监控装置开关置于开放位,机车信号上下行开关置于相应位置,司机确认机车与第一位车辆的车钩、软管连结和折角塞门状态。多机重联时,机车与车辆连挂状态的检查由连挂司机负责;列车本务司机应复检机车与第一位车辆的车钩、软管连结和折角塞门状态。

(1)正确输入 CIR、LKJ 有关数据,采用微机控制制动系统的机车,核对制动机设定的列车种类。向运转车长或车站值班员(助理值班员)了解编组情况、途中甩挂计划及其他有关事项。

(2)货运票据、列车编组顺序表需由机车乘务组携带时,应按规定办理交接,并妥善保管。

(3)司机应在列车充风或列车制动机试验时,检查本务机车与列尾装置主机是否已形成"一对一"关系。

(4)制动主管达到定压后,司机按规定及检车人员的要求进行列车制动机试验,装有防折关装置的机车应确认制动主管贯通情况。

(5)发现充、排风时间短等异常或制动主管漏泄每分钟超过 20 kPa 时,及时通知检车人员(无检车人员时通知车站值班员)。

(6)制动关门车辆数超过规定时,发车前应持有制动效能证明书。

(7)列车制动机进行持续一定时间的保压试验,应在试验完毕后,接受制动效能证明书。

(8)司机接到制动效能证明书后,应校核每百吨列车重量换算闸瓦压力,不符合《技规》及本区段的规定时,应向车站值班员报告。

(9)直供电列车连挂后,司机拔出供电钥匙与客列检(或车辆乘务人员)按规定办理交接、供电手续,电力机车还需断开主断路器。

三、列车制动机试验

1. 全部试验

列检作业场无列车制动机的地面试验设备或该设备发生故障时,机车对列车充满风后,司机应根据检车员的要求进行试验:

(1)自阀减压 50 kPa(编组 60 辆及以上时为 70 kPa)并保压 1 min,对列车制动机进行感度试验，全列车必须发生制动作用，并不得发生自然缓解，司机检查制动主管漏泄量，每分钟不得超过 20 kPa；手柄移至运转位后，全列车须在 1 min 内缓解完毕。

(2)自阀施行最大有效减压(制动主管定压 500 kPa 时为 140 kPa，定压 600 kPa 时为 170 kPa)，对列车制动机进行安定试验，以便检车员检查列车制动机，要求不发生紧急制动，并检查制动缸活塞行程或制动指示器是否符合规定。

2. 简略试验

制动主管达到规定压力后，自阀减压 100 kPa 并保压 1 min，检查制动主管贯通状态，检车员、车站值班员或车站有关人员检查确认列车最后一辆车发生制动作用；司机检查制动主管漏泄量，每分钟不得超过 20 kPa。

3. 持续一定时间的保压试验

在长大下坡道前方的列检作业场需进行持续一定时间的保压试验时，应在列车制动机按全部试验方法试验后，自阀减压 100 kPa 并保压 3 min，列车不得发生自然缓解。

4. 列车制动机试验时，司机应确认并正确记录充、排风时间，检查制动主管压力的变化情况，并作为本次列车操纵和制动机使用的参考依据。装有列尾装置的列车，进行列尾风压查询；装有防折关装置的机车，注意观察其状态；CCBⅡ型、法维莱等微机控制的制动机，注意观察显示屏上充风流量信息。

四、发车

值乘机班机车乘务员根据发车时间，定位、定岗，厉行确认呼唤(应答)，做好发车准备工作。起动列车前，执行车机联控，必须二人及以上(单司机值乘除外)确认行车凭证[出站(进路)信号及机车信号显示或书面行车凭证、调度命令]、发车信号(发车手信号、发车表示器显示或列车无线调度通信设备发车)正确，厉行确认呼唤(应答)，将自、单阀置运转位(确认机车制动缸压力为 0)，鸣笛起动列车。货物列车起动困难时，可适当压缩车钩，压缩车钩的辆数不得超过现车总辆数的三分之二。压缩车钩后，在机车加载前，不得缓解机车制动。起动列车前使用列尾装置检查尾部制动主管压力应与机车制动主管压力基本一致。起动列车时，确认制动机手柄和各开关位置正确，各仪表、显示屏显示正常，做到起车稳、加速快、不空转，不过载。牵引旅客列车在全列起动后再加速。

内燃机车提手柄、电力机车进级时，应使柴油机转速及牵引电流稳定上升。当列车不能起动或起动过程中空转不能消除时，应及时调整牵引主手柄位置，重新起动列车。

全列车起动后报点，并应进行后部瞭望确认列车起动正常。单司机单班值乘的不进行后部瞭望。

附挂(多机)运行的列车起动前，本务机车司机须与附挂司机进行联控，确认附挂机车乘务员的位置，并按规定鸣笛(限鸣区段，使用列车无线调度通信设备联系)，得到附挂司机鸣笛回示(回答)后方可起动列车，没有回示(回答)，不得动车。运行中，附挂机车乘务员应在列车运行方向前端司机室(主操纵台)值守。

按规定的对标地点及时、准确按压 LKJ 的(开车)键，确认 LKJ 调用数据正确并处于通常工作状态，出站后记点(有副司机的由副司机记录，单司机值乘的列车开车前记录开车时分)。

单元三　途中运行

学习目标

(1)掌握途中运行时机车操作的一般要求；

(2)掌握途中运行时机车操作的具体要求。

基础知识

一、机车操作一般要求

值乘机班机车乘务员在运行中必须严格执行“彻底瞭望、确认信号、准确呼唤、手比眼看”的“十六字令”，依照机车乘务员一次出乘作业标准及机务段编制的《列车操纵示意图》《列车操纵提示卡》正确操纵列车，并规范执行确认呼唤(应答)和车机联控制度。设有两端司机室的机车，司机必须在运行方向前端司机室操纵(调车作业推进运行时除外)。

严格遵守列车运行图规定的运行时刻和各项容许、限制速度(每百吨列车重量换算闸瓦压力限制速度，列车限制速度，线路、桥隧、信号容许速度，机车车辆最高运行速度，道岔、曲线及各种临时限制速度，LKJ 速度控制模式设定的限制速度)，严格按信号显示要求行车，确保安全正点。在接近桥梁、道口、曲线、隧道、鸣笛标、作业标、进出站、施工地点及列车交会等处所，须按规定鸣笛。限制鸣笛区段，遇线路行人、影响行车安全等特殊情况，应及时鸣笛，并作好记录。运行中，发现封闭区段内有闲杂人员应及时用列车无线调度通信设备报告车站，并作好记录。

认真执行车机、道机、机守(守机)联控制度。遇道机联控、机守联控呼叫 3 次无应答时，应及时降速至在瞭望距离内能随时停车的速度运行，最高不得超过 20 km/h，并报告就近车站值班员或列车调度员，发现异常情况应立即采取停车措施。

操纵机车时，未缓解机车制动不得加负荷(特殊情况除外)；运行中或未停稳前，严禁移动换向手柄或进行换向操作。设有速度工况转换装置的机车，车未停稳，不准进行速度工况转换。机车负载运行中，内燃机车提手柄，电力机车进级时，应使柴油机转速及牵引电流稳定上升，遇天气不良时应实施预防性撒砂，当机车出现空转不能消除时，应及时调整主手柄位置；具有功率自动调节控制功能的和谐型机车运行在困难区段出现空转时，不得盲目退回手柄。

内燃机车提、回手柄应逐位进行，使牵引电流、柴油机转速稳定变化。负载运行中，当柴油机发生喘振、共振时，司机应及时调整主手柄位置。退回手柄时，主手柄回至“1”位需稍作停留再退回“0”位。

主手柄退回的过程中，若柴油机转速不下降，应立即采取措施防止柴油机“飞车”。

电力机车运行中应注意以下事项：(1)根据列车速度，选择适当的手柄位置。牵引电机电压、电流不得超过额定值；(2)解除机车牵引力时，牵引手柄要在接近“0”位前稍作停留再退回“0”位；(3)使用磁场削弱时，要在牵引电机端电压接近或达到额定值，电流还有相当余量时，逐级进行；(4)机车不得在“禁停区”停车，遇突发情况造成机车停在“禁停区”时，司机应立即降下受电弓，请求救援牵引出“禁停区”；(5)遇降、升受电弓标或临时降、升弓手信号时，及时降下或升起受电弓。发现接触网挂有异物，不危急行车安全时，要迅速断开主断路器、降下受电弓，并及时向车站值班员或列车调度员汇报。

二、机车操作具体要求

1. LKJ 操作

按压(开车)键开车后，根据地面第一架信号机(半自动闭塞区段为第一架主体信号机)位置及时核对 LKJ 距离，运行中发现距离误差及时校正。遇地面(机车)信号变化，应及时呼唤确认，顺序降级显示时应在 5 s 内实施 LKJ(定标)键打点。LKJ 车载基础数据中设有多方向径路数据和施工过渡支线数据的货物列车，必须在规定地点和时机，正确输入支线号。

旅客列车变更径路运行时，司机必须取得列车调度员发布变更列车径路的调度命令，在停车状态下，查定并正确设置 LKJ 交路号和车站号，开车后，按规定的对标地点及时、准确按压 LKJ 的(开车)键，确认 LKJ 调用数据正确并处于通常工作状态。反方向运行时，应按规定正确进行参数设定或比照“停基改电”解锁。

遇临时限速，在列车运行至关系站(所)前的一个站(所)间(特快列车提前两个站间)出站(所)后，须预报前方运行揭示内容。在列车接近临时限速地段减速地点起始位置 4～6 km (LKJ 显示屏尚未出现临时限速信息)，按压 LKJ(定标)键打点确认，LKJ 显示屏出现临时限速信息时，确认限速地段目标速度应与运行揭示或调度命令一致，确认地面限速牌限速值后，再次按压 LKJ(定标)键打点确认。列车越过临时限速地段后，在交付揭示命令号上和司机手册上打×划销。

列车进、出站应做到要求如下：列车进站前，按规定进行车机联控或确认 CIR 进路预告信息，确认进站信号机显示，严格按信号显示要求控制列车运行速度。列车运行至进站信号机处，司机应确认 LKJ 显示的信号机位置、距离与实际一致；副司机执行站内立岗瞭望制度，执行时机为自进站信号机起至出站信号机止(线路所以站界为准)。列车通过站中心(停站列车起动后)，司机报点；出站后确认各仪表显示，开关、牵引手柄、自(单)阀手柄位置，行车安全装备运转状态。客运列车司机确认早晚点时分，有副司机的由副司机记录；站停列车，应记录列车停、开时分(单司机值乘的应在停车后、开车前记录)。

2. 列车进出站操作

列车进站停车作业具体要求如下：取得所进股道号后，进行 LKJ 侧线股道号输入操作。列车进入接车股道时，机班共同核对输入股道号与进入股道一致，并实施 LKJ(定标)键打点；发现错误立即修正。未得到(确认)列车进入股道的通知，严禁对 LKJ 进行股道号输入操作，司机应严格控制列车进站运行速度，在确认列车所进股道后，方可将股道号输入 LKJ。

进站停车时，应注意车站接车人员的手信号，旅客列车应采取保压停车。列车进站停车位置。旅客列车在办客站应严格按“机车停车位置”标，一次稳、准停妥。货物列车应根据牵引辆数和站场设备，尽量做到一次停妥；需按“特殊前行”模式操作时，应正确估算距离、严格控制速度。

中间站停车必须坚守岗位，不得擅自离开机车。需检查机车时，应在非邻近正线侧下车，检查行走应紧靠机车侧，严禁侵(邻)线作业。

夜间等会列车，应减弱头灯灯光；内燃机车不准停止柴油机工作，不得关闭空气压缩机，换向手柄置中立位，机控置断开位。电力机车不准降弓、断“主断”及关闭劈相机（或辅助变流装置）、空气压缩机。

3.升降弓及过分相操作

发现接触网挂有异物（可能危急行车安全）或异常（含网压）时，要迅速断开主断路器、降下受电弓，立即采取停车措施，停车后应认真检查（在地面）受电弓与接触网损坏情况，并及时向车站值班员或列车调度员汇报现场情况及停车地点。装有车顶绝缘检测装置的机车，司机要检查确认机车绝缘情况，确认机车绝缘装置故障或绝缘不良时，不得盲目升弓。列车无动力停留时，须认真观察确认机车风压情况，并做好防溜措施，防溜时使用止轮器应牢靠固定。具备动车条件后，开车前，确认列车处于制动保压状态，撤除止轮器。

附挂2台及以上电力机车运行时，第3辆及后部机车不得升弓运行。遇降弓手信号或接触网异常等情况，须降弓时，本务机车司机应在断主断、降弓的同时，立即通知（鸣示途中降弓信号）后部机车司机降弓，后部司机得到降弓指令后，须立即断电降弓并回示。确认升弓手信号后，通知后部机车司机升起受电弓。

电力机车过分相具体要求如下：熟记所担当区段内的各分相绝缘器位置，严禁机车同时升起前、后两架受电弓通过分相绝缘器。根据线路坡度，列车种类等具体情况掌控列车运行速度，货物列车因“过分相”需要，通过“断”电标前，允许速度不高于40 km/h快速退回牵引手柄；因等信号或防止路伤等情况造成列车速度无法满足通过分相区要求时，立即汇报列车调度员或就近车站值班员，同时主动停车；防止列车掉入分相区。一般不应在牵引电动机带负荷的情况下断开主断路器。列车运行至接触网分相绝缘器前，司机应提前将主控手柄退回“0”位。装有自动过分相装置的机车牵引的列车首次“过分相”时，司机应做好随时手动过分相的准备，确认自动过分相装置的作用状态，发现自动过分相装置作用不良或遇自动过分相装置故障时，须在“断”电标前，及时断开主断路器，并向车站值班员或列车调度员和机务段机车调度室报告。

机车未安装自动过分相装置或遇自动过分相装置作用不良和故障时，司机须进行手动过分相操作。列车运行至分相绝缘器前，司机应及时切除牵引力，严格按“断”电标，断开主断路器。通过分相区，确认网压上升并稳定后再“合电”。列车通过电分相后须检查确认操纵台各仪表显示。

运行中遇“主断”无法断开时，须降弓通过分相绝缘区；降弓前，应迅速将手柄退回“0”位，切除各辅助供电，并确认网压表显示情况。升弓后，应确认网压表显示，再闭合各辅助供电。

4.列尾装置的操作

装有列尾装置的列车，司机应在列车出发前、进站前、进入长大下坡道前和停车站出站后，使用列尾装置对制动主管的压力变化情况进行检查，发现制动主管的压力异常时，立即停车。停车后，查明原因妥善处理，并通知就近车站值班员或列车调度员。

列车运行中，当列尾装置主机发出电池欠压报警或发现通信中断等异常情况时，司机应及时通知就近车站值班员或列车调度员，旅客列车同时通知车辆乘务员。

列车途中在本务机车前部加挂补机、更换本务机车或机车因故不能继续运行请求救援时，司机应在停车后并制动主管减压的情况下，货物列车解除列尾装置主机记忆的本务机车号码，旅客列车进行销号操作，加挂机车、更换机车及救援机车连挂车列后担当本务时，重新建立“一对一”关系。

认真进行列车制动力试验。列车开车后，司机应根据线路纵断面、电分相等实际情况，选择合适的地点（原则上在第一区间，列车运行速度 35～60 km/h）使用空气制动进行制动力试验，确认列车降速不低于 5 km/h 方可缓解，同时司机应注意风表压力及列车充、排风时间（万吨及以上重载列车除外）。装有列尾装置的列车还应使用列尾装置查询列车尾部制动主管风压。

未安装列尾装置（含列尾故障）的旅客列车，司机须在制动主管贯通试验减压前、后，以及进站停车前与运转车长（或车辆乘务人员）校对制动主管风表压力。

5. 制动机的操作

特殊情况列车无法满足制动力试验条件时，第一次使用列车自动制动机制动前必须严格控制速度，提前使用空气制动进行制动。

施行常用制动时，应根据目标速度（距离）、列车速度、线路纵断面、牵引辆数和吨数、车辆种类以及闸瓦压力等条件，准确掌握制动时机、制动距离和减压量，保持列车均匀减速，防止列车冲动。牵引列车时，不应使用单阀制动停车，并遵守以下规定：初次减压量不得少于50 kPa，长大下坡道应适当增加初次减压量，具体减压量由铁路局集团公司制定。追加减压量一般不超过两次；一次追加减压量不得超过初次减压量。累计减压量不应超过最大有效减压量。减压时，自阀排风未止不应追加、停车和缓解列车制动。单阀缓解量，每次不得超过 30 kPa（CCBⅡ型、法维莱型制动机除外）。

禁止在制动保压后，将自阀手柄由中立位推向缓解、运转、保持位后，又移回中立位（牵引采用阶段缓解装置的列车除外）。

操纵货物列车，自阀减压排风未止，不得缓解机车制动。

货物列车速度在 15 km/h 以下时，不应缓解列车制动。长大下坡道区段因受制动周期等因素限制，最低缓解速度不应低于 10 km/h。重载货物列车速度在 30 km/h 以下，不应缓解列车制动。

列车停车后须保持制动状态，减压量不少于 100 kPa；站停超过 20 min 时，在出站（进路）信号机开放或得到车站值班员（运转车长或车辆乘务员）试风的通知后方可进行列车制动机的排风试验、简略试验。

施行紧急制动时，迅速将自阀手柄推向紧急制动位，并立即解除机车牵引力，柴油机不得停机，电力机车不得断主断、降弓（弓网故障除外），动力制动应处在备用状态。列车未停稳，严禁移动单、自阀手柄（投入动力制动时，单阀除外）。

装有动力制动装置的机车在列车调速时，要采用动力制动为主、空气制动为辅、相互配合使用的方法，并应做到：(1)内燃机车在提、回动力制动手柄时，要逐位进行，至“1”位时应稍作停留。电力机车给定制动励磁电流时，电流的升、降要做到平稳；(2)制动电流不得超过额定值；(3)动力制动与空气制动配合使用时，应将机车制动缸压力及时缓解为 0（设有自动控制装置的机车除外）；(4)需要缓解时，应先缓解空气制动，再解除动力制动；(5)多机牵引使用动力制动时，前部机车使用后，再通知后部机车依次使用；需要解除动力制动时，根据前部机车的通知，后部机车先解除，前部机车后解除（装有重联线和同步装置机车运行时除外）。

在使用动力制动调速过程中发生紧急制动或需紧急制动时，司机应保持机车动力制动，同时立即用单阀缓解机车制动缸压力至 150 kPa 以下（设有自动控制装置的机车可不进行单阀缓解操作）。

当发现列车失去空气制动力或制动力减弱危及行车安全时，紧急制动可以同步投入动力制动的机车，司机应立即使用紧急制动，并将动力制动投入达到最大值，在确认动力制动发挥作用后，使用单阀缓解制动缸压力至 150 kPa 以下（设有自动控制装置的机车可不进行单阀缓解操作）。有运转车长（车辆乘务人员）值乘的列车，司机迅速通知运转车长（车辆乘务人员），使用车辆紧急制动阀停车；装有列尾装置的列车，司机应采取列尾装置主机排风制动措施使列车停车，停车前适当撒砂。

列车运行中，发现制动主管压力急剧下降、波动，空气压缩机不工作或长时间泵风不止，列尾装置发出制动主管压力不正常报警等异常情况时，应迅速停止向制动主管充风，解除机车牵引力，及时采取停车措施，并立即向车站值班员或列车调度员报告。

6. 单机在区间被迫停车时的操作

单机（包括双机、专列回送的机车，下同）在自动闭塞区间紧急制动停车后，具备移动条件时司机须立即将机车移动不少于 15 m，再按照“先防护后报告”的原则，在轨道电路调谐区外使用短路铜线短接轨道电路，然后向就近车站值班员或列车调度员报告停车位置和原因。

单机被迫停在调谐区内时，司机须立即在调谐区外使用短路铜线短接轨道电路，然后向就近车站值班员或列车调度员报告停车位置和原因。

单机在站内大量撒砂停车后，司机要立即报告所在站车站值班员。

7. 多机重联和附挂回送机车的操作

多机牵引时应遵守下列规定：(1)机车重联后，相邻机车之间连接状态的检查，由相邻机车乘务员实行双确认，共同负责；(2)机车操纵应由行进方向的前部机车负责。重联机车必须服从前部机车的指挥，并执行有关鸣笛及应答回示的规定；(3)设有重联装置的机车，该装置作用必须良好，重联运行时应接通重联线。其他各有关装置及制动机手柄的位置按附件 8 执行；

附挂（重联）机车连挂妥当后，附挂（重联）司机按规定操作制动机、弹停装置、电气设备等，确认走车控制开关在断开位，换向控制器的方向与列车运行方向一致，并取出机车自阀单阀、换向手柄（无法取出机型除外）。操作完毕、具备附挂（重联）运行条件后，通知本务机车司机。

附挂（重联）机车需与本务机车或前位机车摘开时，必须恢复机车牵引条件后（闭合蓄电池开关、开启 LKJ、升弓或启机、空压机工作、总风缸压力达到定压、机车处于制动状态），方可通知前位机车进行摘挂作业。

无动力回送机车按规定开放无动力回送装置，操作有关阀门。

内燃、电力机车在附挂运行时应做到如下：列车无线调度通信设备及 LKJ（非本务状态）应全程开机。列车通过车站，附挂机车司机应确认机车风仪表显示状态，夜间司机室应开灯副司机（随乘司机）按规定进行机械间巡视。禁止进行电气动作试验。

8. 旅客列车的操作

牵引旅客列车运行中施行常用制动时，应遵守以下规定：(1)机车呈牵引状态，柴油机转速控制在 550 r/min 左右或牵引电流控制在 1 000 A 左右；电力机车的牵引电流控制在 200 A 以下。停车制动，自阀减压时，列车产生制动作用并稳定降速（时间原则上应控制在 5 s 以上）后，再解除机车牵引力；(2)自阀减压前，应单独缓解机车，使列车制动时机车呈缓解状态；

(3)制动时,追加减压量累计不应超过初次减压量。正常情况下,不应使用动力制动调速和停车。

旅客列车运行中应根据线路纵断面及限速要求,尽可能不中断机车牵引力。在起伏坡道区段或较小的下坡道运行时,应采用低手柄位或低转速的牵引,尽量避免惰力运行。

旅客列车在长大下坡道运行中,应采用空气、动力制动配合使用的操纵方法,做到:列车进入下坡道时,投用动力制动,待列车继续增速的同时,再逐步增加制动电流。当动力制动不能满足控制列车运行速度的要求时,采用空气制动调整列车运行速度。缓解列车制动时,应在缓解空气制动后,再逐步解除动力制动。

9.在坡道行驶的操作

在较平坦的线路上,列车起动后应强迫加速,达到运行时分所需速度时,适当调整机车牵引力,使列车以均衡速度运行。

在起伏坡道上,应充分利用线路纵断面的有利地形,提早加速,以较高的速度通过坡顶。

在长大上坡道上,应采用“先闯后爬,闯爬结合”的操纵方法。进入坡道前应提早增大机车牵引力,储备动能,进入坡道后应进行预防性撒砂,防止空转,并注意牵引电流不得超过持续电流。

10.机械间巡视

副司机(待值乘司机)按规定执行机车上部巡视和汇报制度。巡视自出站信号机起至下一站进站信号机前止。第一次巡视检查后应详细汇报机车运转状况。后续巡视对各部件状态进行简要汇报,对不良部件应重点汇报。

巡视检查时机如下:

(1)内燃机车

始发列车出站后;列车运行中一般每 30 min 进行 1 次;发生异音、异状时。

(2)电力机车

始发列车出站或第一停车站停车后;发生异音、异状时。

单司机双班值乘的列车,待值乘司机在列车始发站开车后和接班前进行机车上部巡视。

机车各安全保护装置和监督、计量器具不得盲目切(拆)除及任意调整其动作参数。内燃、电力机车各保护电器(油压、水温、接地、过流、柴油机超速、超压等保护装置)动作后,在未判明原因前,不得强迫启动柴油机及切除各保护装置。机车保护装置切除后,应密切注视机车各仪表的显示,加强机械间的巡视。

11.运行中遇非正常情况的处置

列车在区间被迫停车后不能继续运行时,司机应立即使用列车无线调度通信设备通知两端站、列车调度员及运转车长(无运转车长时为车辆乘务员),报告停车原因和停车位置,根据需要迅速请求救援并按规定设置防护。单司机单班值乘,遇列车在区间被迫停车因防护、防溜等需离开机车时,须报告车站值班员或列车调度员,并对列车采取可靠防溜措施、锁闭司机室门窗后,方可随身携带无线列调手持电台下车作业。

遇机车故障,应及时向车站值班员或列车调度员报告,同时报告机务段机车调度室,尽量维持运行至车站停车处理。严禁操纵司机在运行中离开座位检查处理故障。10 min 内不能恢复运行时,司机应迅速请求救援,并按规定做好防溜、防护和机车附挂运行的相关工作。已请求救援的列车,不得再行移动。

遇天气不良、机车牵引力不足等原因，列车在困难区段可能发生坡停或严重运缓时，司机应提前使用列车无线调度通信设备通知两端站或列车调度员。

遇天气恶劣，应加强瞭望和鸣笛，信号机显示距离不足 200 m 时，应立即报告车站值班员或列车调度员。

单机进入区间担当救援作业，在自动闭塞区间正方向运行时，应使 LKJ 处于通常工作状态，严格按分区通过信号机的显示要求行车，在距被救援车列前 2 km 时，与被救援司机联系，将 LKJ 转为调车工作状态；在自动闭塞区间反方向、半自动闭塞区间及自动站间闭塞区间运行时，应使 LKJ 处于调车工作状态。在接近被救援列车 2 km 时，按规定严格控制速度。

运行途中突发难于抵抗的身体急症，要立即报告车站值班员或列车调度员，不能维持驾驶操纵的要立即采取停车措施。

遇下列情况，司机须立即采取减速或停车措施，及时向车站值班员或列车调度员报告，并及时向机务段机车调度室报告。运行途中遇临时改变列车运行方式、行车凭证、列车径路、事故救援等非正常行车时，应做到：一停车确认，二查阅核对，三远程指导。遇信号不明、进路不清、司机发现晃车以及危及行车、人身安全等异常情况，须立即采取减速或停车措施，严禁臆测行车，盲目求快。运行中司机发现列车（道口、守机）防护报警、车站或邻线列车呼叫停车等危及列车运行安全时，应果断采取停车措施。司机得到车辆热轴停车通知时，应及时采取常用制动措施使列车停车。停车后应通过列车无线调度通信设备追问（清楚）热轴车辆的具体位置（编挂位置及侧向）。下车检查时，严禁侵限（邻线）作业。

列车运行中司机发现运行揭示（调度命令）、关系车站核对信息、LKJ 控制信息与地面慢行地点或限速值不一致时，须立即按照最低速度、最长距离的原则控制列车运行。司机在运行途中接到临时限速调度命令，进入核对站前，发现与核对站车站值班员核对的限速运行内容不一致时，应在进入限速运行地点前的车站停车并向车站值班员（列车调度员）报告，经核实后，按要求运行。

单司机双班值乘时作业要求如下：列车正常运行时，待值乘司机经过共乘区段后休息（司机室设有通话、呼叫设备的可在非操纵端休息）。列车运行中遇天气恶劣，行车安全装备、机车设备故障、信联闭停用等非正常行车及调车作业时必须共同值乘。共乘区段、换乘地点（时间）由机务段根据担当牵引列车的运行区段、时段和值乘时间的具体情况制定。值乘司机与待值乘司机换乘交接时，重点交接运行揭示、调度命令等行车注意事项，共同值乘一个站间区间后方可休息。共乘区段待值乘司机执行副司机职责。

运行中，发现机车故障处所和非正常情况，要迅速判明原因及时处理，并将故障现象及处理情况填记“机车运行日志”。

牵引直供电、双管供风的旅客列车运行中应注意确认列车供电电压及电流、列车总风管压力的显示，发现异常情况时应及时通知车辆乘务员，按其要求运行或维持到前方车站停车处理，并报告列车调度员或车站值班员。

旅客列车在区间发生故障需双管改单管供风时，司机应掌握安全速度（最高不超过 120 km/h）运行至前方站后进行，跨局旅客列车改为单管供风后，司机报告车站值班员转报列车调度员。因列车总风管压力漏泄不能维持运行，应立即停车，关闭机车后部折角塞门判断机车或车辆原因，属车辆原因应立即通知车辆乘务员处理。

12. 防寒过冬期间的操作

在防寒过冬期间，段内接班后，还应检查机车有无冻结处所，暖气阀是否按规定开放，防寒罩是否齐全。机车防寒要求如下：(1)内燃机车关闭门窗，调整百叶窗开度并装好防寒被，应适时使用非操纵端热风机。打开预热锅炉循环水系统止阀，以防止水管路及预热锅炉冻结；(2)内燃机车柴油机故障无法再启动时，要及时放尽柴油机、冷却单节、热交换器及管路内的冷却水；(3)遇雾雪等天气受电弓或接触网被冰雪包裹，在站内停留如发现弓网产生打火放电现象时，站内起动列车，应控制牵引电流不得过大，避免受电弓与接触网间产生拉弧导致烧网。

13. 运行途中的安全注意事项

不得超越机车限界进行作业，电气化区段严禁攀登机车、车辆顶部，途中停车检查时，身体不得侵入临线限界。外走廊式的内燃机车运行中不得在走廊上作业。严禁向机车外部抛撒火种，机械间严禁吸烟。电力机车乘务员需要登机车顶部检查弓网状态或处理故障时，应断开主断路器，降下受电弓，必须向车站值班员或列车调度员申请办理登顶作业，接到列车调度员发布接触网已停电的调度命令并验电、挂好接地线后方准作业。

单元四　终点站与退勤作业

学习目标

1. 掌握终点站作业的内容及要求；
2. 掌握入段作业的内容及要求；
3. 掌握外段交接班作业的内容及要求；
4. 掌握退勤作业的内容及要求。

基础知识

当列车到达终点站后，途中运行作业即为结束，转入终点站作业(到达交班)及退勤作业。这个阶段的作业容易出现马虎和急躁，机车乘务员要坚持良好的精神状态，认真完成各项作业，保证机车能正常再出段。

一、终点站作业

(1)到达终点站后，摘解机车前不得缓解列车制动。若地面无列车制动机试验设备或该设备临时发生故障时，司机应根据检车员的要求，试验列车制动机。牵引制动主管定压 600 kPa 的货物列车到达机车换挂站后，应对制动主管实施最大有效减压量(减压 170 kPa)。

(2)直供电列车到达后，应保持供电，接到车辆乘务员通知后方可停止供电，拔出供电钥匙，按规定与车辆乘务员办理交接。

(3)机车不能及时入段时，将机车移动至脱轨器外方、信号机前或警冲标内方。机车乘务员应及时检查轴温(装有轴温检测装置的除外)。LKJ 转入调车状态，按调车信号显示运行。

(4)机车到达站、段分界点处应停车，签认入段时分，了解段内走行经路。

(5)确认入段信号、股道号码信号、道岔开通信号、道岔表示器显示正确,厉行确认呼唤(应答),鸣笛动车入段,按规定速度控制运行。

(6)有运用干部添乘在列车终到前,司机应出示添乘指导簿,添乘运用干部填写本趟添乘指导意见。

二、入段作业

电力机车进整备线,在隔离区防护信号前停车,确认隔离区防护信号开放后再动车。

在转盘及整备线停留时,机车必须制动。上、下转盘时,确认开通位置,严守速度规定。转盘转动时,司机不得离座,不得换端及做其他工作。并须做到:

(1)内燃机车主手柄置于“0”位,换向手柄置于中立位,机车控制开关置于断开位。

(2)电力机车断开主断路器,降下受电弓,牵引手柄置于“0”位。

入段机车检查和整备时,机务段应根据使用机型、乘务方式和段内技术作业时间,制定机车检查、给油、保洁等工作范围和标准。

(1)交班司机应将机车运用状态,在机车运行日志上作出记录,按规定做好防溜,与接车人员办理交接。

(2)轮乘制司机应向接车人员详细介绍机车运用状态、机车运行日志记录等情况,与有关人员办理燃油、耗电、工具备品以及机车行车安全装备的交接。

(3)检查机车时,发现故障处所及时处理或报修。

三、外段(折返段)交接班

(1)内燃电力机车交班机班应按本段接车作业的规定项目对机车进行检查,填写机车运行日志。

(2)内燃电力机车的接班司机应按本段接车作业的规定项目对机车进行检查。副司机(非操纵司机)对机车下部进行复检。

(3)制动机试验、内燃机车的电气动作试验、电力机车的高、低压试验按相应的试验程序进行。

(4)其他未尽事宜,按机务本段、外段(折返段)有关规定办理。

四、退勤作业

值乘机班机车乘务员同到派班室(调度室)退勤,司机应填记、复核司机报单,总结本次乘务工作、分析安全正点情况,并作好记录。

退勤时,进行指纹影像识别、酒精含量测试,向机车调度员(退勤派班员)汇报途中运行、安全正点、机车质量、行车安全装备使用、车机联控执行等情况。将转储有 LKJ 运行记录数据的 IC 卡交转储人员(由电务检测人员转储的除外)。本次乘务作业发生非正常等情况时,必须按照规定填写“机调-10”。

听取机车调度员(退勤派班员)LKJ 记录数据检索、分析结果,对检索分析的问题及超劳、运缓等情况作出说明。交还交付揭示、列车时刻表、司机报单、司机手册、添乘指导簿、车机联控信息卡后,办理退勤手续。

单元五　机车乘务员呼唤应答作业标准

学习目标

(1)掌握机车乘务员呼唤应答作业基本要求;

(2)掌握机车乘务员“全呼全比”信号手比标准及手比要求;

(3)掌握机车乘务员呼唤应答标准。

基础知识

一、确认呼唤(应答)基本要求

(1)确认呼唤(应答)必须执行“彻底瞭望、确认信号、手比眼看、准确呼唤”,并掌握“清晰短促、提示确认、全呼全比、手势正确”的作业要领。

(2)列车运行中必须对所有地面主体信号显示全部进行确认呼唤(应答),自动闭塞区段分区通过信号显示绿灯,值乘速度 120 km/h 及以上客运列车时,只手比不呼唤(带有三斜杠标志预告动能的分区通过信号机除外)。

(3)遇有显示须经侧向径路运行的信号时,在呼唤信号显示的同时,必须呼唤侧向限速值。

二、信号确认呼唤时机和手比姿势

1.信号确认呼唤时机

应遵循“信号好了不早呼、信号未好提前呼”的原则,瞭望条件良好时,进站(进路)信号不少于 800 m;出站、通过、接近、预告信号不少于 600 m;信号表示器不少于 100 m。

2.手比规范

(1)信号显示要求通过(显示绿灯、绿黄灯)时:右手伸出食指和中指并拢,拳心向左,指向确认对象。

(2)信号显示要求正向径路准备停车(显示黄灯)时:右手拢拳伸拇指直立,拳心向左。

(3)信号显示要求侧向径路运行(显示双黄灯、黄闪黄)时:右手拢拳伸拇指和小指,拳心向左。

(4)信号显示要求停车(显示红灯,包括固定和临时)时:右臂拢拳,举拳与眉齐,拳心向左,小臂上下摇动 3 次。

(5)注意警惕运行时:右臂拢拳,大小臂成 90°,举拳与眉齐,拳心向左。

(6)确认仪表显示时:右手伸出食指和中指并拢,拳心向左,指向相关确认设备时。

(7)确认非集中操纵道岔、各类手信号、防护信号(脱轨器)时:右手伸出食指和中指并拢,拳心向左,指向确认的非集中操纵道岔、各类手信号、防护信号(脱轨器)。

(8)列车运行中,LKJ 提示前方列车运行限制速度有变化时,司机必须在变速点前,对变化的速度值及时进行确认呼唤;确认呼唤时,右手伸出食指和中指并拢,拳心向左,指向 LKJ 显示部位。

(9)手比以注意警惕姿势开始和收回,手比动作稍作停顿。

三、机车乘务员确认呼唤(应答)标准用语

1. 机车乘务员单岗值乘确认呼唤标准用语

(1)出段至发车(表 7-1)

表 7-1 出段至发车标准用语

序号	呼唤时机	呼唤项目	确认呼唤标准用语
1	电力机车升弓	升弓作业	升弓注意,升弓好了
2	整备完毕,人员就岗	出段准备作业	出段准备好了
3	出段前	还道信号及出段手信号显示(非集中操纵道岔)	××道,出段手信号好了
4		出段信号显示(含出段简易信号)	出段信号,白(绿)灯 出段信号,蓝(红)灯停车
5	经过非集中操纵道岔前	道岔开通位置	道岔开通正确
6	经过其他要道还道地点前	还道信号及道岔开通手信号显示	一度停车 ××道,手信号好了
7	行至站段分界点	站段分界点(或一度停车牌)	一度停车
8	调车信号前	调车信号显示	调车信号,白灯 调车信号,蓝(红)灯停车
9	调车复示信号前	调车复示信号	复示信号,白灯 复示信号,注意
10	换端作业时	制动防溜	注意防溜
11	进入挂车线	脱轨器	脱轨器,撤除好了、(红灯、红牌)停车
12	连挂车时	连挂距离	十辆、五辆、三辆、停车
13		防护信号	防护信号,撤除好了 防护信号,注意
14	列车制动机试验时	列车制动机试验作业	制动、缓解 试风好了
15	发车前	行车安全装备设置作业	LKJ 设置,设置好了 CIR(或通信装置)设置,设置好了 列尾装置设置,设置好了 机车信号确认,确认好了
16		出站(发车进路)信号显示一个绿灯	绿灯,出站(发车进路)好了
17		出站(发车进路)信号显示两个绿灯	双绿灯,××(线、站)方向出站好了
18		出站(发车进路)信号显示一个绿灯一个黄灯	绿黄灯,出站(发车进路)好了
19		出站(发车进路)信号显示一个黄灯	黄灯,出站(发车进路)好了

续上表

序号	呼唤时机	呼唤项目	确认呼唤标准用语
20	发车前	非正常行车确认行车凭证时	确认行车凭证，路票正确 确认行车凭证，绿色许可证正确 确认行车凭证，红色许可证正确 确认行车凭证，调度命令正确
21		进路表示器显示	进路表示器，××(线、站)方向好了 进路表示器，正、反方向好了
22		发车信号	一圈、两圈、三圈，发车信号好了 联控发车好了
23		发车表示器	发车表示器白灯
24	起动列车后	确认开车时刻	正点(或晚点××分)开车
25		监控装置对标点及道岔限速	对标好了，道岔限速××公里
26	出站后	操纵台各仪表、指示灯、机车微机工况屏显示	各仪表(网压)显示正常

(2)途中运行(表7-2)

表7-2　途中运行标准用语

序号	呼唤时机	呼唤项目	确认呼唤标准用语
1	贯通试验或试闸点	贯通试验或试闸作业	贯通试验，贯通试验好了 试闸，试闸好了
2	查询列尾时	列尾查询作业	列尾查询，尾部风压××千帕
3	接近慢行地段限速标	慢行标识及限速值	慢行限速××公里
4	慢行减速地点(始端)标	慢行减速地点(始端)标位置	慢行开始
5	慢行减速地点(终端)标	慢行减速地点(终端)标位置	严守速度
6	越过减速防护地段终端信号标	减速防护地段终端信号标位置	慢行结束
7	乘降所	乘降所	××乘降所停车
8	分相前	分相位置	过分相注意
9	禁止双弓标前	禁止双弓标	单弓好了
10	断电标前	断电标(T断标)	断电好了
11	越过合电标后	合电标	闭合好了
12	准备降弓标	准备降弓标	准备降弓
13	降弓标前	降弓标	降弓好了
14	越过升弓标后	升弓标	升弓好了
15	遮断信号	遮断信号显示	遮断信号，红灯停车、无显示
16	半自动闭塞区段进站(进路)信号机处自动闭塞区段进站信号前一架通过信号机、进站(进路)信号机处	监控距离与地面信号机实际距离核对	确认车位，车位正确 确认车位，校正好了

续上表

序号	呼唤时机	呼唤项目	确认呼唤标准用语
17	进站、接车进路复示信号	复示信号显示	复示信号,直向、侧向 复示信号,注意信号
18	出站、发车进路复示信号	复示信号显示	复示信号,好了 复示信号,注意信号
19	通过手信号	通过手信号显示	通过手信号,好了(站内停车)
20	防护信号前	防护信号	防护信号,红灯(红旗)停车、火炬停车、撤除好了
21	预告信号前	预告信号显示	预告信号,好了、注意信号
22	CIR接收接车进路预告信息时	进路预告信息内容	××站(线路所)××道通过(停车)、机外停车
23	接收临时调度命令时	调度命令号及内容	确认调度命令,确认好了
24	通信模式转换时	模式转换	通信转换注意,转换好了
25	机车信号转换时	机车信号转换	机车信号转换,转换好了
26	接近信号前	接近信号显示	绿灯 绿黄灯 黄灯减速
27	进站(接车进路)信号前	进站(进路)信号机显示一个绿灯	绿灯,正线通过
28		进站(进路)信号机显示一个绿灯一个黄灯	绿黄灯,正线通过,注意运行
29		进站(进路)信号机显示一个黄灯	黄灯,正线停车
30		进站(进路)信号机显示两个黄灯	双黄灯,侧线,限速××公里
31		进站(进路)信号机显示黄闪黄	黄闪黄,侧线,限速××公里
32		进站(进路)信号机显示红灯	红灯,机外停车
33		非正常行车确认行车凭证时	一红一白,引导信号好了 黄旗、黄灯,引导手信号好了 绿旗、绿灯,特定引导手信号好了 机外停车
34	出站(发车进路)信号前	出站(发车进路)信号显示一个绿灯	绿灯,出站(发车进路)好了
35		出站(发车进路)信号显示两个绿灯	双绿灯,××(线、站)方向出站好了
36		出站(发车进路)信号显示一个绿灯一个黄灯	绿黄灯,出站(发车进路)好了
37		出站(发车进路)信号显示一个黄灯	黄灯,出站(发车进路)好了
38		出站(发车进路)信号显示一个红灯	红灯,站内停车
39		非正常行车确认行车凭证时	确认行车凭证,路票正确 确认行车凭证,绿色许可证正确 确认行车凭证,红色许可证正确 确认行车凭证,调度命令正确

续上表

序号	呼唤时机	呼唤项目	确认呼唤标准用语
40	进路表示器前	进路表示器显示	进路表示器，××(线、站)方向好了 进路表示器，正、反方向好了
41	确认仪表时	操纵台各仪表、指示灯、机车微机工况屏显示	各仪表(网压)显示正常
42	自动闭塞区段闭塞分区通过信号前	闭塞分区通过信号显示	绿灯 绿黄灯 黄灯减速 红灯停车
43	线路所通过信号机前	线路所通过信号显示	通过信号， 绿灯(××方向好了)， 绿黄灯(××方向好了)， 黄灯减速(××方向好了)， 侧线限速××公里、××方向好了 机外停车
44		非正常行车确认行车凭证时	确认行车凭证，凭证正确
45	列车运行限制速度变速点前(由高速变低速)	变速点低速值	前方限速××公里，注意控速
46	输入侧线股道号	侧线股道号	××道输入好了
47	输入支线号	支线号	支线号输入好了
48	接近限制鸣笛标前	限制鸣笛标	进入限鸣区段
49	接近防洪地点标前	防洪地点标	防洪地点，注意运行
50	接近道口前	道口位置	道口注意
51	列车客运停点、终到	报点	正点(晚点或早点××分)到达(通过、开车)

(3)到达至入段(表7-3)

表7-3　到达至入段标准用语

序号	呼唤时机	呼唤项目	确认呼唤标准用语
1	列车终到后	行车安全装备设置	LKJ设置，设置好了 CIR(或通信装置)设置，设置好了 列尾装置设置，设置好了
2	调车转线作业	调车信号显示	调车信号，白灯 调车信号，蓝(红)灯停车
3	调车复示信号前	调车复示信号	复示信号，白灯 复示信号，注意
4	行至站段分界点	站段分界点(或一度停车牌)	一度停车
5	入段前	还道信号及入段手信号显示(非集中操纵道岔)	××道，入段手信号好了
6		入段信号显示(含简易信号显示)	入段信号，白(绿)灯 入段信号，蓝(红)灯停车

续上表

序号	呼唤时机	呼唤项目	确认呼唤标准用语
7	经过非集中操纵道岔前	道岔位置	道岔开通正确
8	经过其他要道还道地点前	还道信号及道岔开通手信号	一度停车 ××道，手信号好了
9	换端作业时	制动防溜	注意防溜
10	进入段内尽头线或有车线	确认停车距离	十辆、五辆、三辆、停车
11	整备线防护信号前	防护信号显示	防护信号，撤除好了 防护信号，（红灯、蓝灯、红旗、红牌）停车

2.机车乘务员双岗值乘确认呼唤（应答）标准用语

（1）出段至发车（表 7-4）

表 7-4　出段至发车标准用语

序号	呼唤时机	呼唤		应答		复诵	
		呼唤者	标准用语	应答者	标准用语	复诵者	标准用语
1	电力机车升弓	操纵司机	升弓	副司机 非操纵司机	升弓注意	操纵司机	升弓好了
2	整备完毕，人员就岗	副司机 非操纵司机	出段准备	操纵司机	准备好了		
3	出段前	副司机 非操纵司机	还道信号 出段信号（非集中操纵道岔呼唤内容）	操纵司机	××道 出段手信号好了	副司机 非操纵司机	××道 出段手信号好了
4		副司机 非操纵司机	出段信号	操纵司机	白（绿）灯 蓝（红）灯停车	副司机 非操纵司机	白（绿）灯 蓝(红)灯停车
5	经过非集中操纵道岔前	副司机 非操纵司机	道岔注意	操纵司机	道岔开通正确	副司机 非操纵司机	道岔开通正确
6	经过其他要道还道地点前	副司机 非操纵司机	一度停车 还道信号 道岔开通信号	操纵司机	一度停车 ××道 手信号好了	副司机 非操纵司机	××道 手信号好了
7	行至站段分界点（或一度停车牌）	副司机 非操纵司机	一度停车	操纵司机	一度停车		
8	调车信号前	副司机 非操纵司机	调车信号	操纵司机	白灯、蓝（红）灯停车	副司机 非操纵司机	白灯、蓝（红）灯停车
9	调车复示信号前	副司机 非操纵司机	复示信号	操纵司机	白灯 注意信号	副司机 非操纵司机	白灯 注意信号
10	换端作业时	副司机 非操纵司机	注意防溜	操纵司机	注意防溜		

续上表

序号	呼唤时机	呼　　唤		应　　答		复　　诵	
		呼唤者	标准用语	应答者	标准用语	复诵者	标准用语
11	进入挂车线	副司机 非操纵司机	脱轨器注意	操纵司机	撤除好了 (红灯、红牌)停车	副司机 非操纵司机	撤除好了 (红灯、红牌)停车
12	连挂车时	副司机 非操纵司机	十辆、五辆、三辆、停车	操纵司机	十辆、五辆、三辆、停车		
13		副司机 非操纵司机	防护信号	操纵司机	撤除好了 注意信号	副司机 非操纵司机	好了 注意
14	列车制动机试验时	副司机 非操纵司机	制动、缓解 试风好了	操纵司机	制动、缓解 试风好了		
15	发车前	副司机 非操纵司机	确认行车安全装备	操纵司机	LKJ设置好了 CIR(或通信装置)设置好了 列尾装置设置好了 机车信号确认好了	副司机 非操纵司机	LKJ设置好了 CIR(或通信装置)设置好了 列尾装置设置好了 机车信号确认好了
16	发车前	副司机 非操纵司机	出站(发车进路)信号	操纵司机	绿灯,出站(发车进路)好了 双绿灯,××(线、站)方向出站好了 绿黄灯,出站(发车进路)好了 黄灯,出站(发车进路)好了	副司机 非操纵司机	绿灯,出站(发车进路)好了 双绿灯,××(线、站)方向出站好了 绿黄灯,出站(发车进路)好了 黄灯,出站(发车进路)好了
17		副司机 非操纵司机	确认路票 确认绿色许可证 确认红色许可证 确认调度命令	操纵司机	路票正确 绿色许可证正确 红色许可证正确 调度命令正确	副司机 非操纵司机	路票正确 绿色许可证正确 红色许可证正确 调度命令正确
18		副司机 非操纵司机	进路表示器	操纵司机	××(线、站)方向好了 正、反方向好了	副司机 非操纵司机	××(线、站)方向好了 正、反方向好了
19		副司机 非操纵司机	发车信号	操纵司机	一圈、两圈、三圈,发车信号好了 联控发车好了	副司机 非操纵司机	一圈、两圈、三圈,发车信号好了 联控发车好了
20		副司机 非操纵司机	发车表示器	操纵司机	发车表示器白灯	副司机 非操纵司机	发车表示器白灯

续上表

序号	呼唤时机	呼唤		应答		复诵	
		呼唤者	标准用语	应答者	标准用语	复诵者	标准用语
20	起动列车后	副司机 非操纵司机	确认开车时刻	操纵司机	正点(或晚点××分)开车	副司机 非操纵司机	好了
22	起动列车后	副司机 非操纵司机	注意对标	操纵司机	对标好了 道岔限速××公里	副司机 非操纵司机	好了 道岔限速××公里
23		副司机 非操纵司机	后部注意	操纵司机	后部好了	副司机 非操纵司机	后部好了
24	出站后	副司机 非操纵司机	仪表注意	操纵司机	各仪表(网压)显示正常		

(2)途中运行(表7-5)

表7-5 途中运行标准用语

序号	呼唤时机	呼唤		应答		复诵	
		呼唤者	标准用语	应答者	标准用语	复诵者	标准用语
1	机械间巡视及巡视后	副司机 非操纵司机	机械间检查各部正常	操纵司机	注意安全好了	副司机 非操纵司机	加强瞭望
2	贯通试验或试闸点	副司机 非操纵司机	贯通试验或试闸	操纵司机	贯通试验好了或试闸好了	副司机 非操纵司机	好了
3	查询列尾时	副司机 非操纵司机	列尾查询	操纵司机	尾部风压××千帕	副司机 非操纵司机	好了
4	接近慢行地段限速标	副司机 非操纵司机	慢行注意	操纵司机	限速××公里	副司机 非操纵司机	限速××公里
5	慢行减速地点(始端)标	副司机 非操纵司机	慢行开始	操纵司机	慢行开始		
6	慢行减速地点(终端)标	副司机 非操纵司机	严守速度	操纵司机	严守速度		
7	越过减速防护地段终端信号标	副司机 非操纵司机	慢行结束	操纵司机	慢行结束		
8	乘降所	副司机 非操纵司机	××乘降所	操纵司机	停车	副司机 非操纵司机	停车
9	接近分相前	副司机 非操纵司机	过分相注意	操纵司机	注意	副司机 非操纵司机	注意
10	禁止双弓标前	副司机 非操纵司机	禁止双弓	操纵司机	单弓好了	副司机 非操纵司机	好了

续上表

序号	呼唤时机	呼　　唤		应　　答		复　　诵	
		呼唤者	标准用语	应答者	标准用语	复诵者	标准用语
11	断电标(T断标)前	副司机 非操纵司机	断电	操纵司机	断电好了	副司机 非操纵司机	好了
12	越过合电标后	副司机 非操纵司机	闭合	操纵司机	闭合好了	副司机 非操纵司机	好了
13	准备降弓标前	副司机 非操纵司机	准备降弓	操纵司机	准备降弓		
14	降弓标前	副司机 非操纵司机	降弓	操纵司机	降弓好了	副司机 非操纵司机	好了
15	越过升弓标后	副司机 非操纵司机	升弓	操纵司机	升弓好了	副司机 非操纵司机	好了
16	遮断信号前	副司机 非操纵司机	遮断信号	操纵司机	红灯停车,无显示	副司机 非操纵司机	红灯停车,无显示
17	半自动闭塞区段进站(进路)信号机处; 自动闭塞区段进站信号前一架通过信号机、进站(进路)信号机处	副司机 非操纵司机	确认车位	操纵司机	车位正确 校正好了	副司机 非操纵司机	车位正确 好了
18	进站、接车进路复示信号前	副司机 非操纵司机	复示信号	操纵司机	直向、侧向或注意信号	副司机 非操纵司机	直向、向或注意信号
19	出站、发车进路复示信号前	副司机 非操纵司机	复示信号	操纵司机	复示好了、注意信号	副司机 非操纵司机	复示好了、注意信号
20	通过手信号	副司机 非操纵司机	通过手信号	操纵司机	手信号好了 站内停车	副司机 非操纵司机	手信号好了 站内停车
20	防护信号前	副司机 非操纵司机	防护信号	操纵司机	红灯(红旗)停车 火炬停车 撤除好了	副司机 非操纵司机	红灯(红旗)停车 火炬停车 撤除好了
22	预告信号前	副司机 非操纵司机	预告信号	操纵司机	预告好了 注意信号	副司机 非操纵司机	预告好了 注意信号
23	CIR接收接车进路预告信息时	副司机 非操纵司机	确认进路预告信息	操纵司机	××站(线路所)××道通过(停车)、机外停车	副司机 非操纵司机	××站(线路所)××道通过(停车)、机外停车
24	接收临时调度命令时	副司机 非操纵司机	确认调度命令	操纵司机	调度命令确认好了	副司机 非操纵司机	调度命令确认好了

续上表

序号	呼唤时机	呼　　唤		应　　答		复　　诵	
		呼唤者	标准用语	应答者	标准用语	复诵者	标准用语
25	通信模式转换时	副司机 非操纵司机	通信转换注意	操纵司机	转换好了	副司机 非操纵司机	好了
26	转换机车信号时	副司机 非操纵司机	机车信号转换注意	操纵司机	转换好了	副司机 非操纵司机	好了
27	接近信号前	副司机 非操纵司机	接近信号	操纵司机	绿灯 绿黄灯 黄灯减速	副司机 非操纵司机	绿灯 绿黄灯 黄灯减速
28	进站(接车进路)信号前	副司机 非操纵司机	进站(进路)信号	操纵司机	绿灯,正线通过 绿黄灯,正线通过,注意运行 黄灯,正线双黄灯,侧线,限速××公里 黄闪黄,侧线,限速××公里 红灯,机外停车	副司机 非操纵司机	绿灯,正线通过 绿黄灯,正线通过,注意运行 黄灯,正线 双黄灯,侧线,限速××公里 黄闪黄,侧线,限速××公里 红灯,机外停车
29		副司机 非操纵司机	引导信号 引导手信号 特定引导手信号 机外停车	操纵司机	一红一白,引导信号好了 黄旗、黄灯,引导手信号好了 绿旗、绿灯,特定引导手信号好了 机外停车	副司机 非操纵司机	一红一白,引号信号好了 黄旗、黄灯,引导手信号好了 绿旗、绿灯,特定引导手信号好了 机外停车
30	出站(发车进路)信号前	副司机 非操纵司机	出站(发车进路)信号	操纵司机	绿灯,出站(发车进路)好了 双绿灯,××(线、站)方向出站好了 绿黄灯,出站(发车进路)好了 黄灯,出站(发车进路)好了 红灯,停车	副司机 非操纵司机	绿灯,出站(发车进路)好了 双绿灯,××(线、站)方向出站好了 绿黄灯,出站(发车进路)好了 黄灯,出站(发车进路)好了 红灯,停车
			确认路票 确认绿色许可证 确认红色许可证 确认调度命令	操纵司机	路票正确 绿色许可证正确 红色许可证正确 调度命令正确	副司机 非操纵司机	路票正确 绿色许可证正确 红色许可证正确 调度命令正确

续上表

序号	呼唤时机	呼　　唤		应　　答		复　　诵	
		呼唤者	标准用语	应答者	标准用语	复诵者	标准用语
31	进路表示器前	副司机 非操纵司机	进路表示器	操纵司机	××(线、站)方向好了 正、反方向好了	副司机 非操纵司机	××(线、站)方向好了 正、反方向好了
32	确认仪表时	副司机 非操纵司机	仪表注意	操纵司机	各仪表(网压)显示正常		
33	自动闭塞区段闭塞分区通过信号前	副司机 非操纵司机	通过信号	操纵司机	绿灯 绿黄灯 黄灯减速 红灯停车	副司机 非操纵司机	绿灯 绿黄灯 黄灯减速 红灯停车
34	线路所通过信号机前	副司机 非操纵司机	通过信号确认行车凭证	操纵司机	绿灯,(××方向好了)绿黄灯,(××方向好了) 黄灯减速,(××方向好了) 侧线限速××公里、××方向好了 机外停车 线路所凭证正确	副司机 非操纵司机	绿灯,(××方向好了) 绿黄灯,(××方向好了) 黄灯减速,(××方向好了) 侧线限速××公里、××方向好了 机外停车 线路所凭证正确
35	列车运行限制速度变速点前(由高速变低速)	操纵司机	前方限速××公里	副司机 非操纵司机	注意控速	操纵司机	注意控速
36	交会列车时	副司机 非操纵司机	会车注意	操纵司机	注意		
37	输入侧线股道号	副司机 非操纵司机	输入侧线股道号	操纵司机	××道输入好了		
38	输入支线号	副司机 非操纵司机	输入支线号	操纵司机	支线号输入好了		
39	接近限制鸣笛标前	副司机 非操纵司机	进入限鸣区段	操纵司机	限制鸣笛	副司机 非操纵司机	限制鸣笛
40	接近防洪地点标	副司机 非操纵司机	进入防洪地点	操纵司机	注意运行	副司机 非操纵司机	注意运行
41	接近道口前	副司机 非操纵司机	道口注意	操纵司机	注意		
42	途中换班时	接班司机	换班注意	交班司机	加强瞭望;(前方有限速);注意安全	接班司机	明白

(3)到达至入段(表 7-6)

表 7-6　到达至入段标准用语

序号	呼唤时机	呼唤		应答		复诵	
		呼唤者	标准用语	应答者	标准用语	复诵者	标准用语
1	列车终到后	副司机 非操纵司机	确认行车安全装备	操纵司机	LKJ 设置好了 CIR(或通信装置)设置好了 列尾装置设置好了	副司机 非操纵司机	LKJ 设置好了 CIR(或通信装置)设置好了 列尾装置设置好了
2	调车转线作业	副司机 非操纵司机	调车信号	操纵司机	白灯、蓝(红)灯停车	副司机 非操纵司机	白灯、蓝(红)灯停车
3	调车复示信号前	副司机 非操纵司机	复示信号	操纵司机	白灯 注意信号	副司机 非操纵司机	白灯 注意信号
4	行至站段分界点(或一度停车牌)	副司机 非操纵司机	一度停车	操纵司机	一度停车		
5	入段前	副司机 非操纵司机	还道信号 入段信号(非集中操纵道岔呼唤内容)	操纵司机	××道 入段手信号好了	副司机 非操纵司机	××道 入段手信号好了
6		副司机 非操纵司机	入段信号	操纵司机	白(绿)灯 蓝(红)灯停车	副司机 非操纵司机	白(绿)灯 蓝(红)灯停车
7	经过非集中操纵道岔前	副司机 非操纵司机	道岔注意	操纵司机	道岔开通正确	副司机 非操纵司机	道岔开通正确
8	经过其他要道还道地点前	副司机 非操纵司机	一度停车 还道信号 道岔开通信号	操纵司机	一度停车 ××道 手信号好了	副司机 非操纵司机	××道 手信号好了
9	换端作业时	副司机 非操纵司机	注意防溜	操纵司机	注意防溜		
10	进入段内尽头线或有车线	副司机 非操纵司机	十辆、五辆、三辆、停车	操纵司机	十辆、五辆、三辆、停车		
11	整备线防护信号前	副司机 非操纵司机	防护信号	操纵司机	撤除好了 (红灯、蓝灯、红旗、红牌)停车	副司机 非操纵司机	撤除好了 (红灯、蓝灯、红旗、红牌)停车

3. 调车机车乘务员值乘确认呼唤(应答)标准用语(表 7-7)

表 7-7　调车作业标准用语

序号	呼唤时机	呼唤		应答		复诵	
		呼唤者	标准用语	应答者	标准用语	复诵者	标准用语
1	作业前灯显试验	副司机	灯显试验	司机	(试验后)作用良好	副司机	作用良好
2	连结信号	副司机	连结信号	司机	连结信号好了	副司机	连结信号好了

续上表

序号	呼唤时机	呼　唤		应　答		复　诵	
		呼唤者	标准用语	应答者	标准用语	复诵者	标准用语
3	连挂车列（瞭望条件良好时可不呼唤“十五三车”）	副司机	十车(辆) 五车(辆) 三车(辆) 10 m停车	司机	十车(辆) 五车(辆) 三车(辆) 10 m停车		
4	接近连挂	副司机	连接注意	司机	严守速度		
5	单机进入尽头线折返信号处	副司机	停车	司机	停车		
6	起动信号	副司机	起动信号	司机	起动信号好了	副司机	起动信号好了
7	推进信号	副司机	推进信号	司机	推进信号好了	副司机	推进信号好了
8	溜放信号	副司机	溜放信号	司机	溜放信号好了	副司机	溜放信号好了
9	减速信号	副司机	减速注意	司机	严守速度		
10	停车信号	发现者	停车 紧急停车	应答者	停车 紧急停车		
11	驼峰信号 驼峰辅助信号 驼峰复示(信号开放后)	司机	黄灯预推	副司机	黄灯预推		
		司机	绿闪加速推峰	副司机	绿闪加速推峰		
		司机	绿灯定速推峰	副司机	绿灯定速推峰		
11	驼峰信号 驼峰辅助信号 驼峰复示(信号开放后)	司机	黄闪减速推峰	副司机	黄闪减速推峰		
		司机	红闪峰上退回	副司机	红闪峰上退回		
		司机	红灯停车	副司机	红灯停车		
		司机	白闪禁溜线注意	副司机	白闪禁溜线注意		
		司机	白灯下峰注意	副司机	白灯下峰注意		
12	调车表示器	副司机	调车表示器	司机	牵出 溜放	副司机	牵出 溜放
13	调车线路表示器	副司机	调车线路表示器	司机	白灯好了 停车	副司机	白灯好了 停车
14	调车作业连结风管	副司机	接管×辆，注意试风	司机	接管×辆，注意试风		
15	专用线提示	副司机	××专用线，限速××(公里)，容车××辆	司机	××专用线，限速××(公里)，容车××辆		
16	道岔表示器	副司机	道岔表示器	司机	(直向或侧向) 好了 停车	副司机	(直向或侧向) 好了 停车

续上表

序号	呼唤时机	呼唤		应答		复诵	
		呼唤者	标准用语	应答者	标准用语	复诵者	标准用语
17	专用线大门	副司机	确认大门	司机	开放好了 停车	副司机	开放好了 停车
18	侵正作业、尽头线及进出站副司机站立	司机	站立瞭望	副司机	站立瞭望		
19	唱钩	司机	×道单机(南、北，去×线……) ×道带×辆 ×道挂×辆(全) ×道摘×辆(全、溜放……)	副司机	×道单机(南、北，去×线……) ×道带×辆 ×道挂×辆(全) ×道摘×辆(全、溜放……)		

单元六　车机联控作业标准

学习目标

(1)掌握车机联控作业基本要求；

(2)掌握接车作业时的联控作业标准；

(3)掌握发车作业时的联控作业标准；

(4)掌握其他特殊情况时的联控作业标准。

基础知识

一、基本要求

车机联控时遇数字“0”“1”“2”“7”可读“dòng(洞)”“yāo(幺)”“liǎng(两)”“guǎi(拐)”，但车次首位为“0”或车次首位及第二位均为“0”时，应发“零”音。旅客列车车次中的“G”“C”“D”“Z”“T”“K”“L”“Y”“F”分别读“高”“城”“动”“直”“特”“快”“临”“游”“返”，动车组列车以外的旅客列车在车次前冠以“客车”。“DJ”“X”分别读“动检”“行(读 xíng)”。其他车次用语由企业规定。

因劳动组织和作业方法不同，由车站值班员执行的联控用语可按岗位职责规定由有关岗位人员执行。

本单元所涉及的联控用语中()内的字可省略，[　]内的字与加粗字根据实际情况选择。

二、车机联控作业标准

(一)接车时的车机联控作业标准(表7-8～表7-15)

1. 正常接车

表7-8　正常接车的呼叫时机和联控用语

呼叫时机	联控用语		
	作业人	列车司机	车站值班员
自动闭塞区段,列车接近第一接近通过信号机或规定的呼叫点;半自动闭塞区段(自动站间闭塞、双线反方向行车时),列车在规定的呼叫点	呼叫人	××(站)××(次)接近	—
	被呼叫人	—	××(次)××(站)×道通过[停车]
	复诵人	××(次)×道通过[停车],司机明白	—
一端有两个及以上运行方向的车站(车场、线路所),列车通过时应在联控用语后增加“去××方向”能够接收列车进路预告信息时不联控			

2. 通过列车变为停车

表7-9　通过列车变为停车的呼叫时机和联控用语

呼叫时机	联控用语		
	作业人	车站值班员	列车司机
列车接近前	呼叫人	××(次)××(站)×道停车	—
	被呼叫人	—	××(次)×道停车,司机明白

3. 原规定为通过的旅客列车由正线变更为到发线接车

表7-10　原规定为通过的旅客列车由正线变更为到发线接车的呼叫时机和联控用语

呼叫时机	联控用语		
	作业人	车站值班员	列车司机
列车接近前	呼叫人	××(次)××(站)变更×道通过[停车]	—
	被呼叫人	—	××(次)××(站)变更×道通过[停车],司机明白
一端有两个及以上运行方向的车站(车场、线路所),列车通过时应在联控用语后增加“去××方向”			

4. 列车直进侧出

表 7-11 列车直进侧出的呼叫时机和联控用语

<table>
<tr><th rowspan="2">呼叫时机</th><th colspan="3">联控用语</th></tr>
<tr><th>作业人</th><th>车站值班员</th><th>列车司机</th></tr>
<tr><td rowspan="2">列车接近前</td><td>呼叫人</td><td>××(次)××(站)×道通过，直进侧出</td><td>—</td></tr>
<tr><td>被呼叫人</td><td>—</td><td>××(次)×道通过，直进侧出，司机明白</td></tr>
<tr><td colspan="4">一端有两个及以上运行方向的车站(车场、线路所)，应在联控用语后增加“去××方向”
未应用列车运行监控装置的区段，应在联控用语后增加“限速××公里”(“限速××公里”的取值，不超过列车出站进路上辙叉号数最小的道岔侧向运行允许速度值，具体数值由企业明确)</td></tr>
</table>

5. 列车通过，出站反方向行车

表 7-12 列车通过，出站反方向行车的呼叫时机和联控用语

<table>
<tr><th rowspan="2">呼叫时机</th><th colspan="3">联控用语</th></tr>
<tr><th>作业人</th><th>车站值班员</th><th>列车司机</th></tr>
<tr><td rowspan="2">列车接近前</td><td>呼叫人</td><td>××(次)××(站)×道通过，反方向运行</td><td>—</td></tr>
<tr><td>被呼叫人</td><td>—</td><td>××(次)×道通过，反方向运行，司机明白</td></tr>
<tr><td colspan="4">侧向出站时，应在联控用语后增加“侧向出站，限速××公里”(“限速××公里”的取值，不超过列车出站进路上辙叉号数最小的道岔侧向运行允许速度值，具体数值由企业明确)
一端有两个及以上运行方向的车站(车场、线路所)，应在联控用语后增加“去××方向”</td></tr>
</table>

6. 列车临时机外停车

表 7-13 列车临时机外停车的呼叫时机和联控用语

<table>
<tr><th rowspan="2">呼叫时机</th><th colspan="3">联控用语</th></tr>
<tr><th>作业人</th><th>车站值班员</th><th>列车司机</th></tr>
<tr><td rowspan="2">列车接近前</td><td>呼叫人</td><td>××(次)××(站)机外停车</td><td>—</td></tr>
<tr><td>被呼叫人</td><td>—</td><td>××(次)××(站)机外停车，司机明白</td></tr>
</table>

7. 呼叫机外停车后接车

表 7-14　呼叫机外停车后接车的呼叫时机和联控用语

呼叫时机	联控用语		
	作业人	车站值班员	列车司机
已呼叫司机机外停车，信号开放后	呼叫人	××（次）进站[接车进路]信号好（了），×道通过[停车]	—
	被呼叫人	—	××（次）进站[接车进路]信号好（了），×道通过[停车]，司机明白
一端有两个及以上运行方向的车站（车场、线路所），列车通过时应在联控用语后增加"去××方向"			

8. 车站引导接车

表 7-15　车站引导接车的呼叫时机和联控用语

呼叫时机	联控用语		
	作业人	车站值班员	列车司机
列车接近前	呼叫人	××（次）××（站）引导接车，×道停车[通过]，注意引导信号	—
	被呼叫人	—	××（次）××（站）引导接车，×道停车[通过]，司机明白
一端有两个及以上运行方向的车站（车场、线路所），列车通过时应在联控用语后增加"去××方向" 若用手信号引导列车进站，"注意引导信号"应为"注意引导手信号"			

（二）发车时的车机联控作业标准（表 7-16～表 7-18）

1. 发车进路一次排通时发车

表 7-16　发车进路一次排通时发车的呼叫时机和联控用语

呼叫时机	联控用语		
	作业人	车站值班员	列车司机
出站信号开放后，或发车进路及出站信号均开放后	呼叫人	××（次）×道出站[发车进路]信号好（了）	—
	被呼叫人	—	××（次）×道出站[发车进路]信号好（了），司机明白
一端有两个及以上运行方向的车站（车场、线路所），应在联控用语后增加"去××方向"			

2. 分段排列发车进路时发车

表 7-17 分段排列发车进路时发车的呼叫时机和联控用语

呼叫时机	联控用语		
	作业人	车站值班员	列车司机
发车进路信号开放后，前方进路或出站信号关闭	呼叫人	××(次)×道发车进路信号好(了)，前方出站[×进路]信号机关闭	—
	被呼叫人	—	××(次)×道发车进路信号好(了)，前方出站[×进路]信号机关闭，司机明白
一端有两个及以上运行方向的车站(车场、线路所)，应在区分运行方向的信号机开放后，在"××(次)×道发车进路信号好(了)"联控用语后增加"去××方向"			

3. 分段排列发车进路时，发车后，后续进路办理好

表 7-18 分段排列发车进路时，发车后，后续进路办理好的呼叫时机和联控用语

呼叫时机	联控用语		
	作业人	车站值班员	列车司机
当前出站信号开放后	呼叫人	××(次)出站信号好(了)	—
	被呼叫人	—	××(次)出站信号好(了)，司机明白
当前进路信号开放、前方出站(进路)信号关闭	呼叫人	××(次)×进路信号好(了)，前方出站[×进路]信号机关闭	—
	被呼叫人	—	××(次)×进路信号好(了)，前方出站[×进路]信号机关闭，司机明白
当前进路信号及后续进路、出站信号均开放后	呼叫人	××(次)×进路信号好(了)，前方出站信号机已开放	—
	被呼叫人	—	××(次)×进路信号好(了)，前方出站信号机已开放，司机明白
一端有两个及以上运行方向的车站(车场、线路所)，应在区分运行方向的信号机开放后，在"××(次)出站信号好(了)"或"××(次)×进路信号好(了)"联控用语后增加"去××方向"			

(三)列车经过限速地段的车机联控作业标准(表7-19～表7-20)

1.已纳入运行揭示的临时限速

表7-19　已纳入运行揭示的临时限速的呼叫时机和联控用语

呼叫时机	联控用语		
	作业人	车站值班员	列车司机
列车接近前	呼叫人	××(次)××(站)×道通过[停车],站内限速××公里[区间××公里××米限速××公里]	—
	被呼叫人	—	××(次)××(站)×道通过[停车],站内限速××公里[区间××公里××米限速××公里],司机明白
“区间××公里××米”是指列车运行方向限速起始点。区间有多处限速时,分别联控 站内、区间均有限速(不含站内跨区间),联控用语为“站内限速××公里,区间××公里××米限速××公里”。如站内同时有多处不同速度值限速地段时,按低值联控 遇有站内跨区间连续限速时,按照限速区段起止里程联控:“××公里××米至××公里××米限速××公里”。站内跨区间包括区间跨站内、区间跨站内再跨区间、站内跨区间再跨站内 发车作业时比照执行			

2.未纳入运行揭示的临时限速

表7-20　未纳入运行揭示的临时限速的呼叫时机和联控用语

呼叫时机	联控用语		
	作业人	车站值班员	列车司机
限速地点站,列车接近或发车时	呼叫人	××(次),××号命令,××公里××米至××公里××米限速××公里	—
	被呼叫人	—	××号命令,××公里××米至××公里××米限速××公里,××(次)司机明白
列车进入限速地点前的关系站在列车通过(开车)前,应与司机核对限速内容时,在“××号命令”前增加“××(站)核对”用语			

(四)列车被迫停车时的车机联控作业标准(表7-21～表7-22)

1.列车被迫停车,列车司机呼叫车站

表7-21　列车被迫停车,列车司机呼叫车站的呼叫时机和联控用语

呼叫时机	联控用语		
	作业人	列车司机	车站值班员
列车在区间被迫停车	呼叫人	××(站)××(次)在××公里(处)被迫停车	—
	被呼叫人	—	××(次)在××公里(处)被迫停车,××(站)明白
在××公里后应说明被迫停车原因 列车被迫停车后可能妨碍邻线时应在被迫停车后增加“可能侵入邻线”			

2. 列车被迫停车，车站立即呼叫追踪列车

表 7-21　列车被迫停车，车站立即呼叫追踪列车的呼叫时机和联控用语

呼叫时机	联控用语		
	作业人	车站值班员	追踪列车司机
车站接到列车在区间被迫停车的通知	呼叫人	××(次)在××公里(处)被迫停车，××(次)注意运行	—
	被呼叫人	—	××(次)在××公里(处)被迫停车，注意运行，××(次)司机明白

3. 列车可能妨碍邻线，车站立即呼叫邻线列车

表 7-22　列车可能妨碍邻线，车站立即呼叫邻线列车的呼叫时机和联控用语

呼叫时机	联控用语		
	作业人	车站值班员	邻线列车司机
车站接到列车可能妨碍邻线的通知	呼叫人	××(次)立即停车，××(次)在××公里(处)侵限	—
	被呼叫人	—	××(次)立即停车，司机明白

(五)道口发生险情时的车机联控作业标准(表 7-23)

表 7-23　道口发生险情的呼叫时机和联控用语

呼叫时机	联控用语		
	作业人	道口工	列车司机
道口发生险情	呼叫人	××道口发生险情，××(次)立即停车	—
	被呼叫人	—	××(次)立即停车，司机明白
在多线区间，应在“××道口”前增加“××线”；在枢纽地区，应在“××道口”前增加“××(站)至××(站)间” 如不知道车次时呼叫“××道口发生险情，上[下]行接近列车立即停车”，若道口上下行都发生险情，上[下]应为“上、下”			

(六)线路发生险情时的车机联控作业标准(表 7-24)

表 7-24　线路发生险情的呼叫时机和联控用语

呼叫时机	联控用语		
	作业人	巡守人员	列车司机
线路发生险情	呼叫人	××线××公里(处)线路发生险情，上[下]行接近列车立即停车	—
	被呼叫人	—	立即停车，××(次)司机明白
如知道车次时呼叫××(次) 若上下行都发生险情，上[下]应为“上、下”			

(七)列车通过晃车地段时的车机联控作业标准(表 7-25)

表 7-25　列车通过晃车地段,司机呼叫车站的呼叫时机和联控用语

呼叫时机	联控用语		
	作业人	列车司机	车站值班员
列车通过晃车地段	呼叫人	××(站),××(次)××公里××米晃车	—
	被呼叫人	—	××公里××米晃车,××(站)明白

学习活页

机车乘务员作业标准知识练习

班级：　　　　姓名：　　　　学号：　　　　时间：

一、实训目标

1. 专业能力目标

(1)能按机车乘务员作业标准进行出勤和接车作业；

(2)能按机车乘务员作业标准进行出段和挂车作业；

(3)能按机车乘务组作业标准进行途中运行作业；

(4)能按机车乘务员作业标准进行终点站和退勤作业；

(5)能按标准进行呼唤应答作业；

(6)能按标准进行车机联控作业

2. 方法能力目标

(1)能综合运用专业知识,通过利用专业书籍、多媒体课件和图片资料获得帮助信息；

(2)能根据实训项目学习任务确定实训方案,从中学会表达及展示活动过程和成果

3. 社会能力目标

(1)能在实习训练活动中保持积极向上的学习态度；

(2)能与小组成员和教师就学习中的问题进行交流和沟通；

(3)能与他人共享学习资源,具有较好的合作能力和团队协作精神

二、知识总结

1. 简述机车乘务员出勤前的准备工作要求

2. 简述机车乘务员出勤作业中的相关规定

3. 简述机车乘务员发车作业的相关规定

4. 简述机车乘务员在运行中的基本作业要求

5. 简述机车乘务员操纵列车进、出站应做到的要求

6. 简述机车乘务员操纵制动机的要求

7. 简述机车乘务员操纵呼唤应答的基本要求

三、操作运用

1. 在机车模拟驾驶器上进行机车乘务员呼唤应答标准作业

2. 在机车模拟驾驶器上进行车机联控标准作业

四、学习小结

五、成绩评定

1. 学生评价

评价等级	A—优	B—良	C—中	D—及格	E—不及格
学生自评					
组内互评					
他组互评					

2. 教师评价

评价等级	A—优	B—良	C—中	D—及格	E—不及格
专业能力					
方法能力					
社会能力					

3. 综合评价

评价等级	A—优	B—良	C—中	D—及格	E—不及格
评价结果					

注：按照学生自评占10%、组内互评占10%、他组互评占20%、教师评价60%的比例计分。其中，A—100分，B—85分，C—75分，D—60分，E—50分。

4. 评价量规

等级	行为表现描述
A	能圆满高效地完成实训任务的全部内容
B	能顺利完成实训任务的全部内容
C	能完成实训任务的全部内容，但需要一些帮助和指导
D	自己只能完成实训任务的部分内容，但在现场的指导下，已经能完成任务的全部内容
E	不能完成实训任务的全部内容

小　结

本项目通过对机车乘务员作业标准中的出勤、接车、发车、途中运行、退勤、呼唤应答作业标准用语、车机联控标准作业的系统学习，希望能进一步加强机车乘务员作业标准的理解和认识。本项目的重点是机车乘务员途中运行作业的各种安全注意事项、长途机车乘务员呼唤应答标准。

模块八　行车安全与事故调查处理

铁路是国民经济的大动脉，安全是铁路运输企业永恒的生命线。铁路行车安全的好坏是衡量铁路运输企业管理水平和各部门工作质量的重要指标之一。铁路企业认真贯彻“安全第一，预防为主，综合治理”的方针，是国民经济长期稳定发展的需要，也是广大铁路职工应承担的光荣职责。

单元一　机务行车安全管理

学习目标

（1）掌握机车乘务员的工作安全注意事项；

（2）掌握机车在本段和折返段上工作安全注意事项；

（3）掌握机车在本段和折返段外工作安全注意事项；

（4）掌握机车防火与救火的注意事项；

（5）掌握灭火器的使用注意事项。

基础知识

一、机车乘务员的工作安全注意事项

（1）电力机车乘务员应熟悉机车高压导线通过及高压设备安装的位置，掌握高压工作环境下测量仪表和器械的安全使用方法。

（2）禁止在带电情况下，接触设备的导电部件及绝缘部分。

（3）电力机车停在接触网下，未经调度允许和挂好接地线前，不论何种原因，严禁登上机车车顶。

（4）机车升弓状态实时禁止进入高压室、变压器室。

（5）运行中，操作端司机室的门应关闭，不得加锁。非操作端的门应锁闭，并禁止在司机室、走廊放置无关的物品。

（6）禁止机车乘务员持有、使用私有的操作手柄及司机台电钥匙开关，机车上应备有完整的主电路、辅助电路、控制电路的线路图。

（7）机车乘务员应保持行车安全装备及用品状态良好，并将其存放在指定位置。

（8）禁止从车上向下抛掷工具和其他物品，禁止向车外抛撒物品和火种。

（9）在机车的顶板、走板边缘禁止放置工具和零部件，以免坠落。

（10）使用兆欧表测量机车电路、用电设备绝缘时，禁止接触电器部件，除机械部分和制动

部分外，其他各项工作均应停止。

二、机车在本段与折返段上工作安全注意事项

(1)电力机车进出机务段、折返段时，必须在规定地点一度停车，鸣笛要道。待显示允许信号后方可动车。在段内动车时，须经值班员同意，按引导动车。

(2)机车进入段内停车时，应降下受电弓，断开主断路器，保持制动状态。

(3)机车入库，使用入库机组拖动机车入库，应该降弓滑行。

(4)机车在入库检修当中，如果辅助回路接入高压电源，禁止在高压系统工作。

(5)机车检修完毕，司机应全面检查机车并确认所有装置良好，鸣示升弓信号后，方可升弓进行高压试验。

(6)电力机车整备线及检查线的接触网应设有分段隔离开关。电力机车进行整备作业或检查时，司机应该在隔离开关操作登记本上登记后，由值班员监督操作隔离开关并加锁，将钥匙交给值班员保管。司机挂好接地线后，方可登车顶进行检查和检修。严禁再次向该线路放入机车。

(7)机车车顶整备完毕，应确认车顶状态良好，并取得同时进行另一台机车工作的司机同意后，方可撤除接地线，在值班员监督下闭合隔离开关并加锁。

(8)在机车下部检查检修时应注意：

①机车被另一台机车拖动时，速度不超过 3 km/h。

②检查检修牵引电机时，使用带有绝缘手柄的打磨工具，并将检修的牵引电机隔离。

③更换闸瓦时，应关闭更换闸瓦所在转向架的机车制动缸塞门(禁止同时关闭所有转向架的机车制动缸塞门)。

三、机车在本段、折返段外工作时的安全注意事项

(1)机车于本段外停留在接触网下，需对牵引电机、电器进行检查或检修时，应该注意做好以下各项：

①断开主断路器，降下受电弓。

②取下司机台开关钥匙。

③机车升弓前，司机应告知副司机及登乘机车其他人员，并确认机械室、高压室、变压器室等均无人且门已关好，没有其他无关用品，对检修过的设备进行复查并确认状态良好，人员均处在安全位置，鸣示升弓信号后方可升弓。

(2)禁止在带电情况下，接触绝缘导线及机车各导电部分。

(3)为确保行车安全，只有经培训考试合格并取得机车驾驶证的司机方准独立驾驶机车。

(4)机车运行中，机车乘务员(组)应做到：

确认呼唤(应答)必须执行“彻底瞭望、确认信号、手比眼看、准确呼唤”，并掌握“清晰短促、提示确认、全呼全比、手势正确”的作业要领。

认真贯彻执行防止人身伤亡的相关规定，时刻牢记：人命重于泰山，瞭望不能间断，鸣笛呼唤规范，制动停车果断。

防止列车发生颠覆、冲突等事故，安全警钟长鸣，牢固树立“安全第一，预防为主”的意识。

四、机车的防火与救火

(1)凡是必须临时断开的电气设备导线端头,应包上绝缘并捆绑好挂起以防与其他电气设备或接地部分接触引发事故。

(2)机车上临时敷设电线时,应使用符合规格的电线或电缆并捆绑好。不得与车体摩擦或直接接触。

(3)严禁使用不合格或代用品替代机车电路中的熔断器。

(4)严禁在司机室壁炉、脚炉、取暖加热设备、空调出风口、空气压缩机上烘烤放置棉丝及其他物品,禁止在机车走廊、机械间吸烟。

(5)机车乘务员应熟练使用灭火器。灭火器应避光存放,不能敲打灭火器的筒体及其他部分,灭火器阀口和筒口应始终保持干燥状态。

(6)机车一旦发生火灾,机车乘务员应将牵引手柄放置"0"位,断开主断路器,降下受电弓,拉开蓄电池开关,尽可能将列车停在便于救火和疏散乘客的地点,但不得在木材建筑物附近,立即鸣示火灾报警信号。如果列车停在坡道上,应做好制动及防溜措施(拧紧手制动机,打好止轮器),然后按照要求组织和指挥救火。

(7)机车内用电设备着火时,只能使用四氯化碳或干砂灭火。非用电设备着火且确认与电气线路及电源无关时,才可用水或泡沫灭火器灭火。

(8)火灾后,机车乘务组应仔细检查机车设备受损情况,如果能继续维持运行,将损坏处处理好后维持运行回段或前方站;如果损失严重,不能继续运行,应立即请求救援。

五、发生火灾后灭火器的使用及注意事项

灭火器的种类很多,按其移动方式可分为手提式和推车式;按驱动灭火剂的动力来源可分为储气瓶式、储压式、化学反应式;按所充装的灭火剂则又可分为泡沫、干粉、卤代烷、二氧化碳、酸碱、清水等。

1. 干粉灭火器的使用方法

灭火时,可手提或肩扛灭火器快速奔赴火场,在距燃烧处 5 m 左右,放下灭火器,如在室外,应选择在上风方向喷射。操作时应一手紧握喷枪,另一手提起储气瓶上的开启提环。当干粉喷出后,迅速对准火焰的根部扫射。干粉灭火器若是内置式储气瓶的或是储压式的,操作者应先将开启把上的保险销拔下,然后握住喷射软管前端喷嘴根部,另一手将开启压把压下,打开灭火器进行喷射灭火。干粉灭火器扑救可燃、易燃液体火灾时,应对准火焰根部扫射。如被扑救的液体火灾呈流淌燃烧时,应对准火焰根部由近而远并左右扫射,直至把火焰全部扑灭。

2. 二氧化碳灭火器的使用方法

二氧化碳灭火剂价格低廉,获取、制备容易,其主要依靠窒息作用和部分冷却作用灭火。二氧化碳具有较高的密度,约为空气的 1.5 倍。在常压下,液态的二氧化碳会立即气化,一般 1 kg 的液态二氧化碳可产生约 0.5 m^3 的气体。因而,灭火时,二氧化碳气体可以排除空气而包围在燃烧物体的表面或分布于较密闭的空间中,降低可燃物周围或防护空间内的氧浓度,产生窒息作用而灭火。另外,二氧化碳从储存容器中喷出时,会由液体迅速气化成气体,而从周围吸取部分热量,起到冷却的作用。二氧化碳不导电但空气湿度过大时,也会引起导电,故适用于扑救 600 V 以下的各种电气火灾。

用二氧化碳灭火器灭火时，将灭火器提到或扛到火场，在距燃烧处 5 m 左右，放下灭火器，拔出保险销，一手握住喇叭筒根部的手柄，另一只手紧握启闭阀的压把。对没有喷射软管的二氧化碳灭火器应把喇叭筒往上扳 70°～90°。喷嘴应选择上风方向从侧面由火源上方往下喷射，使二氧化碳迅速覆盖火源。在室内窄小空间使用的，灭火后操作者应迅速离开，以防窒息。灭火时使用时，不能直接用手抓住喇叭筒外壁或金属连接管，防止手被冻伤。使用时，灭火器应始终保持倒置状态，否则会中断喷射。

3. 四氯化碳灭火器使用方法

四氯化碳灭火器是将一定数量的药液以 80 kPa 的压力储藏于灭火器筒内，绝缘性能达到 1 kV，故特别适用于扑灭高压电气火灾。当发生火灾时，一手持器筒，把射口对准燃烧的地方，另一只手再旋动开关，药液即可喷出。这种灭火器药液蒸气有毒，严禁射入眼内，应在 3 m 以外地方使用，同样不可逆风使用，灭火后应及时通风。

单元二　铁路交通事故分级

学习目标

(1)掌握构成特别重大事故的情形；
(2)掌握构成重大事故的情形；
(3)掌握构成较大事故的情形；
(4)掌握构成一般事故的情形。

基础知识

铁路机车车辆在运行过程中发生冲突、脱轨、火灾、爆炸等影响铁路正常行车的事故，包括影响铁路正常行车的相关作业过程中发生的事故；或者铁路机车车辆在运行过程中与行人、机动车、非机动车、牲畜及其他障碍物相撞的事故，称为铁路交通事故。

按照事故的性质、损失以及对行车造成的影响，铁路事故分为特别重大事故、重大事故、较大事故和一般事故四个等级。

一、特别重大事故

有下列情形之一的，为特别重大事故：
(1)造成 30 人以上死亡。
(2)造成 100 人以上重伤。(包括急性工业中毒，下同)。
(3)造成 1 亿元以上直接经济损失。
(4)繁忙干线客运列车脱轨 18 辆以上并中断铁路行车 48 h 以上。
(5)繁忙干线货运列车脱轨 60 辆以上并中断铁路行车 48 h 以上。

二、重大事故

有下列情形之一的，为重大事故：
(1)造成 10 以上 30 人以下死亡。

(2)造成 50 人以上 100 人以下重伤。

(3)造成 5 000 万元以上 1 亿元以下直接经济损失。

(4)客运列车脱轨 18 辆以上。

(5)货运列车脱轨 60 辆以上。

(6)客运列车脱轨 2 辆以上 18 辆以下,并中断繁忙干线铁路行车 24 h 以上或者中断其他线路铁路行车 48 h 以上。

(7)货运列车脱轨 6 辆以上 60 辆以下,并中断繁忙干线铁路行车 24 h 以上或者中断其他线路铁路行车 48 h 以上。

三、较大事故

有下列情形之一的,为较大事故:

(1)造成 3 人以上 10 人以下死亡。

(2)造成 10 人以上 50 人以下重伤。

(3)造成 1 000 万元以上 5 000 万元以下直接经济损失。

(4)客运列车脱轨 2 辆以上 18 辆以下。

(5)货运列车脱轨 6 辆以上 60 辆以下。

(6)中断繁忙干线铁路行车 6 h 以上。

(7)中断其他线路铁路行车 10 h 以上。

四、一般事故

一般事故分为:一般 A 类事故、一般 B 类事故、一般 C 类事故、一般 D 类事故。

1. 一般 A 类事故

A1. 造成 2 人死亡。

A2. 造成 5 人以上 10 人以下重伤。

A3. 造成 500 万元以上 1 000 万元以下直接经济损失。

A4. 列车及调车作业中发生冲突、脱轨、火灾、爆炸、相撞,造成下列后果之一的:

A4.1 繁忙干线双线之一线或单线行车中断 3 h 以上 6 h 以下,双线行车中断 2 h 以上 6 h 以下。

A4.2 其他线路双线之一线或单线行车中断 6 h 以上 10 h 以下,双线行车中断 3 h 以上 10 h 以下。

A4.3 客运列车耽误本列 4 h 以上。

A4.4 客运列车脱轨 1 辆。

A4.5 客运列车中途摘车 2 辆以上。

A4.6 客车报废 1 辆或大破 2 辆以上。

A4.7 机车大破 1 台以上。

A4.8 动车组中破 1 辆以上。

A4.9 货运列车脱轨 4 辆以上 6 辆以下。

2. 一般 B 类事故

B1. 造成 1 人死亡。

B2. 造成 5 人以下重伤。

B3. 造成 100 万元以上 500 万元以下直接经济损失。

B4. 列车及调车作业中发生冲突、脱轨、火灾、爆炸、相撞，造成下列后果之一的：

B4.1 繁忙干线行车中断 1 h 以上。

B4.2 其他线路行车中断 2 h 以上。

B4.3 客运列车耽误本列 1 h 以上。

B4.4 客运列车中途摘车 1 辆。

B4.5 客车大破 1 辆。

B4.6 机车中破 1 台。

B4.7 货运列车脱轨 2 辆以上 4 辆以下。

3. 一般 C 类事故

C1. 列车冲突。

C2. 货运列车脱轨。

C3. 列车火灾。

C4. 列车爆炸。

C5. 列车相撞。

C6. 向占用区间发出列车。

C7. 向占用线接入列车。

C8. 未准备好进路接、发列车。

C9. 未办或错办闭塞发出列车。

C10. 列车冒进信号或越过警冲标。

C11. 机车车辆溜入区间或站内。

C12. 列车中机车车辆断轴，车轮崩裂，制动梁、下拉杆、交叉杆等部件脱落。

C13. 列车运行中碰撞轻型车辆、小车、施工机械、机具、防护栅栏等设备设施或路料、坍体、落石。

C14. 接触网接触线断线、倒杆或塌网。

C15. 关闭折角塞门发出列车或运行中关闭折角塞门。

C16. 列车运行中刮坏行车设备设施。

C17. 列车运行中设备设施、装载货物（包括行包、邮件）、装载加固材料（或装置）超限（含按超限货物办理超过电报批准尺寸的）或坠落。

C18. 装载超限货物的车辆按装载普通货物的车辆编入列车。

C19. 电力机车、动车组带电进入停电区。

C20. 错误向停电区段的接触网供电。

C21. 电化区段攀爬车顶耽误列车。

C22. 客运列车分离。

C23. 发生冲突、脱轨的机车车辆未按规定检查鉴定编入列车。

C24. 无调度命令施工，超范围施工，超范围维修作业。

C25. 漏发、错发、漏传、错传调度命令导致列车超速运行。

4. 一般D类事故

D1. 调车冲突。

D2. 调车脱轨。

D3. 挤道岔。

D4. 调车相撞。

D5. 错办或未及时办理信号致使列车停车。

D6. 错办行车凭证发车或耽误列车。

D7. 调车作业碰轧脱轨器、防护信号,或未撤防护信号动车。

D8. 货运列车分离。

D9. 施工、检修、清扫设备耽误列车。

D10. 作业人员违反劳动纪律、作业纪律耽误列车。

D11. 滥用紧急制动阀耽误列车。

D12. 擅自发车、开车、停车、错办通过或在区间乘降所错误通过。

D13. 列车拉铁鞋开车。

D14. 漏发、错发、漏传、错传调度命令耽误列车。

D15. 错误操纵、使用行车设备耽误列车。

D16. 使用轻型车辆、小车及施工机械耽误列车。

D17. 应安装列尾装置而未安装发出列车。

D18. 行包、邮件装卸作业耽误列车。

D19. 电力机车、动车组错误进入无接触网线路。

D20. 列车上工作人员往外抛掷物体造成人员伤害或设备损坏。

D21. 行车设备故障耽误本列客运列车 1 h 以上,或耽误本列货运列车 2 h 以上;固定设备故障延时影响正常行车 2 h 以上(仅指正线)。

单元三　铁路交通事故的报告与处理

学习目标

(1)掌握铁路事故报告的程序和主要内容;

(2)掌握铁路事故救援处理的流程;

(3)掌握复轨器的种类及使用方法。

基础知识

一、铁路事故报告

事故发生后,事故现场的铁路运输企业工作人或其他人员应立即向邻近铁路车站、列车调度员、公安机关或相关单位负责人报告。有关单位和人员接到报告后,应立即将事故情况向企业负责人和事故发生地安全监督办公室安全监察值班人员报告,安全监督办公室安全监察值班人员按规定向安全监督办公室负责人报告。在区间发生事故时,由机车(列车)司机立即报告列车调度员,或报告就近车站值班员转报列车调度员。在站内或段管线内发生事故时,由站、段长直接报告铁路局集团公司调度员。

铁路运输企业列车调度员要认真填写“铁路交通事故(设备故障)概况表(安监报 1)”,并分别向事故发生地安全监督办公室安全监察值班人员、国铁集团列车调度员报告。

国铁集团列车调度员接到事故报告后,应及时收取或填写“铁路交通事故(设备故障)概况表”,并立即向值班处长和安全监察司值班人员报告;值班处长和安全监察司值班人员按规定向本部门负责人、国铁集团办公厅领导报告,由部门负责人向国铁集团领导报告,事故涉及其他按部门时,由办公厅通知相关部门负责人。

发生特别重大事故、重大事故、较大事故或者有人员伤亡的一般事故,安全监督办应向事故发生地县级以上地方人民政府及其安全生产监督管理部门通报。

发生特别重大事故、重大事故,由国铁集团办公厅负责向国务院办公厅报告,并通报中华人民共和国应急管理部等有关部门。

事故报告的主要内容应包括以下信息:

(1)事故发生的时间、地点、区间(线路、公里数、米)、线路条件、事故相关单位和人员。

(2)发生事故的列车种类、车次、机车型号、部位、牵引辆数、重量、计长及运行速度。

(3)旅客人数、伤亡人数、性别、年龄以及救助情况,是否涉及境外人员伤亡。

(4)货物品名、装载情况,易燃、易爆等危险物品情况。

(5)机车车辆脱轨辆数、线路设备损坏程度等情况。

(6)对铁路行车的影响情况。

(7)事故原因的初步判断,事故发生后采取的措施及事故控制情况。

(8)应立即报告的其他情况。

(9)事故报告后,人员伤亡、脱轨辆数、设备损坏等情况发生变化时,应及时补报。

二、铁路事故救援与处理

铁路发生行车事故后,应首先进行应急处理。确定需要救援时,再及时派出救援列车赶往事故现场进行救援工作,采取积极措施。迅速起复机车、车辆,清除线路上的障碍,尽快开通线路,确保迅速恢复通车,把事故的损失减少到最低限度。救援工作如组织指挥得当,可迅速恢复行车,降低事故等级。因此,事故救援在铁路运输中有着非常重要的作用。

1. 事故救援工作的管理

(1)树立抢通意识,加强救援起复组织

各铁路局集团公司、各站段要建立健全事故救援领导负责制,制定和完善事故救援工作程序。一旦发生事故需要救援,各级有关领导必须立即赶赴现场,由一名主要领导负责,实行单一指挥。根据事故具体情况,迅速制定切实可行的抢通方案,抓好组织实施,以最短的时间,迅速修复开通线路。各单位要听从指挥,通力合作,从人员、物资、车辆、生活等方面予以保证。事故救援起复结束后,路局要及时召开救援总结会,讲评救援情况,做到优奖劣惩。

(2)依靠科技进步,加速救援手段现代化

各铁路局集团公司要积极采用新技术、新设备,提高应急、快速救援能力,以适应事故救援工作的要求。如要加快救援列车专用车辆更换客车改造;救援列车大型吊具全部更新为新型带状吊具;轨道车配备轻型合金钢复轨器。同时,加快救援设备和机具的研制开发,依靠科技进步向小型化、便捷化发展等。在设备研制开发中,有关部门要密切配合、大力支持,用较快的速度开发出实用、高效的新产品,提高救援能力;要尽快研制配备快速救援机具;要加强救援设备日常的修、管、用,保证设备处于良好状态。

(3)强化救援队伍培训,全面提高队伍素质

各单位要认真抓好救援专业队伍的日常培训,要建立培训基地,定期组织培训、教育,提高救援队伍的整体水平,做到“养兵千日,用兵一时”和“招之即来,来之能战,战之能胜”。

(4)加强对救援队的领导

按照有关规定,事故救援工作要做到制度落实、组织落实、工具备品落实。对“三落实”的情况要定期进行检查,发现问题要立即整改。

2. 事故救援组织及设备

为及时处理集团公司行车事故,起复机车车辆、清除线路故障、保证迅速恢复行车,根据运输生产需求,铁路局集团公司应在无救援列车的编组站、区段站和二等站以上车站成立事故救援队,配备简单起复设备和工具。机车、重型轨道车、自轮运转设备上均应备有复轨器和铁鞋。动车组应配备止轮器(铁鞋)、紧急用渡板、应急梯、过渡车钩和专用风管。大型养路机械需配备专门的起复装备和铁鞋。国铁集团、铁路局集团公司应急救援指挥中心应建设应急平台,配备相应的应急指挥设施和通信设备,确保事故现场的图像、语音及数据在规定的时限内传送至应急救援指挥中心。

《技规》23 条规定:“在铁路总公司指定地点设事故救援列车、电线路修复车、接触网抢修车,配备应急通信设备,并处于整备待发状态,其工具备品应保持齐全整洁,作用良好。”

事故救援列车是专为处理机车、车辆颠覆、脱轨事故而设的,一般都配有轨道起重机、千斤顶、复轨器等工具以及钢轨、枕木、接头夹板、道钉等器材,以便及时起复救援机车车辆,清除线路上的障碍,并修复开通线路,保证迅速恢复行车。为保证事故救援列车能够迅速出动,其固定停放的线路,必须两端均可开入区间。

电线路修复车是为修复受自然灾害或其他原因造成损坏的信号、通信线路而设的。

接触网检修车是在电气化铁路上因各种原因发生接触网断线、电杆及铁路塔倒伏、瓷瓶破损等不正常情况下,用以进行检修而专门设置的。

为保证尽快恢复设备的使用和列车正常运行,上述三种救援设备在接到救援(出动)命令后,要求 30 min 以内出动。为此,这些救援设备均应设置在指定地点,并经常处于整备待发状态。其工具、器材均应保持齐全整洁、作用良好,除执行任务使用外,日常不准随意动用,执行任务后短缺的工具器材应及时补齐。

3. 事故救援工作流程

(1)区间的封锁

列车调度员在接到车站值班员、列车司机的救援请求后,在派出救援列车前应向事故区间两端车站发布命令封锁区间。由于区间内发生事故,区间已封锁,不能按照正常闭塞手续办理行车,应以列车调度员的调度命令作为进入封锁区间的凭证。列车调度员发布的救援列车运行命令,应指明救援列车进入封锁区间往返的车次、停车地点及其他注意事项等。当列车调度员电话不通时,应由接到救援请求的车站值班员根据救援请求办理。此时,救援列车可凭车站值班员的命令作为进入封锁区间的许可。

(2)救援起复工作的安排

救援列车到达现场后,应由救援列车的主任统一组织指挥事故救援起复工作。救援列车主任应首先安装电话,与列车调度员和相邻两端车站保持通话联系,指派人员协助随行医护人员救护伤员,并设法将负伤人员送往附近医院;同时,会同现场有关人员彻底了解事故周围地形及机车、车辆、线路损坏程度,决定起复方案。在 15 min 内开始组织起复工作。

(3)事故救援方法

救援的目的在于迅速开通线路,恢复通车,尤其是铁路干线、正线和运输繁忙区段,必须以最快的速度、最短的时间,把事故机车、车辆以及破损的快速抢修好,并清理好线路,为恢复通车创造条件。事故现场的救援指挥人员应利用事故现场的地形、地物、设备等有利条件,组织多种方法平行作业,争分夺秒,恢复通车。我国铁路职工在长期实践中,创造了许多救援方法,目前仍在普遍采用的有以下几种:

(1)原线复轨开通法。这是在列车运行或调车作业中发生事故,脱轨的机车车辆堵塞正线时,利用复轨器、千斤顶、轨道起重机,采用拉、吊、顶等方式,使脱轨的机车车辆重新复轨,开通线路,迅速恢复通车的一种办法。常用的复轨器有海参形和人字形两种,海参形复轨器体小轻便,适用于脱线车辆距钢轨较近的起复工作;人字形复轨器适合于脱线车辆距钢轨较远的起复工作。

(2)便线开通法。这是发生严重的列车颠覆事故时使用的方法。此方法利用事故现场两侧的其他铁路线路和较好的地形,把阻碍行车部分的线路或道岔截断,用拨道或铺设一端短线与其他临近线路相接,开通线路,恢复通车。

(3)拉翻法。此方法用于将事故中障碍行车的破损机车、车辆利用机车、起重机、拖拉机、大型拖车等机械拉倒或翻滚,使其离开堵塞正线,开通运行线路,迅速恢复通车。

(4)移车法。移车法具有吊移和拉移两种。吊移是利用起重机,将车辆吊起离开线路临时放置。拉移是利用人力或拖拉机,利用滑杆作用使机车车辆移动离开线路,迅速恢复通车。

三、复轨器的种类及使用方法

1.海参形复轨器(图 8-1)

海参形复轨器由内侧用、外侧用两只组成一组,外侧顶部比内侧稍高,要注意选择使用。

(1)使用外侧复轨器应安装在钢轨外侧,与基本轨密贴。内侧复轨器安装在钢轨内侧与基本轨保持 35～40 mm 的间隙,留出轮缘槽以便轮缘通过。安装复轨器时,要安装在两轨同侧面贴的两根轨枕(避开钢轨接头、接头夹板、轨撑等部位)。两复轨器要对称安装。如遇水泥枕时,可在水泥枕间串木枕使用。

(2)复轨器安装后,必须装好螺栓卡子,用道钉固定好,防止使用时滑动,复轨器顶部需涂油,由脱轨车轮到复轨器之间应用石砟或铁板垫好以减轻阻力和防止压坏轨枕。

(3)海参形复轨器的复轨距离只有 150 mm,如果脱轨车轮距钢轨超过此距离需使用逼轨或钢丝绳拉轴箱办法,等车轮靠近基本轨后再进行起复。

(4)海参形复轨器只能起复脱轨在线路一侧的车轮,如车轮脱轨在线路两侧,起复一侧后更动复轨器再进行起复。

(5)海参形复轨器是利用复轨器顶部斜面,使车轮下滑复轨的,当事故车轮经过复轨器时一定要缓慢,防止越过复轨器后滑落在路基上。

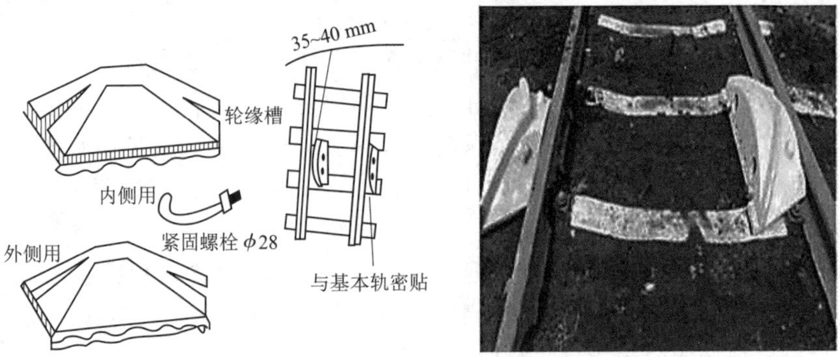

（a）部件组成及安装方法　　（b）安装后

图 8-1　海参形复轨器

2. 人字形复轨器(图 8-2)

(1)人字形复轨器分为左右侧两个形状，它的引导棱是外股长、内股短，形成“左人右入”形状。使用时将长引导棱安装在钢轨外侧，短引导棱安装在钢轨内侧。

(2)使用时，必须安装在拉车的前进方向，左右分开摆放(应避开接头夹板、轨撑、轨距杆等影响复轨器安放地点，有轨撑的要拆除)，将安装复轨器尾部的石砟挖出，装好穿销拧紧顶丝固定好，复轨器下部的空处用石砟、铁板等垫硬，复轨器头部与钢轨顶部接触处应垫防滑木片、棉丝、破布等物，防止使用时复轨器前后窜动。

(3)使用时要注意脱轨车轮距离基本轨不得超过 240 mm，如果超过，则需用“拉”和“逼”的方法使车轮靠近基本轨，然后进行起复工作。

(4)在起复过程中救援人员应远离复轨器周围，防止车轮滑落将石砟挤压崩出伤人。

(5)车轮将要到达复轨器顶端时要尽量降低速度，利用校正筋逼迫车轮进行转向，防止因速度过快车轮翻越钢轨脱于另一侧。

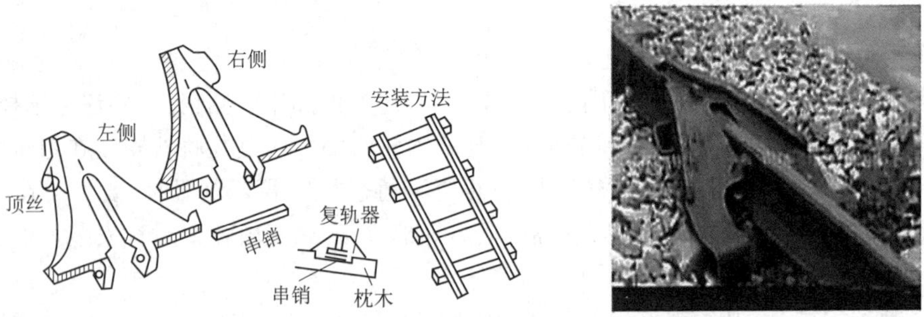

（a）部件组成及安装方法　　（b）安装后

图 8-2　人字形复轨器

3. 逼轨器(图 8-3)

逼轨器是一种短钢轨，用来迫使机车、车辆靠近钢轨，安装于线路中心斜向位置，一端伸到车轮的内侧，另一端置于复轨器引导棱内侧(复轨器应距基本轨有 150 mm 的间隙)，用道钉钉在枕木上或用卡子与基本轨相连，长度为 2～4 m。如果是钢轨和水泥枕无法固定时，就在两轨枕间加上枕木，以便使逼轨器固定。

机车、车辆脱轨后倾斜度较大时，需用逼轨器把车轮逼向基本轨后才能用复轨器起复。在水泥枕或钢轨上使用时，一端用钩螺栓把逼轮钢轨与基本轨固定在一起，另一端用轨距杆与基本轨固定在一起。如果在枕木上使用，则用钉按眼把逼轨钢轨钉在枕木上。

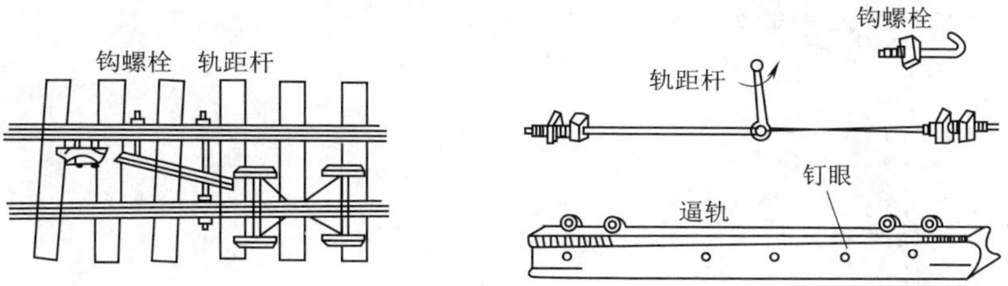

图 8-3　逼轨器

学习活页

行车安全与事故调查处理知识练习

班级：　　　　姓名：　　　　学号：　　　　时间：

一、学习目标

1. 专业能力目标

(1)能说明机车乘务员在机车上的安全规定；

(2)能说明机车乘务在本段工作的相关安全规定；

(3)能说明机车乘务在外段工作的相关安全规定；

(4)能说明机车防火与救火的相关规定；

(5)能说明铁路交通事故等级分类；

(6)能说明铁路事故报告的内容；

(7)能按标准复轨器使用方法和注意事项

2. 方法能力目标

(1)能综合运用专业知识，通过利用专业书籍、多媒体课件和图片资料获得帮助信息；

(2)能根据实训项目学习任务确定实训方案，从中学会表达及展示活动过程和成果

3. 社会能力目标

(1)能在实习训练活动中保持积极向上的学习态度；

(2)能与小组成员和教师就学习中的问题进行交流和沟通；

(3)能与他人共享学习资源，具有较好的合作能力和团队协作精神

二、知识总结

1. 简述机车乘务员在机车上安全规定

2. 简述机车乘务员在机务段工作安全的相关规定

3. 简述机车乘务员在外机务段工作安全的相关规定

4. 简述机车防火与救火的相关规定

5. 简述铁路交通事故等级分类

6. 简述铁路事故报告的内容

7. 简述复轨器使用方法和注意事项

三、操作运用

1. 在机车综合实训室进行灭火器的操作

2. 在机车综合实训室使用复轨器模拟列车救援起复

四、学习小结

五、成绩评定

1. 学生评价

评价等级	A—优	B—良	C—中	D—及格	E—不及格
学生自评					
组内互评					
他组互评					

2. 教师评价

评价等级	A—优	B—良	C—中	D—及格	E—不及格
专业能力					
方法能力					
社会能力					

3. 综合评价

评价等级	A—优	B—良	C—中	D—及格	E—不及格
评价结果					

注：按照学生自评占10%、组内互评占10%、他组互评占20%、教师评价60%的比例计分。其中，A—100分，B—85分，C—75分，D—60分，E—50分。

4. 评价量规

等级	行为表现描述
A	能圆满高效地完成实训任务的全部内容
B	能顺利完成实训任务的全部内容
C	能完成实训任务的全部内容，但需要一些帮助和指导
D	自己只能完成实训任务的部分内容，但在现场的指导下，已经能完成任务的全部内容
E	不能完成实训任务的全部内容

小　结

本项目通过对机务行车安全管理、铁路交通事故的构成、铁路交通事故的报告与处理的学习，进一步加强机车乘务员的安全意识和事故救援处理的技能。本项目的重点是灭火器使用方法、触电急救方法、铁路事故报告的流程和分类以及各种复轨器的使用方法。

模块九　机车检查和保养

机车检查是副司机、司机定职考试必考的实作项目，要求机车乘务员应对所使用的车型结构、各部件的名称、正常安装位置及状态非常熟悉，掌握该车型的运用特点以及容易出现故障的部件和关键部位，充分合理的利用检查时间，在检查机车时，要求做到：

顺序检查、不错不漏，姿势正确、步伐不乱；

锤分轻重、目标明确，耳听目视、仔细周到；

测试工具、运用自如，手触鼻嗅、灵活熟练。

在检查过程中，根据声音、颜色、形态、温度、气味等线索，准确及时地判断故障处所和故障程度，并采取适当的措施。

单元一　机车检查的基本知识

学习目标

（1）掌握机车检查的分类和分工；

（2）掌握机车检查的基本方法；

（3）掌握机车检查的一般规定和注意事项。

基础知识

一、机车检查的分类

一般机车的检查按时间分为日常检查和定期检查；按检查的形式分为静止检查和动态检查。

（1）日常检查：机车每完成一个交路后入段进行整备作业的检查或在中间站接班、在外段整备作业中由乘务员进行的检查。

（2）定期检查：机车每运用一段时间或完成一定的走行公里后对机车进行的较大范围的检查。

（3）静止检查：机车在无动力、无电源的检查。

（4）动态检查：机车在牵引列车的运行中对机车的巡视或停车后马上对有关发热部件的检测。高、低压试验，对控制电路来说是动态试验；对主电路来讲是动态下的空载试验。

二、机车检查的分工

（1）司机负责机车内部、顶部的检查（机车顶部检查下班时进行）、制动机和高、低压试验，对机车发生的故障进行判断，指导副司机正确、可行地处理好故障，维持列车运行。

(2)副司机负责机车下部的检查和机车的全面给油工作,协作司机做好高、低压试验;并在司机的指导下,及时正确地处理好机车故障,保证行车安全。

三、机车检查的一般规定

(1)检查顺序熟练不乱,名称、术语、技术参数正确无误,不漏检不错检。

(2)步伐、锤击、动作、顺序协调一致,做到由上而下,由里往外,由左到右,以检、听、嗅、摸、测、撬、晃等方面进行。

(3)一般检查时,左手拿电筒,右手握检查锤。正规检查时,电筒和检查锤不能倒手,不能触地。放置电筒、检查锤要有固定位置,做到光照、目视、锤击一致,动作协调。

(4)检查低矮零件时,做到一腿半屈,一腿稍弓,斜身向着部件检查。

(5)检测内侧部件时,做到两腿叉开,上身前探。

(6)检查部件底部时,对较高的部件直身仰视检查,对较低的部件采用下蹲仰视。

(7)使用仪器测量时(乘务员不用),必须按其使用规定进行。

四、机车检查基本方法

机车的检查基本方法一般有:目视法、锤检法、手检法、测量法和耳听、鼻嗅法等。

1. 目视法

目视法主要检查各种仪表的指针、铅封、漆封是否齐全和完好;各种扳钮、闸刀开关、塞门位置是否良好和正确;各部件有无断裂、变形、泄漏、脱落;各种电器导线的绝缘连接、触点接触状态是否良好。

2. 锤检法

(1)锤击:适用于检查各部件的紧固螺栓、螺钉。敲击螺栓和螺钉时,应向紧固方向敲击,以免把紧固的螺栓敲松。锤击检查法主要是靠锤击的声音、锤对力的传递和另一只手直接接触被敲击处的感觉来判断螺栓、螺母的紧固程度。

(2)锤触:对的一些直径较小管路和卡子,以及不宜锤击的螺钉或脆弱的部件,可用检查锤轻轻触动,使其是否泄漏或松动。

(3)锤撬:以锤柄或锤尖撬动部件,用以检查连杆瓦的横动间隙,齿轮的轴向、径向间隙,及牵引杆、大销子的活动量等。

3. 手检法

(1)手动检查法:对锤击易损坏的部件,应用手动检查法进行检查。如:较小的螺钉、管接头,用手旋拧使其是否松动或泄漏;对电器部件安装、接线及绝缘的螺栓、螺钉等,用手扳动使其牢固程度;对排水阀及手把、手轮、开关等易用手扳动,切勿锤击,以免损坏。对其各传动轴、齿轮,应用手晃动,使其横动量及啮合间隙,切勿锤击。

(2)手触检查法:适应于检查发热的各轴箱、轴承等部件,用手背或手指触及发热处所,以感觉其温度。手触检查应在停车或停机后马上进行。

4. 万用表、兆欧表、试灯检查法

万用表、兆欧表、试灯检查法适用于检查有关电器部件的线路短路、接地;各继电器、接触器接触状态及故障处所等。

5. 量具检查法

量具检查法为检修、技术人员用。

6. 耳听、鼻嗅法

耳听、鼻嗅法是凭听觉或借作锤击声判断运转机件有无异音或异常;用鼻嗅感觉判断部件及电器装置有无发热、烧损现象。

7. 复印检查法

复印检查法是将复印纸放在触头中间,使其闭合,将其痕迹复写,以检查接触面状态。机车检查无此方法。

8. 透光检查法

透光检查法是在待查触头下放一光源,当触头闭合时,在上方观察光线的穿透情况,以检查触头的接触状态。透光检查法为检测人员用。

9. 诊断技术检查法

诊断技术检查法是一种计算机智能检查方法,既能检查出故障缺陷程度,又能判断出继续使用的寿命,从而根据检查的状态参数确定修理方法和修理时间。诊断技术检查法为检测人员用。

五、机车检查注意事项

(1)车顶检查作业必须在安全作业区内,办妥停电手续,挂好接地线后进行。上车顶必须由车顶门登上,严禁于其他部件爬上车顶。在检查中,注意防止跌落和摔伤,确保人身安全。

(2)当机车受电弓升起时,禁止进入、高压室、变压器室和开启防护高压用的护板、外罩及电机整流子盖,以及检查与修理电力机车车体下面的电器设备。

(3)机车检查前必须遵守"先联系,后检查"的制度,并通知有关作业的人员在操纵手柄处,挂好"禁动"标志。检查带电部件和转动部件时,禁止手触,防止触电和挤伤。

(4)检查机车时,应做到:顺序不乱,不错不漏、姿势正确、步伐不乱、锤分轻重、目标准确、眼看耳听、仔细周到、耳嗅手触、灵活熟练、消除隐患、保证质量。

(5)检查带有压力的管子、细小接头螺母及14M以下的螺母时,对光洁度高或有镀层的零件表面,禁用锤击。

(6)用手晃动、拍击、拧动零件时,不要用力过猛,以防损坏部件;尤其是检查接线头与坚固松紧时,要顺时针推动。

(7)对加铅封、漆封的零部件,严禁随意破坏,若运行中有故障被迫破封处理时,应记载于运行日志中。各种保护装置,不得任意调整其动作值。

(8)机车检查时,要主要安全,严禁跳跃地沟。

(9)司机升弓做高压试验前,必须确认各高压室和地沟无人,并例行呼唤应答和鸣笛,以确保安全。

(10)各部件检查完毕后,必须恢复定位。

单元二　机车检查作业内容及要求

学习目标

(1)掌握 HXD_3 型电力机车检查项目及要求;

(2)掌握 DF_{4D} 型内燃机车检查项目及要求。

基础知识

目前铁路现场使用的机车车型种类繁多，限于本书的篇幅，本单元重点以 HXD_{3D} 型电力机车和 DF_{4D} 型内燃机车为例，对机车检查的内容和要求进行详细阐述。

一、HXD_{3D} 型电力机车检查部位内容及要求

HXD_{3D} 型电力机车检查部位内容及要求见表 9-1。

表 9-1　HXD_{3D} 型电力机车检查部位内容及要求

作业顺序	检查部位	检查内容及要求	检查方法	细检顺序及动作要求
1	前端部外观检查	头灯（1 个）、副灯（2 个）、标志灯（2 个）外观良好；前窗玻璃、刮雨器、机车标志齐全完好	目视	机车右前方站立，目视检查
2	Ⅱ端前端左侧：扶手、引导脚蹬、排障器、重联插座、集控插座、供电插座、平均管、总风连管、车钩提杆检查	（1）扶手安装牢固，无开焊、裂纹 （2）引导脚蹬无开焊、裂纹 （3）排障器无磕伤、变形、开焊，排障器调整螺栓紧固，距轨面高 110 mm （4）重联插座、集控插座外观完好，插座及盖作用良好。插座内部清洁、插针安装牢固无灼痕 （5）供电插座外观良好，插座及盖作用良好，锁扣安装牢固。插座内部清洁无异物，插针安装牢固无灼痕，锁扣锁闭作用良好 （6）平均管、总风连管各折角塞门手柄动作灵活，接头无泄漏，安装座 U 形卡子良好，螺栓紧固。总风管无硬化、老化、龟裂和凸凹现象，水压试验不过期（不超过 3 个月），软管安装卡子完好，螺栓紧固，软管连接器无开焊、裂纹，软管皮圈无断裂，软管角度正确（45°），放风试验，风管畅通 （7）车钩提杆座安装牢固，无开焊，钩提杆无弯曲、变形，提钩动作灵活无卡滞	目视 手检 锤检	下蹲左虚步锤检引导脚蹬、排障器 左脚迈至距排障器一步上身前倾手检重联插座、集控插座、供电插座 右弓步手检平均管、总风连管 左弓步检查车钩提杆座有无开焊、车钩提杆有无弯曲、变形
3	Ⅱ端车钩全面检查	（1）车钩吊杆装置无裂纹，磨耗板油润良好，车钩摆动灵活 （2）钩体、钩舌、下锁销各部无裂纹。防跳装置良好 （3）钩舌销无弯曲、折损（径向间隙 1～4 mm），开口销良好（开度为 60°）。钩舌尾部防跳台及锁铁油润良好。钩舌与钩耳上下间隙 8～10 mm，钩舌磨耗不超过 8 mm，防跳台不小于 90°，与钩舌尾部侧向间隙 3～15 mm。锁铁浮动量 5～20 mm （4）车钩三态（闭锁、开锁、全开）作用良好。锁闭位 110～130 mm，全开位 220～250 mm （5）车钩水平中心线距轨面高度为 815～890 mm	目视 手检 锤检	侧身目测车钩中心线与轨面高度，提钩检验三态作用，上渡板检查车钩，注意安全，站稳双腿分开面对车钩，左起右落由上至下，由内至外，检查车钩三态作用，测量各部尺寸限度，锤击车钩、钩舌、钩舌穿销，下渡板注意安全

续上表

作业顺序	检查部位	检查内容及要求	检查方法	细检顺序及动作要求
4	Ⅱ端前墙右侧重联插座、制动软管，总风管、平均管、供电插座、手扶杆、引导脚蹬，排障器检查	(1)重联插座外观完好，插座及盖作用良好，插座清洁、牢固 (2)制动软管折角塞门手柄动作灵活，接头无泄漏，安装座U形卡子良好，螺栓紧固。软管无硬化、老化、龟裂和凸凹现象，水压试验不过期(不超过3个月)，软管安装卡子完好、螺栓紧固、软管连接器无开裂、裂纹，软管皮圈无断裂、倒置、软管角度正确(45°)，放风试验，风管畅通，防尘堵安装牢固 (3)总风管卡子紧固，总风缸管、制动缸平均管无老化、龟裂，角度正确(45°)，水压试验不超过3个月，连接器无缺陷，胶圈无破损、倒置，防尘堵齐全无丢失。折角塞门位置正确，开放折角塞门检查通风状态良好 (4)供电插座外观良好，插座及盖作用良好，锁扣安装牢固，插座内都清洁无异物，插杆安装牢固无灼痕，锁扣锁闭作用良好 (5)扶手安装牢固，无开焊、裂纹 (6)引导脚踏板无变形、开焊、裂纹 (7)排障器无碰伤、变形，小排障器调整螺栓紧固，距轨面高110 mm	目视 手检 锤检	正对制动软管、总风管、供电插座，下蹲左弓步手检 右弓步手检总风管、扶手 左弓步锤检引导脚蹬，排障器
5	机车车体外观、司机室门窗、车身标志、吊装孔座检查	车体侧面平整，无倾斜、变形、损伤，车身标志外观清晰。车体吊装孔盖齐全，安装良好	目视 手检	左跨步转身面对机车，侧身与机车平行，立于机车左前方目视
6	机车门、窗、标志及附属设备。第四砂箱，制动管，平均管、总风管第二折角塞门，机车信号、自动过分相感应器，转向架构架、排石器、脚蹬检查	(1)机车门、窗、标志及附属设备外表良好 (2)砂箱外观良好，安装螺栓无松动，箱体无开裂，砂箱盖完整无损，扣锁良好，关闭严密、箱内砂子干燥，无异物，颗粒均匀 (3)制动管，平均管，总风管第二折角塞门安装良好、位置正确 (4)机车自动信号装置及自动过分相装置，安装螺栓紧固，接线无松脱 (5)排石器安装良好，符合标准，胶皮无破损。排石器距轨面高70～80 mm，扫石胶皮距轨面10～15 mm (6)砂箱加热装置外观良好，电线无断线，砂管支架安装牢固，管路外观良好，无堵塞，不偏斜，距轨面高度符合标准 (7)撒砂胶皮管距轨面高度为30～55 mm (8)司机室扶手安装牢固，上车脚蹬无开焊、变形	目视 手检	上前左跨步正对车门，手动检查门扶手无松动 左弓步下蹲探身手检，目测 左弓步面对砂箱检查砂箱外体、砂量，以左弓步下蹲侧身，采用左右弓步变换检查砂箱安装螺栓，注意头部安全

续上表

作业顺序	检查部位	检查内容及要求	检查方法	细检顺序及动作要求
7	第六动轮及第轴箱各部检查	(1)轮盘式制动单元系统安装牢固,夹钳作用良好,无开焊、裂纹,吊杆及各螺栓无松动,单元制动缸无泄漏,缓解良好。活塞杆复位时,不得有卡滞现象。制动缸间隙调整器良好,闸瓦无掉块、裂纹、偏磨、不到限,闸瓦穿销开闭销良好,闸瓦与制动盘缓解间隙 3 mm,制动盘不得有明显的台阶沟槽、拉伤,制动盘厚度 52.5 mm,磨耗不超过 1 mm,动作灵活,空气管路无泄漏 (2)制动盘的摩擦面的摩擦限度为每侧 5 mm,到面不超过 2 mm,热裂纹不超过 65 mm。注:检查时不得超打制动盘的任何部位 (3)动轮踏面无剥离、擦伤,轮辐、轮辋无裂纹 (4)轴箱状态良好、内外螺栓牢固、无漏油、无裂纹 (5)轴箱拉杆连体状态良好,橡胶关节无老化、无裂纹和挤出,安装螺栓紧固,前后弹簧装置无裂纹 (6)一系油压减振器无漏油,上下安装支架无裂纹,安装螺栓牢固 (7)轮喷油罐安装牢固,油罐内存油量不少于 1/2 且不超过 2/3。软管无龟裂、老化,轮喷管头无堵塞、角度正确	目视手检	上左步转身而对轴箱,采用左右弓步变换检查动轮及轴箱各附属部件
8	二系油压减振器各部检查	(1)转向架右构架各部焊接无开焊 (2)二系油压减振器无漏油,安装螺栓齐全紧固,上座及托板无裂纹,上罩与车体不接磨 (3)转向架垂直支撑二系弹簧无裂纹,橡胶座无老化、龟裂	目视手检	左脚半蹲稍稍前探,右脚弓步
9	第五动轮及第五轴箱各部、抗蛇行油压减振器检查	(1)车体支撑弹簧无裂纹,橡胶垫无龟裂、挤出。车体侧挡良好,间隙正常,车体与构架间接线安装良好 (2)轮盘式制动单元系统安装牢固、夹钳作用良好,无开焊、裂纹,吊杆及各螺栓无松动,单元制动缸无泄漏,缓解良好,活塞杆复位时,不得有卡滞现象,制动缸间隙调整器良好,闸瓦无掉块、裂纹、偏磨、不到限,闸瓦穿销开闭销良好,闸瓦与制动盘缓解间隙 3 mm,制动盘不得有明显的台阶沟槽、拉伤。制动盘厚度 52.5 mm,磨耗不超过 1 mm。动作灵活,空气管路无泄漏 (3)制动盘的摩擦面的摩擦限度为每侧 5 mm。凹面不超过 2 mm,热裂纹不超过 65 mm。注:检查时不得敲打制动盘的任何部位 (4)动轮踏面无剥离、擦伤,轮辐,轮辋无裂纹 (5)轴箱状态良好,内外螺栓牢固,无漏油,无裂纹。接地线良好 (6)轴箱拉杆连体状态良好,橡胶关节无老化、裂纹和挤出,安装螺栓紧固,前后弹簧装置无裂纹 (7)垂向限制器安装座无开焊、裂纹,垂向限制器安装螺栓无松动 (8)抗蛇行油压减振器安装牢固,螺栓无松动,无漏油现象	目视手检	左脚半蹲稍稍前探、右脚虚步 上左步转身面对轴箱,采用左右虚步变换检查动轮及轴箱各附属部件

续上表

作业顺序	检查部位	检查内容及要求	检查方法	细检顺序及动作要求
10	第四动轮及第四轴箱各部检查	(1)轴箱拉杆连体状态良好,橡胶关节无老化、无裂纹和挤出,前后弹簧装置无裂纹 (2)轮盘式制动单元系统安装牢固,夹钳作用良好,无开焊、裂纹,吊杆及各螺栓无松动,单元制动缸无泄漏,缓解良好,活塞杆复位时,不得有卡滞现象,制动缸间隙调整器良好,闸瓦无掉块、裂纹、偏磨、不到限,闸瓦穿销开闭销良好,闸瓦与制动盘缓解间隙 3 mm,制动盘不得有明显的台阶沟槽、拉伤。制动盘厚度 52.5 mm,磨耗不超过 1 mm。动作灵活,空气管路无泄漏 (3)制动盘的摩擦面的摩擦限度为每侧 5 mm。凹面不超过 2 mm,热裂纹不超过 65 mm。注:检查时不得敲打制动盘的任何部位 (4)动轮踏面无剥离、擦伤,轮辐、轮辋无裂纹 (5)轴箱状态良好,内外螺栓牢固,无漏油,无裂纹。轴箱拉杆连体状态良好,橡胶关节无老化、裂纹和挤出,安装螺栓紧固,前后弹簧装置无裂纹 (6)一系油压减振器无漏油,上下安装支架无裂纹,安装螺栓牢固	目视手检	上左步转身面对轴箱,采用左右虚步变换检查动轮及轴箱各附属部件
11	第三砂箱,撒砂装置检查	(1)砂箱外观良好,安装螺栓无松动,箱体无开焊,砂箱盖完整无损,扣锁良好,关闭严密 (2)箱内砂子干燥,无异物,颗粒均匀 (3)砂箱加热装置外观良好,电线无断线,砂管支架安装牢固,管路外观良好,无堵塞,不偏斜,距轨面高度符合标准 (4)撒砂胶皮管距轨面高度为 30～55 mm	目视手检	上左步转身面对砂箱检查砂箱外体、砂量,以左弓步下蹲侧身,采用左右弓步变换检查砂箱安装螺栓,注意头部安全
12	主电路插座、控制电路入库插座、牵引梁检查	(1)主电路、控制电路入库插座安装座无开焊,螺栓紧固,压盖严密,座芯洁净,无烧损。接线无破损、松脱 (2)Ⅱ架牵引梁安装螺栓无松动,防脱钢丝绳无断股、作用良好	目视手检	上左步形成左弓前步,下蹲探身,从里到外目测检查
13	变压器、总风缸检查	(1)变压器外观良好,无开焊、裂纹。支架吊装螺栓无松动,接地线安装牢固无断股 (2)总风缸安装牢固,无开裂、变形,排水阀畅通,各管路接头良好、无泄漏	目视手检	上左弓步,从左到右,依次检查
14	油泵、制动指示器检查	(1)变压器油泵支架、接线、弹性连接管、流量计、蝶阀完好。压力释放阀安装牢固,接线良好,释放阀无泄漏,加油口、放油口阀无泄漏,手轮铅封良好。各油管、卡箍、法兰安装良好,无漏油 (2)制动指示器安装牢固,制动缸管路安装紧固,无泄漏,Ⅰ、Ⅱ架制动、停放制动指示器显示符合要求	目视手检	上左弓步,从左向右,依次检查。右弓步向前探身

续上表

作业顺序	检查部位	检查内容及要求	检查方法	细检顺序及动作要求
15	牵引梁、第二砂箱，撒砂装置检查	(1)Ⅰ架牵引梁安装螺栓无松动，防脱钢丝绳无断股、作用良好 (2)砂箱外观良好，安装螺栓无松动，箱体无开焊，砂箱盖完整无损，扣锁良好，关闭严密 (3)箱内砂子干燥，无异物，颗粒均匀 (4)砂箱加热装置外观良好，电线无断线，砂管支架安装牢固，管路外观良好，无堵塞，不偏斜，距轨面高度符合标准 (5)撒砂胶皮管距轨面高度为 30～55 mm	目视手检	上左步转身面对砂箱检查砂箱外体、砂量，以左弓步下蹲侧身，采用左右弓步变换检查砂箱安装螺栓，注意头部安全
16	第三动轮及第三轴箱各部检查	(1)轮盘式制动单元系统安装牢固，夹钳作用良好，无开焊、裂纹，吊杆及各螺栓无松动，单元制动缸无泄漏，缓解良好，活塞杆复位时，不得有卡滞现象，制动缸间隙调整器良好，闸瓦无掉块、裂纹、偏磨、不到限，闸瓦穿销开闭销良好，闸瓦与制动盘缓解间隙 3 mm，制动盘不得有明显的台阶沟槽、拉伤。制动盘厚度 52.5 mm，磨耗不超过 1 mm。动作灵活，空气管路无泄漏 (2)制动盘的摩擦面的摩擦限度为每侧 5 mm。凹面不超过 2 mm，热裂纹不超过 65 mm。注：检查时不得敲打制动盘的任何部位 (3)动轮踏面无剥离、擦伤，轮辐、轮辋无裂纹 (4)轴箱状态良好，内外螺栓牢固，无漏油，无裂纹 (5)轴箱拉杆连体状态良好，橡胶关节无老化、无裂纹和挤出，前后弹簧装置无裂纹 (6)一系油压减振器无漏油，上下安装支架无裂纹，安装螺栓牢固	目视手检	上左步转身面对轴箱，采用左右虚步变换检查动轮、轴箱及各附属部件
17	第二动轮及第二轴箱各部检查	(1)抗蛇行油压减振器安装牢固，螺栓无松动，无漏油现象 (2)车体侧挡良好，间隙正常，车体与构架间接线安装良好 (3)轮盘式制动单元系统安装牢固，夹钳作用良好，无开焊、裂纹，吊杆及各螺栓无松动、单元制动缸无泄漏、缓解良好，活塞杆复位时，不得有卡滞现象，制动缸间隙调整器良好，闸瓦无掉块、裂纹、偏磨、不到限，闸瓦穿销开闭销良好，闸瓦与制动盘缓解间隙 3 mm，制动盘不得有明显的台阶沟槽、拉伤。制动盘厚度 52.5 mm，磨耗不超过 1 mm。动作灵活，空气管路无泄漏 (4)制动盘的摩擦面的摩擦限度为每侧 5 mm。凹面不超过 2 mm，热裂纹不超过 65 mm。注：检查时不得敲打制动盘的任何部位 (5)动轮踏面无剥离、擦伤，轮辐、轮辋无裂纹 (6)轴箱状态良好，内外螺栓牢固，无漏油，无裂纹 (7)轴箱拉杆连体状态良好，橡胶关节无老化、无裂纹和挤出，安装螺栓紧固，前后弹簧装置无裂纹 (8)垂向限制器安装座无开焊、裂纹，垂向限制器安装螺栓无松动	目视手检	左脚半蹲稍稍前探右脚虚步 上左步转身面对轴箱，采用左右虚步变换检查动轮、轴箱及各附属部件

续上表

作业顺序	检查部位	检查内容及要求	检查方法	细检顺序及动作要求
18	二系油压减振器各部检查	(1)转向架右构架各部焊接无开焊 (2)转向架垂直支撑二系弹簧无裂纹,橡胶座无老化、龟裂 (3)二系油压减振器无漏油,安装螺栓齐全紧固,上座及托板无裂纹,上罩与车体不接磨	目视手检	左脚半蹲稍稍前探,右脚弓步
19	第一动轮及第一轴箱各部检查	(1)轮喷油罐安装牢固,油罐内存油量不少于1/2且不超过2/3,软管无龟裂、老化,轮喷管头无堵塞,角度正确 (2)轮盘式制动单元系统安装牢固,夹钳作用良好,无开焊、裂纹,吊杆及各螺栓无松动,单元制动缸无泄漏,缓解良好,活塞杆复位时,不得有卡滞现象,制动缸间隙调整器良好,闸瓦无掉块、裂纹、偏磨、不到限,闸瓦穿销开闭销良好,闸瓦与制动盘缓解间隙3 mm,制动盘不得有明显的台阶沟槽、拉伤。制动盘厚度52.5 mm,磨耗不超过1 mm。动作灵活,空气管路无泄漏 (3)制动盘的摩擦面的摩擦限度为每侧5 mm。凹面不超过2 mm,热裂纹不超过65 mm。注:检查时不得敲打制动盘的任何部位 (4)动轮踏面无剥离、擦伤,轮辐、轮辋无裂纹 (5)轴箱状态良好,内外螺栓牢固,无漏油,无裂纹 (6)轴箱拉杆连体状态良好,橡胶关节无老化、无裂纹和挤出,安装螺栓紧固,前后弹簧装置无裂纹 (7)一系油压减振器无漏油,上下安装支架无裂纹,安装螺栓牢固	目视手检	上左步转身面对轴箱,采用左右虚步变换检查动轮、轴箱及各附属部件
20	前端机车门、窗、标志及附属设备、第一砂箱,平均管、总风管第二折角塞门,机车信号、自动过分相感应器、转向架构架、排石器、脚蹬检查	(1)司机室扶手安装牢固,上车脚蹬无开焊、变形 (2)机车门、窗、标志及附属设备外观良好 (3)砂箱外观良好,安装螺栓无松动,箱体无开焊。砂箱盖完整无损,扣锁良好,关闭严密。箱内砂子干燥,无异物,颗粒均匀 (4)平均管、总风管第二折角塞门安装良好,位置正确 (5)机车自动信号装置及自动过分相装置,安装架螺栓紧固,接线无松脱 (6)排石器安装良好,符合标准,胶皮无破损、排石器距轨面高70～80 mm,扫石胶皮距轨面10～15 mm (7)砂箱加热装置外观良好,电线无断线,砂管支架安装牢固,管路外观良好,无堵塞,不偏斜、距轨面高度符合标准 (8)撒砂胶皮管距轨面高度为30～55 mm	目视手检	上前左跨步正对车门手动检查门扶手无松动 左弓步面对砂箱检查砂箱目视外体、砂量,以左弓步下蹲侧手检身,采用左右弓步变换检查砂箱安装螺栓,右弓步探身检查,注意头部安全

续上表

作业顺序	检查部位	检查内容及要求	检查方法	细检顺序及动作要求
21	Ⅱ端车钩下部及缓冲装置检查	(1)车钩扁销止退销螺母无松动,开口销无丢失 (2)缓冲器从板与从板座应密贴 (3)从板及钩尾框各部无裂纹 (4)缓冲器托板螺栓无松动 (5)车体构架牵引梁无开焊	目视手检	直立锤触
22	后排障器底部检查	(1)排障器安装牢固,排石器支架无开焊、螺栓紧固,胶皮完整,高度符合标准 (2)机车信号各安装螺栓紧固,各部无破损,插座接线良好	目视手动	直立手触
23	转向架端梁检查	(1)端梁无开焊、变形 (2)撒砂管胶管卡子无松脱	目视手检	侧身直立手触
24	左右第四砂箱检查	箱体完整,无开焊,安装座牢固,螺栓不松动,撒砂阀良好、砂管支架安装牢固、砂管角度不偏斜	目视手检	手检及目视箱体、支架、撒砂器装置卡子螺栓紧固
25	第六轮对及附近检查	(1)轮箍、轮辐无裂纹 (2)轮箍踏面无擦伤、无剥离	目视手检	弓步下蹲,目视、手检相结合检查
26	第六轮齿轮箱检查	(1)箱体各部不得有裂纹、变形、破损;接口处不得有漏油 (2)各安装螺栓紧固。油堵不漏油,油位正常 (3)油位需接近油标上刻度线,不得低于下刻度线	目视手动	弓步下蹲,目视、手检相结合检查
27	第六牵引电机外部检查	(1)机座无裂纹、损伤,电机接线、引线夹、线端标志及铭牌齐全、紧固性良好,线端标志及铭牌完好、清晰,接线盒密封良好 (2)牵引电机通风罩安装牢固,无破损、歪斜、变形 (3)吊杆螺栓紧固、防脱落块及穿销的状态良好、各螺栓紧固 (4)牵引电机的温度、速度传感器安装可靠无异常,连线无损坏,连接器连接牢固	手动手检	弓步下蹲,目视、手检相结合检查
28	第六牵引电机悬挂装置检查	(1)各紧固件螺栓无松动、脱落,防缓标记齐整,开口销齐全 (2)橡胶关节无裂纹或严重变形 (3)电机吊杆无弯曲变形、油漆无损坏,吊杆及吊杆座上无裂缝,橡胶垫无破损、老化 (4)防落块与电机防落槽上下表面的间隙,确保不小于 2 mm。否则应更换橡胶关节或重新紧固悬挂螺栓	目视手动	弓步下蹲,目视、手检相结合检查

续上表

作业顺序	检查部位	检查内容及要求	检查方法	细检顺序及动作要求
29	第五轮对及附近检查	参照第六轮对及附近检查内容及要求	目视手动	弓步下蹲,目视、手检相结合检查
30	第五轮齿轮箱检查	参照第六齿轮箱检查内容及要求	目视手动	弓步下蹲,目视、手检相结合检查
31	第五牵引电机外部检查	参照第六牵引电机外部检查内容及要求	目视手动	弓步下蹲,目视、手检相结合检查
32	第五牵引电机悬挂装置检查	参照第五电机悬挂装置检查内容及要求	目视手动	弓步下蹲,目视、手检相结合检查
33	第四轮对及附近检查	参照第五轮对及附近检查内容及要求	目视手动	弓步下蹲,目视、手检相结合检查
34	第四轮齿轮箱检查	参照第五齿轮箱检查内容及要求	目视手动	弓步下蹲,目视、手检相结合检查
35	第四牵引电机外部检查	参照第五牵引电机外部检查内容及要求	目视手动	弓步下蹲,目视、手检相结合检查
36	第四牵引电机悬挂装置检查	参照第五电机悬挂装置检查内容及要求	目视手动	弓步下蹲,目视、手检相结合检查
37	左右第三砂箱背部检查	参照第四砂箱检查内容及要求	目视手动	弓步下蹲,目视、手检相结合检查
38	主变压器底部检查	(1)清洁、检查各部位,无漏油现象,外观无缺陷 (2)各部安装牢固,无松动	目视手动	弓步下蹲,目视、手检相结合检查

二、DF_{4D}型电力机车检查部位内容及要求

DF_{4D}型内燃机车检查部位内容及要求见表 9-2。

表 9-2　DF_{4D}型内燃机车检查部位内容及要求

作业顺序	检查部位	检查内容及要求	检查方法	细检顺序及动作要求
1	Ⅱ端前端外观检查	(1)头灯、副灯、标志灯、前窗玻璃、刮雨器外观完好 (2)标志标记清晰外观完好	目视	机车前方站立,目视检查
2	Ⅱ端前端左侧检查	(1)扶手安装牢固,无开焊、裂纹 (2)排障器脚踏无变形,距轨面高度符合规定,80～160 mm	目视锤检	左脚迈至距排障目视扶手 下蹲左虚步锤检排障器

续上表

作业顺序	检查部位	检查内容及要求	检查方法	细检顺序及动作要求
3	Ⅱ端车钩全面检查	(1)车钩提杆座牢固,无开焊,钩提杆无弯曲、变形,提钩动作灵活无卡滞。全开位 220～250 mm (2)车钩摆动灵活,吊杆及托板状态良好,无裂纹 (3)钩体、钩舌各部无裂纹 (4)钩舌销无折损,开口销完好(开度为 60°),径向间隙 1～4 mm (5)钩舌锁闭作用良好,防跳台不少于 90°,闭锁位 110～130 mm (6)车钩中心线距轨面垂直高度应在 815～890 mm	目视 手检 锤检	侧身目测车钩中心线与轨面高度,提钩检验三态作用,上渡板检查车钩,注意安全,锤击车钩、钩舌、钩舌穿销。下渡板注意安全
4	Ⅱ端前端右侧检查	(1)制动软管卡子状态良好 (2)折角塞门状态良好,各部无漏风 (3)制动管防尘堵及安全链齐全,状态良好 (4)连接器无缺陷,胶圈无老化、丢失,口面与地面垂直 (5)软管无老化、龟裂,卡箍无松动,卡耳间隙不少于 5 mm (6)软管试验期不超过 3 个月 (7)软管与机车中心线夹角为 45° (8)扶手安装牢固,无开焊、裂纹 (9)排障器无变形,距轨面高度符合规定为 80～160 mm	目视 手检 锤检	下蹲左弓步手检 右弓步手检 左弓步锤检排障器
5	车体侧面外观检查	车体侧面平整,无变形、损伤。车体吊装孔盖齐全,安装良好	目视	侧身与机车平行,立于机车左前方目视
6	排障器内侧检查	(1)排障器支架安装牢固无开焊 (2)扫石器安装牢固无破损,距轨面 20～30 mm (3)机车信号接收器安装架无开焊,接线无破损、脱落 (4)均衡风缸排水阀无松动、漏泄,动作灵活无堵塞 (5)缓冲梁无裂纹	目视 手检 锤检	左弓步下蹲探身手检、锤检目测
7	第六动轮制动装置检查	(1)制动杆各穿销、垫圈、开口销齐全完好 (2)闸瓦间隙调整器手轮、罩盖及防尘套齐全完好,调整作用良好 (3)制动缸安装螺栓齐全牢固 (4)制动缸前后端盖螺栓齐全,无松动 (5)制动缸风管接口紧固螺母无松动、漏风 (6)制动缸活塞杆穿销、垫圈及开口销齐全完好 (7)制动装置各销与套的径向间隙不大于 2 mm (8)制动缸活塞行程 74～123 mm (9)闸瓦安装正确无偏磨,无裂纹,各穿销开口销完好 (10)闸瓦与轮箍踏面缓解间隙 6～8 mm,闸瓦厚度不少于 20 mm	目视 手检 锤检	上步转身面对制动装置,采用左右弓步变换检查制动装置各附属部件

续上表

作业顺序	检查部位	检查内容及要求	检查方法	细检顺序及动作要求
8	第四砂箱检查	(1)砂箱外观完好,箱盖锁闭严密 (2)砂箱安装螺栓无松动 (3)存砂量充足(100 kg),砂质纯净、干燥 (4)撒砂器及砂管安装牢固,无堵塞 (5)撒砂管无变形,管口位置无偏斜。胶管管口距轨面高度35～60 mm	目视 手检 锤检	左弓步面对砂箱检查砂箱外体、砂量,以左弓步下蹲侧身,采用左右弓步变换检查砂箱安装螺栓,注意头部安全
9	第六动轮检查	(1)轮箍无弛缓,厚度不小于38 mm,轮箍、轮辐无裂纹 (2)轮箍踏面擦伤深度不大于0.7 mm;剥离长度不大于40 mm,深度不大于1 mm;垂直磨耗深度不大于7 mm (3)轮缘无碾堆,垂直磨耗高度不超过18 mm,厚度符合规定	目视 手检 锤检	左脚半蹲稍稍前探,右脚虚步
10	第六轴箱及弹簧检查	(1)轴箱拉杆无断裂 (2)轴箱拉杆芯轴与梯形槽底面应有间隙,两侧接触面不少于80%,紧固螺栓无松动,防缓铁丝无断损 (3)轴箱弹簧无裂损,无倾斜 (4)弹簧胶垫无老化、龟裂 (5)轴箱止挡座无裂纹,止挡与座间隙8 mm (6)轴箱端盖螺栓齐全、紧固,内外油封无漏油 (7)轴箱通气孔无堵塞,运用温度不超过70 ℃	目视 手检 锤检	上步转身面对轴箱,采用左右虚步变换检查动轮及轴箱各附属部件
11	油压减振器检查	(1)上支架、下安装座无裂纹 (2)胶垫无老化、龟裂,防护胶帽无丢失 (3)减振器体无破损、漏油	目视 手检	下蹲左弓步手检
12	第四旁承检查	(1)旁承安装螺栓无松动 (2)防尘罩完好,卡子无松缓 (3)放油堵无松动、漏油	目视 手检 锤检	上步形成左弓前步,下蹲探身,从里到外目测检查
13	牵引杆装置检查	(1)牵引拐臂、牵引杆、牵引座各部无裂纹 (2)拐臂销止钉螺栓无松缓,防缓垫无破损 (3)拐臂销及牵引杆销油堵无丢失 (4)牵引销托板螺栓及防缓垫片无松缓、变形	目视 手检 锤检	上左弓步,从左到右,依次检查
14	车体侧挡	(1)侧挡安装螺栓无松动 (2)两侧横动间隙之和30 mm	锤检	左脚半蹲稍稍前探,右脚虚步
15	第五动轮检查	(1)轮箍无弛缓,厚度不小于38 mm,轮箍、轮辐无裂纹 (2)轮箍踏面擦伤深度不大于0.7 mm;剥离长度不大于40 mm,深度不大于1 mm;垂直磨耗深度不大于7 mm (3)轮缘无碾堆,垂直磨耗高度不超过18 mm,厚度符合规定	目视 手检	左脚半蹲稍稍前探,右脚虚步

续上表

作业顺序	检查部位	检查内容及要求	检查方法	细检顺序及动作要求
16	第五轴箱弹簧检查	(1)轴箱拉杆无断裂 (2)轴箱拉杆芯轴与梯形槽底面应有间隙，两侧接触面不少于80%，紧固螺栓无松动，防缓铁丝无断损 (3)轴箱弹簧无裂损，无倾斜 (4)弹簧胶垫无老化、龟裂 (5)轴箱止挡座无裂纹，止挡与座间隙 8 mm (6)轴箱端盖螺栓齐全、紧固，内外油封无漏油 (7)轴箱通气孔无堵塞，运用温度不超过 70 ℃	目视 手检 锤检	上步转身面对轴箱，采用左右虚步变换检查轴箱及各附属部件
17	第五动轮制动装置	(1)制动杆各穿销、垫圈、开口销齐全完好 (2)闸瓦间隙调整器手轮、罩盖及防尘套齐全完好，调整作用良好 (3)制动缸安装螺栓齐全牢固 (4)制动缸前后端盖螺栓齐全无松动 (5)制动缸风管接口紧固螺母无松动、漏风 (6)制动缸活塞杆穿销、垫圈及开口销齐全完好 (7)制动装置各销与套的径向间隙不大于 2 mm (8)制动缸活塞行程 74～123 mm (9)闸瓦安装正确无偏磨，无裂纹，各穿销开口销完好 (10)闸瓦与轮箍踏面缓解间隙 6～8 mm，闸瓦厚度不少于 20 mm	目视 手检 锤检	上步转身面对制动装置，采用左右弓步变换检查制动装置各附属部件
18	第三旁承检查	(1)旁承安装螺栓无松动 (2)防尘罩完好，卡子无松缓 (3)放油堵无松动、漏油	目视 手检	上左步形成左弓前步，下蹲探身，从里到外目测检查
19	第四动轮检查	(1)轮箍无弛缓，厚度不小于 38 mm，轮箍、轮辐无裂纹 (2)轮箍踏面擦伤深度不大于 0.7 mm；剥离长度不大于 40 mm，深度不大于 1 mm；垂直磨耗深度不大于 7 mm (3)轮缘无碾堆，垂直磨耗高度不超过 18 mm，厚度符合规定	目视 手检	左脚半蹲稍稍前探，右脚虚步。上左步转身面对轴箱，采用左右虚步变换检查动轮及轴箱各附属部件
20	第四轴箱及弹簧检查	(1)轴箱拉杆无断裂 (2)轴箱拉杆芯轴与梯形槽底面应有间隙，两侧接触面不少于80%，紧固螺栓无松动，防缓铁丝无断损 (3)轴箱弹簧无裂损，无倾斜 (4)弹簧胶垫无老化、龟裂 (5)轴箱止挡座无裂纹，止挡与座间隙 8 mm (6)轴箱端盖螺栓齐全、紧固，内外油封无漏油 (7)轴箱通气孔无堵塞，运用温度不超过 70 ℃	目视 手检	上左步转身面对轴箱，采用左右虚步变换检查动轮及轴箱各附属部件

续上表

作业顺序	检查部位	检查内容及要求	检查方法	细检顺序及动作要求
21	油压减振器检查	(1)上支架、下安装座无裂纹 (2)胶垫无老化、龟裂,防护胶帽无丢失 (3)减振器体无破损、漏油	目视 手检	弓步检查
22	第四动轮制动装置检查	(1)制动杆各穿销、垫圈、开口销齐全完好 (2)闸瓦间隙调整器手轮、罩盖及防尘套齐全完好,调整作用良好 (3)制动缸安装螺栓齐全牢固 (4)制动缸前后端盖螺栓齐全,无松动 (5)制动缸风管接口紧固螺母无松动、漏风 (6)制动缸活塞杆穿销、垫圈及开口销齐全完好 (7)制动装置各销与套的径向间隙不大于 2 mm (8)制动缸活塞行程 74～123 mm (9)闸瓦安装正确无偏磨,无裂纹,各穿销开口销完好 (10)闸瓦与轮箍踏面缓解间隙 6～8 mm,闸瓦厚度不少于 20 mm	目视 手检	上步转身面对制动装置,采用左右弓步变换检查制动装置各附属部件
23	第三砂箱检查	(1)砂箱外观完好,箱盖锁闭严密 (2)砂箱安装螺栓无松动 (3)存砂量充足(100 kg),砂质纯净、干燥 (4)撒砂器及砂管安装牢固,无堵塞 (5)撒砂管无变形,管口位置无偏斜。胶管管口距轨面高度 35～60 mm	目视 锤检	左脚半蹲稍稍前探,右脚弓步
24	第二总风缸及附近检查	(1)油水分离器安装状态良好 (2)油水分离器排水阀无松动、漏泄,排水作用良好 (3)柴油机上水、放水管卡子牢固 (4)防尘堵、安全链及胶圈齐全完好 (5)柴油机机油放油管及卡子牢固 (6)放油阀关闭严密,防尘堵及安全链齐全完好 (7)总风缸安装带无裂纹,螺栓无松动,安装带无位移 (8)总风缸排水阀无松漏,排水作用良好 (9)总风缸风管接头无漏风	锤检	弓步检查,上左弓步,从左向右,依次检查
25	蓄电池箱及附近检查	(1)燃油箱吊装座无开焊,吊杆调节螺栓、防缓螺母无松动,穿销、开口销无丢失 (2)蓄电池箱门锁闭良好,防开插销应插牢 (3)打开蓄电池箱做内部检查(先断开闸刀,严禁吸烟及明火作业,禁止金属器具放在跨线板上): ①蓄电池箱内部应清洁干燥,电解液无溢漏 ②各单节跨线板无松动、烧损、氧化 ③各跨线板联结正确,防护油层均匀完整 ④各箱连接线无松动、烧损、绝缘套无破损 ⑤各单节注水口盖及胶垫齐全、紧固,通气孔畅通 ⑥各单节电解液面高出极板 10～20 mm ⑦各单节电压不低于 2 V,电解液相对密度不低于 1.23	目视 手检	弓步检查,上左弓步,从左向右,依次检查

续上表

作业顺序	检查部位	检查内容及要求	检查方法	细检顺序及动作要求
26	燃油箱检查	(1)燃油箱体外观应清洁完整、无破损 (2)加油口盖严密,安全链完好 (3)前端部无破损,无变形 (4)吊装座无开焊,吊杆调节螺栓、防缓螺母无松动,穿销、开口销无丢失 (5)燃油表清晰完好无漏泄,油箱满油(运用中按段规定执行)	目视 手检	上左弓步,从左向右,依次检查;右弓步向前探身
27	Ⅱ端车钩下部及缓冲装置	(1)车钩扁销止退销螺母无松动,开口销无丢失 (2)缓冲器从板与从板座应密贴 (3)从板及钩尾框各部无裂纹 (4)缓冲器托板螺栓无松动 (5)车体构架牵引梁无开焊	目视 锤触	直立锤触
28	机车信号线圈检查	(1)各安装螺栓紧固,各部无破损,插座,接线良好 (2)安装牢固,排石器无开支架无开焊、螺栓紧固,胶皮完整,高度符合标准	目视 手检	直立手触
29	转向架端梁检查	(1)端梁无开焊 (2)撒砂管胶管卡子无松脱 (3)手制动装置完好	目视	侧身直立手触
30	左右第四砂箱检查	箱体完整,无开焊,安装座牢固,螺栓不松动,撒砂阀良好、砂管支架安装牢固、砂管角度不偏斜	目视 锤触	锤检及目视箱体、支架、叠砂器装置卡子螺栓紧固
31	第六轮对及附近检查	(1)轮箍、轮辐无裂纹 (2)轮箍踏面无擦伤、无剥离 (3)闸瓦吊杆各销及开口销完好 (4)吊杆横拉杆螺母无松动,开口销无丢失 (5)横拉杆无断裂、弯曲、变形 (6)牵引电机大线夹板无松动,无丢失 (7)牵引电机上盖严密,通风罩及卡子完好	目视 锤触 手检	弓步下蹲,目视、锤击,手检相结合检查
32	第六抱轴检查	(1)抱轴油盒紧固螺栓齐全牢固,放油堵无松漏 (2)油盒加油口盖完好严密,油尺无丢失 (3)抱轴瓦防尘罩完整、严密,开关灵活 (4)抱轴瓦无错口,无裂纹,无碾片 (5)抱轴运用温度 70 ℃,抱轴瓦与轴颈的径向间隙应在 0.2～1.0 mm 之间	目视 锤检 手检	弓步下蹲,目视、锤击、手检相结合检查

续上表

作业顺序	检查部位	检查内容及要求	检查方法	细检顺序及动作要求
33	第六轮齿轮箱检查	(1)齿轮箱安装牢固,箱体无裂漏 (2)齿轮箱合口螺栓无松动,油封无甩油 (3)放油堵无松漏,通气器透气孔无堵塞 (4)加油口盖严密,油尺完好,油位在上、下刻线之间	目视 手检 锤触	弓步侧身、目视
34	第六牵引电机外部检查	(1)电机盖锁闭完好 (2)电机轴承加油管及油堵无丢失,通气网完好 (3)通气孔无堵塞 (4)轴承无过热变色	手检 锤检	弓步下蹲,目视、锤击、手检相结合检查
35	第六牵引电机悬挂装置检查	(1)悬挂吊杆无倾斜、裂纹 (2)螺栓无松动,开口销完好 (3)吊杆芯轴与座两侧应密贴,芯轴螺栓无松动,防缓铁丝无破损 (4)安全托铁与座无松动、裂纹,安全止挡与构架无接磨 (5)减振胶垫无老化、龟裂	目视 手检	目视及锤检通风网罩、吊杆销卡板、吊杆座橡胶垫、安全托铁。安装螺栓防缓线棉线擦拭确认
36	第六牵引电机内部检查	(1)电机内部无异物,轴承、油封无漏油 (2)换向器表面无拉伤、灼痕 (3)换向器云母槽深度不少于 0.5 mm (4)刷架螺栓无松动,防缓标记无位移 (5)弹簧及压指无裂损,压指应在工作位 (6)电刷无卡滞,无破损,长度不少于原形尺寸的 1/2,与换向器接触面不少于 75% (7)刷辫无破损,无松动 (8)接线端子无松动,瓷瓶无裂损 (9)各绕组无烧损、击穿 (10)通风网无堵塞、破损	目视 手检	手电、目视、手检电机孔盖、上通风网、换向器、刷架、绝缘瓷瓶、电刷
37	第五轮对及附近检查	参照第六轮对及附近检查	目视 锤触 手检	弓步下蹲,目视、锤击,手检相结合检查
38	第五抱轴检查	参照第六抱轴检查内容及要求	目视 锤检 手检	弓步下蹲,目视、锤击、手检相结合检查
39	第五齿轮箱检查	参照第六齿轮箱检查内容及要求	目视 手检 锤触	弓步侧身、目视
40	第五牵引电机外部检查	参照第六牵引电机外部检查内容及要求	手检 锤检	弓步下蹲,目视、锤击、手检相结合检查

续上表

作业顺序	检查部位	检查内容及要求	检查方法	细检顺序及动作要求
41	第五牵引电机悬挂装置检查	参照第六牵引电机悬挂装置检查内容及要求	目视 手检	目视及锤检通风网罩、吊杆销卡板、吊杆座橡胶垫、安全托铁。安装螺栓防缓线棉线擦拭确认
42	第五牵引电机内部检查	参照第六电机内部检查内容及要求	目视 手检	手电、目视、手检电机孔盖、上通风网、换向器、刷架、绝缘瓷瓶、电刷
43	第四轮对及附近检查	参照第六轮对附近检查内容及要求	目视 锤触 手检	弓步下蹲，目视、锤击，手检相结合检查
44	第四抱轴检查	参照第六抱轴检查内容及要求	目视 锤检 手检	弓步下蹲，目视、锤击、手检相结合检查
45	第四齿轮箱检查	参照第六齿轮箱检查内容及要求	目视 手检 锤触	弓步侧身、目视
46	第四牵引电机外部检查	参照第六牵引电机外部检查内容及要求	手检 锤检	弓步下蹲，目视、锤击、手检相结合检查
47	第四牵引电机悬挂装置检查	参照第六牵引电机悬挂装置检查内容及要求	目视 手检	目视及锤检通风网罩、吊杆销卡板、吊杆座橡胶垫、安全托铁。安装螺栓防缓线棉线擦拭确认
48	第四牵引电机内部检查	参照第六电机内部检查内容及要求	目视 手检	手电、目视、手检电机孔盖、上通风网、换向器、刷架、绝缘瓷瓶、电刷
49	左右第三砂箱背部检查	参照第四砂箱检查内容及要求	目视 锤触	锤检及目视箱体、支架、叠砂器装置卡子螺栓紧固

续上表

作业顺序	检查部位	检查内容及要求	检查方法	细检顺序及动作要求
50	燃油箱后端部检查	(1)端梁无开焊 (2)制动缸管接口螺母及卡子无松动 (3)撒砂风管卡子无松动,胶管无破损 (4)污油槽放油管及卡子应牢固 (5)燃油箱外观完整无破损	目视 手检 锤触	弓步下蹲,目视、锤击、手检相结合检查
51	燃油箱底部检查	(1)燃油箱外观完整无破损 (2)燃油箱放油堵无漏油	目视 手检	弓步下蹲,目视、手检相结合检查

单元三　机车乘务员自检自修

学习目标

(1)掌握撒砂器的检查及调整方法;
(2)掌握闸瓦间隙的调整和更换闸瓦的方法;
(3)掌握更换机车制动软管的方法;
(4)掌握更换车钩钩舌的方法。
(5)掌握轮缘喷油器的检查和调整方法;
(6)掌握轴箱过热的检查方法。

基础知识

一、撒砂器的检查清扫及撒砂器的调整

(1)将机车制动。

(2)脚踩砂阀检查砂管有无来砂或来风,如果无风有砂则为砂路故障,应进行检查砂管通路,无风或风量过小则为风路故障,应进行风路检查。

(3)如果是风路故障一般是砂阀风管堵或半堵塞,风管接头处漏风严重或进风量太小及软管破裂。

处理方法:开放截断塞门,紧固各接头或更换破裂软管以及调整进风量。

(4)如果砂路故障:

①用手锤轻轻锤击砂管或撒砂器,将异物清除。

②撒砂器清扫。

③下砂量调整。

二、调节闸瓦间隙(更换新闸瓦时)

日常运用工作中,闸瓦间隙自动调整。

当自动调节器故障时，缓解机车闸缸压力，将自动调节器止销按下或拔出（按下或拔出后，手轮才能反时针旋转），将自动调节器的手轮反时针旋转到最大位置。每次停车按此方法进行，防止闸瓦与动轮踏面抱死，造成动轮弛缓。

三、更换闸瓦

（1）将机车停放在平坦的线路上，拧上手闸，打上止轮器。

（2）将大、小闸放在运转位。

（3）待机车缓解后，关闭更换闸瓦端制动缸塞门，再将小闸制动。

（4）将自动调节器止销按下或拔出（按下或拔出后，手轮才能反时针旋转），将自动调节器的手轮反时针旋转到最大位置。

（5）去掉安全销、穿销、换上新闸瓦，将自动调节器的手轮顺时针旋转，使闸瓦抱紧动轮踏面之后再反时针旋转一周，即位标准的闸瓦间隙。

四.更换机车制动软管

1.更换机车制动软管步骤

（1）拆旧软管：确认折角塞门关闭后，打开防尘堵，用扳手松下制动软管，检查折角塞门接口螺纹是否良好。

（2）装新软管：确认新管水压试验日期及螺纹符合要求后，在螺纹上绕上胶带，将新管拧上，斜度为45°，接口向内应垂直，装好防尘堵，开放折角塞门，试验有无漏泄。

2.注意事项

（1）装新管时，不得紧过劲再回扣。

（2）不要用力过猛，防止拧崩。

（3）以不松、不漏、角度符合要求为宜。

五、更换车钩钩舌

1.更换钩舌步骤

（1）工具：克丝钳、小撬棍、手锤。

（2）拆卸不良钩舌：将车钩置于锁闭位，用克丝钳将钩舌销下方开口销合并，然后用小撬棍及手锤将其打出，取出钩舌销，一手提钩，一手扶钩舌，使钩舌转出，将其取下。

（3）装新钩舌：装新钩舌之前应使钩锁铁位于钩体上，然后装上新钩舌，使钩舌上的孔与钩体耳销孔对正，然后将钩舌置于锁闭位，装上钩舌销及开口销。

（4）检查车钩开锁、闭锁状态，动作是否灵活，钩舌开度是否符合要求。

2.车钩主要技术数据

（1）车钩的三态状态（在最小处测量）：闭锁位，其开度为110～130 mm，全开位，其开度为220～250 mm。

（2）车钩中心线距轨面的高度：中修为845～880 mm，运用机车为815～890 mm。

（3）两个车钩连挂后，其中心线的高度差不得超过75 mm。

（4）钩舌销与销孔径径向间隙为1～4 mm。

六、轮缘喷油器的检查和调整（机车乘务员负责检查，不负责喷油量调整）

(1)将机车停放在平坦的线路上（地沟），然后制动。

(2)分配泵（轮缘喷油器喷油罐）外观进行检查，各结合处应无漏油处所。主要是油管裂或油管接头漏，油管裂时更换，油管接头漏时紧固。

(3)喷油泵油量的调整：如果喷油量小于规定值时，用螺丝刀将分配器油泵调整螺钉逆时针进行调整，如果喷油量大于规定值时，用螺丝刀将分配器油泵调整螺钉顺时针进行调整，直到达到规定值为止。

(4)调整轮缘喷油器喷头方向：可用内卡钳和钢板尺测量喷嘴与轮缘厚度，测量点位30 mm，而与踏面之距离为20 mm，如不符合这个标准，即造成喷油方向不正确，需调动调节板，使喷油横向或纵向以达到要求之标准。

(5)清点工具，将使用的工具擦干净放回原处。

七、轴箱过热检查

机车运行途中的中间站停留时，司机、副司机随机下车对机车各主要部件进行检查，轴箱的检查方法是，用手背或手指（背面）触及轴箱，凭感觉其时间的长短来判断温度，用手背或手指判断轴箱表面的持续时间与相应的温度可参考表9-3。

表9-3　手背触及轴箱表面的持续时间与相应的温度

热别	相应的温度	判断方法
微热	40 ℃左右	手背能长时间触及
平热	70 ℃左右	手背触及3～5 s
强热	90 ℃左右	不能手触
激热	150 ℃左右	变色
烧损	150 ℃以上	生烟

八、车钩钩头的解体、检查及安装

1. 工作程序

(1)机车制动。

(2)提钩后（车钩在开锁位），用手锤和小撬棍将钩舌销的开口销取出。

(3)取出钩舌销，卸下钩舌，检查钩舌销有无弯曲或裂纹，钩舌有无磨耗。

(4)取出钩舌锁铁及钩锁铁，检查其有无磨损及裂纹。

(5)清扫钩头内部，检查防跳装置是否良好。必要时对各部件进行探伤。

2. 主要技术数据

(1)车钩的三态状态（在最小处测量）：闭锁位，其开度位110～130 mm，全开位，其开度位220～250 mm。

(2)车钩中心线距轨面的高度：中修为845～880 mm，运用机车为815～890 mm。

(3)两个车钩连挂后,其中心线的高度差不得超过 75 mm。

(4)钩舌销与销孔径径向间隙为 1～4 mm。

学习活页

机车检查和保养知识练习

班级：　　　　姓名：　　　　学号：　　　　时间：

一、学习目标

1. 专业能力目标

(1)能说明机车检查的分类和分工；

(2)能说明机车检查的基本方法；

(3)能说明机车检查的一般规定及注意事项；

(4)能说明 HXD_{3D} 型电力机车检查部位内容和要求；

(5)能说明 DF_{4D} 型内燃机车检查部位内容和要求；

(6)能说明撒砂器的检查和调整步骤；

(7)能说明闸瓦间隙调整方法和更换闸瓦步骤；

(8)能说明更换机车制动软管的步骤；

(9)能说明更换车钩钩舌的方法；

(8)能说明检查轮缘喷油器及调整喷油量的步骤；

(10)能说明检查轴箱过热的方法

2. 方法能力目标

(1)能综合运用专业知识,通过利用专业书籍、多媒体课件和图片资料获得帮助信息；

(2)能根据实训项目学习任务确定实训方案,从中学会表达及展示活动过程和成果

3. 社会能力目标

(1)能在实习训练活动中保持积极向上的学习态度；

(2)能与小组成员和教师就学习中的问题进行交流和沟通；

(3)能与他人共享学习资源,具有较好的合作能力和团队协作精神

二、知识总结

1. 简述机车检查的分类和分工

2. 简述机车检查的基本方法

3. 简述机车检查的一般规定及注意事项

4. 简述 HXD_{3D} 型电力机车检查部位内容和要求

5. 简述 DF_{4D} 型内燃机车检查部位内容和要求

6. 简述撒砂器的检查和调整步骤

7. 简述闸瓦间隙调整方法和更换闸瓦步骤

8. 简述更换机车制动软管的方法

9. 简述车钩钩舌的更换方法

10. 简述轮缘喷油器检查和调整的步骤

三、操作运用

1. 在 HXD_{3D} 型电力机车或模型上进行机车检查作业

2. 在 DF_{4D} 型内燃机车或模型上进行机车检查作业

3. 在机车或模型上进行闸瓦间隙调整和更换闸瓦作业

4. 在机车或模型上进行更换车钩钩舌作业

四、学习小结

五、成绩评定

1. 学生评价

评价等级	A—优	B—良	C—中	D—及格	E—不及格
学生自评					
组内互评					
他组互评					

2. 教师评价

评价等级	A—优	B—良	C—中	D—及格	E—不及格
专业能力					
方法能力					
社会能力					

3. 综合评价

评价等级	A—优	B—良	C—中	D—及格	E—不及格
评价结果					

注：按照学生自评占 10%、组内互评占 10%、他组互评占 20%、教师评价 60%的比例计分。其中，A—100 分，B—85 分，C—75 分，D—60 分，E—50 分。

4. 评价量规

等级	行为表现描述
A	能圆满高效地完成实训任务的全部内容
B	能顺利完成实训任务的全部内容
C	能完成实训任务的全部内容，但需要一些帮助和指导
D	自己只能完成实训任务的部分内容，但在现场的指导下，已经能完成任务的全部内容
E	不能完成实训任务的全部内容

小　　结

本项目重点介绍了机车乘务员应该掌握的机车检查方面的基本知识和基本技能。基本知识方面讲述了机车检查的基本知识、HXD_{3D} 型电力机车检查部位内容及要求、DF_{4D} 型内燃机车检查部位内容及要求。基本技能方面主要介绍了机车乘务员自检自修，包括撒砂器的检查和调整方法、闸瓦间隙调整方法、更换闸瓦方法、更换机车制动软管的方法、更换车钩钩舌的方法、轮缘喷油器的检查和调整方法、机车轴箱过热的检查方法。

参 考 文 献

[1]中国铁路总公司.铁路技术管理规程(普速铁路部分)[S].北京:中国铁道出版社,2014.

[2]《技规》条文说明编写组.《铁路技术管理规程(普速铁路部分)》条文说明(第一次修订)上册[M].北京:中国铁道出版社有限公司,2018.

[3]《技规》条文说明编写组.《铁路技术管理规程(普速铁路部分)》条文说明(第一次修订)中册[M].北京:中国铁道出版社有限公司,2018.

[4]《技规》条文说明编写组.《铁路技术管理规程(普速铁路部分)》条文说明(第一次修订)下册[M].北京:中国铁道出版社有限公司,2018.

[5] 中国铁路总公司.铁路机车运用管理规则[S].北京:中国铁道出版社,2016.

[6] 中国铁路总公司.铁路机车调度规则[S].北京:中国铁道出版社,2018.

[7] 中华人民共和国铁道部.铁路机车操作规则[S].北京:中国铁道出版社,2013.

[8] 中华人民共和国铁道部.铁路交通事故应急救援与调查处理条例·铁路交通事故调查处理规则[S].北京:中国铁道出版社,2007.

[9] 陆超,曾伯荣.电力机车运用与规章[M].成都:西南交通大学出版社,2015.

[10] 吴明华,宫士乡.电力机车规章与运用[M].北京:中国铁道出版社,2015.

[11] 林瑜筠.铁路信号工程设计[M].北京:中国铁道出版社,2015.

[12] 郭进.铁路信号基础[M].北京:中国铁道出版社,2011.